当代课程与
教学问题十四讲

吴刚平 ◎ 著

做悟教育丛书

华东师范大学出版社
·上海·

图书在版编目(CIP)数据

当代课程与教学问题十四讲/吴刚平著. —上海:华东师范大学出版社,2023
 (做悟教育丛书)
 ISBN 978-7-5760-3632-9

Ⅰ.①当… Ⅱ.①吴… Ⅲ.①课程-教学研究-中小学 Ⅳ.①G632.3

中国国家版本馆 CIP 数据核字(2023)第 026949 号

做悟教育丛书
当代课程与教学问题十四讲

著　　者	吴刚平
项目编辑	彭呈军
特约审读	单敏月
责任校对	杨苏红
装帧设计	卢晓红

出版发行　华东师范大学出版社
社　　址　上海市中山北路 3663 号　邮编 200062
网　　址　www.ecnupress.com.cn
电　　话　021-60821666　行政传真 021-62572105
客服电话　021-62865537　门市(邮购)电话 021-62869887
地　　址　上海市中山北路 3663 号华东师范大学校内先锋路口
网　　店　http://hdsdcbs.tmall.com

印　刷　者　上海商务联西印刷有限公司
开　　本　787 毫米×1092 毫米　1/16
印　　张　14
字　　数　260 千字
版　　次　2023 年 4 月第 1 版
印　　次　2023 年 4 月第 1 次
书　　号　ISBN 978-7-5760-3632-9
定　　价　58.00 元

出 版 人　王　焰

(如发现本版图书有印订质量问题,请寄回本社客服中心调换或电话 021-62865537 联系)

本书为华东师范大学教育学高峰学科建设计划
"当代课程与教学问题的概念建构"项目研究成果

《做悟教育丛书》总序

我自己一直有个心愿,想就基础教育课程与教学改革问题,梳理出一些重点专题,找一些志同道合的学者,整理相应的研究,为中小学一线的校长、教研员和老师,提供一点有参考价值的成果支持。

但是,当这套《做悟教育丛书》真的拍板提上议事日程,要付诸行动做起来的时候,我多少还是觉得有点戏剧性的巧合。

由于上海突发新冠疫情,从 2022 年 3 月下旬开始,华东师大就要求老师们居家隔离,开启网上办公和在线教学模式。从 4 月 1 日浦西开始封控管理,到 6 月 1 日解除封控,整整两个月过去了。其间,我和安桂清、周文叶两位教授合作,组织完成义务教育课程修订研读的书稿。当我们可以重新申请返校时,已是 6 月 13 日。尽管这个消息来得有点晚,但还是让人有点小激动,毕竟足不出户太久了。

我赶紧做核酸检测,等结果一出来,就申请 15 日返校,约好华东师范大学出版社教育心理分社社长彭呈军老师,接洽《新方案·新课标·新征程:〈义务教育课程方案和课程标准(2022 年版)〉研读》(以下简称《研读》)一书的出版事宜。

在跟彭呈军老师谈这本书的时候,我们无意中说到,要推进新课程,一本研读或解读之类的书,对于一线老师来说,似乎比较单薄,只能是个概貌性的介绍。我俩不约而同地认为,有没有可能就课程整合、跨学科主题学习、项目化学习、大单元设计等这类比较新的课程与教学专题,再做几本书。说着说着,做一套丛书的主意便跃然而上地浮现了出来。彭呈军老师让我考虑考虑,做个丛书的编写方案。

我应承下来,有点兴奋:明明是谈一本书,怎么谈着谈着,就谈成一套丛书了!

我回到办公室,花了点时间,让自己平静下来,开始考虑这套丛书的名称,能不能叫《做悟教育丛书》。因为这些年,我做课程与教学研究,一直在积极倡导做中学、悟中学,得到不少一线教师的合作、肯定、欢迎和鼓励。同时,这次义务教育课程新方案新课标,也大力倡导做中学、用中学、创中学。我想，这一方面是对学生学习方式变革的要求，另一方面也同样是对教师教学方式改革的要求。事实上，教师就是在做教学、做改革的过程中，不断学教学、悟教学、学改革、悟改革，从而获得自身专业发展的。那些有悟性的教师，大多都是这么成长起来的。

在兴奋的同时，我也感到肩负的责任和压力山大。于是，我又跟《研读》合作主编安桂清和周文叶两位教授通报商量，我们再度携手合作，由一本书的合作主编，变成了一套丛书的合作主编。

我们商定，围绕新方案新课标的重要专题，整合遴选出本丛书的选题结构、基本书目和作者群。我们期待，这套丛书聚焦于新方案新课标实施需要重点回答的理论和实践问题，以及教育教学改革创新的经验积累和总结提炼问题。

整个丛书涉及以下领域：(1)义务教育课程方案和课程标准研读；(2)学校课程实施方案研制；(3)地方课程建设与管理；(4)校本课程建设与管理；(5)素养导向的学历案研制；(6)素养导向的综合化实践性教学；(7)促进核心素养的大概念教学；(8)跨学科主题学习活动设计；(9)STEM议题教学设计；(10)基于核心素养的课程整合；(11)素养导向的表现性评价；(12)当代课程与教学问题的概念建构。

我们希望，这套丛书能够助力中小学更好地落实立德树人根本任务，推进核心素养导向的课程教学改革创新，谱写基础教育为党育人、为国育才的时代新篇章。

吴刚平

于华东师范大学课程与教学研究所

2022年6月15日

目 录

第1讲　课程与教学问题概念化的意义和框架 ... 1
　一、课程与教学问题概念化意味着什么 ... 1
　二、国外课程与教学问题的概念化努力 ... 2
　三、我国课程与教学问题的概念化进程 ... 5
　四、我国当代课程与教学问题概念重建的必要与可能 ... 6
　五、当代课程与教学问题概念化诉求与议题 ... 7

第2讲　教育经验的概念化表达和分享 ... 10
　一、教育经验的意义 ... 10
　二、教育经验的概念化表达方式 ... 16
　三、对话成为分享教育经验的主要途径 ... 22

第3讲　核心素养培育与知识概念重建 ... 26
　一、学生发展核心素养的两条培育路径 ... 26
　二、指向核心素养的课程整合 ... 29
　三、学习方式变革与知识概念重建 ... 34

第4讲　课程意识与教学意识 ... 53
　一、教学改革困境与刚性课程框架 ... 53
　二、教学改革呼唤课程意识 ... 56
　三、教学过程的共同建构 ... 60
　四、课程意识与课程行为的转化条件 ... 63

五、价值层面的有效教学观念　　65

| 第5讲 | 讲授教学的局限与转型 | 72 |

　　一、重视讲授教学面临的时代挑战　　72
　　二、检讨讲授教学的间接经验知识观局限　　74
　　三、发掘间接经验蕴含的不同知识形态及其教学意义　　76
　　四、课堂教学转型的认识基础　　78

| 第6讲 | 课程领导的行政特性与专业特性 | 86 |

　　一、课程领导的行政特性　　87
　　二、课程领导的专业特性　　90
　　三、课程领导行政特性与专业特性的关系　　93
　　四、课程领导的团队特点与行为方式　　95
　　五、课程领导团队的专业能力　　96

| 第7讲 | 学习目标的制定依据与叙写技术 | 99 |

　　一、学习目标的制定依据　　99
　　二、学习目标多重依据的不同意义　　103
　　三、学习目标叙写技术　　105
　　四、课程、教学和学习目标体系　　107
　　五、体现改革精神的目标体系特点　　112

| 第8讲 | 课程内容的概念重建与结构改革 | 114 |

　　一、关注课程内容的概念重建　　114
　　二、重视课程内容的育人价值　　116
　　三、厘清核心素养与课程内容的辩证关系　　120
　　四、丰富课程内容的结构层次　　122
　　五、开发素养为纲的课程内容组织形态　　126

| 第9讲 | 课堂教学的行为指令与内容指令 | 129 |

　　一、课堂教学指令的意义　　129
　　二、课堂教学的行为指令　　135

三、课堂教学的内容指令　　138

　　四、行为指令与内容指令的关系形态　　142

第 10 讲　课程资源的开发与利用　　145

　　一、从"教材"扩展为"课程资源"的意义　　145

　　二、开发和利用课程资源要有基本的分析框架　　150

　　三、建立课程资源的协调与共享机制　　153

　　四、开发和利用课程资源要逐步深入　　155

　　五、开发和利用课程资源要以教师队伍建设为突破口　　160

第 11 讲　跨学科主题学习的意义与设计思路　　164

　　一、跨学科主题学习的课程板块意义　　164

　　二、跨学科主题学习的操作策略　　165

　　三、基于主干学科的跨学科主题学习单元设计思路　　167

　　四、超越主干学科的跨学科主题学习单元设计　　168

第 12 讲　评价即学习的改革动向　　170

　　一、课程评价的内涵转变　　171

　　二、课程评价的理论基础转变　　173

　　三、课程评价的师生角色转变　　174

　　四、课程评价的设计技术转变　　176

第 13 讲　三级课程管理政策与实务　　179

　　一、课程实施与三级课程管理　　179

　　二、国家课程校本化实施与综合实践活动课程开设　　182

　　三、校本课程开发　　190

第 14 讲　教师发展与教学研究的校本取向　　200

　　一、确立校本教学研究的基本理念　　200

　　二、突出教师发展和教学研究机制的校本取向　　202

后记　　210

第 1 讲

课程与教学问题概念化的意义和框架

概念化是判断一门学科和一个研究领域成熟度的重要指标,也是进行学科建设和培育新的研究方向的重要参照。如果推而广之,概念化其实是任何一项事业发展走向专业化、规范化的重要路径,它为事业的深化发展和持续改进提供源源不断的理论基础和思想动力。

有时候,提出一个好的概念或理念,就能让人眼前一亮,耳目一新,精神一振,甚至可能会开启某种革命性的变革实践。科学研究范式的跃迁,常常就是因为某个或某类新概念的推广和运用而导致的结构性变化。纵观世界发达国家的教育发展历史,每一次课程改革都会旗帜鲜明地提出和普及一波新的核心概念和关联概念群,进而迅速凝聚人心和资源,引领和助推教育教学的改革方向和发展进程。

以这样的观点来看,我国当代课程与教学问题的概念化程度就明显不足,很难适应基础教育课程改革的理论建设和实践发展需要。这种局面应该引起教育研究者的高度重视,并采取切实措施,共同努力,奋起直追,力求有所突破。

一、课程与教学问题概念化意味着什么

(一)建构概念化的课程教学理论形态和实践模式

当代课程与教学问题的概念建构,首要的意义在于,围绕课程、教学、评价和教研等问题领域,选择其中具有节点意义的主要问题,进行课程学术理论的概念化和再概念化尝试,建立问题解决导向的课程与教学概念系统、认识框架和理论模型,并结合具体实

践案例和学校现场进行本土概念分析,参考和借鉴国际课程与教学改革的概念化成果,促进和带动我国课程与教学实践描述的概念化和再概念化进程,提高课程与教学改革实践的理论自觉水平,总结和提炼出具有借鉴意义和参考价值的课程与教学改革的实践模式和操作策略。

（二）为基于核心素养的课程开发与教学实证化研究提供互动基础

学生发展核心素养问题,是当前国际上特别是发达国家为应对21世纪挑战而推动的基础教育课程改革的关键热点问题。无论是日本提出的基础学力模型,还是美国提出的21世纪关键技能框架,抑或是经济发展与合作组织提出的核心素养界定和遴选项目,都是在试图运用体现21世纪人的发展和社会发展本质要求的关键概念,凝聚和扩大教育改革和发展的共识,探索、引领和促进基础教育课程与教学改革的理论研究和实践发展方向。

在我国,基础教育课程与教学改革的理论研究和实践探索,对于学生发展核心素养的问题,同样高度重视,并在借鉴国际经验的基础上,结合我国实际,及时而迅速地融入指向核心素养发展的课程与教学改革的世界潮流。

然而,有关学生发展核心素养的概念化进程,还仅仅只是刚刚开启,尚有大量深入细致的基础性研究需要进一步展开和深化,概念建构的工作任重而道远。

比如,我国学生发展核心素养的概念内涵到底是什么?如何将学生发展核心素养具体转化为不同学段的学段目标以及不同学科的学科关键能力?如何围绕核心素养和关键能力进行课程规划、建构课程标准、推进课程实施和课程评价?诸如此类的问题,都需要从概念上进行辨析、澄清,需要不断进行概念化和再概念化的基础研究,并在接受基础教育课程与教学改革实践检验的过程中不断加以修正和完善,触发和引领教育实践的改革和发展。

唯其如此,才有基础在更大范围和更深层次进行课程开发的技术探索和行动研究,才能更加切实有效地进行教学实证化研究,并在众多不同研究取向之间奠定相互理解和交流互动的概念理论基础。否则,各种研究取向和研究方法之间,只能是自说自话、各说各话,相互隔离和误解,进行没完没了的无谓争吵。

二、国外课程与教学问题的概念化努力

（一）科学化教学理论的概念体系搭建

在国外,主要是发达国家的教育研究者,通过学术理论的概念体系对课程与教学问题进行阐释和论述,从而建立和完善课程与教学研究的理论和实践范式。建立科学化

的现代教学论,其代表人物通常被认为是美国教育心理学家桑代克。他运用联结主义学习理论,搭建起一套教学设计的概念体系,主要解决教学设计问题,这是一套包括任务分析、教学方法、教学评价和教学测量等概念在内的研究内容和研究方法概念系统。后来的教学研究者,在这套现代教学论概念系统基础上,不断推动行为主义、认知科学、教学技术、脑科学、学习科学和人工智能的教学理论发展与整合,引导和促进教学理论与教学实践的持续改革、进步和更新。

(二) 课程与教学的基本原理探讨

从博比特提出科学化的课程开发理论,到泰勒及其追随者发展出以目标、内容、实施和评价为基本模式的课程与教学的基本原理,尝试着将课程与教学融合为一个有机整体,构建出科学化的课程与教学理论的主要概念体系。这一概念体系所建构的课程与教学模式称为目标模式,为课程与教学理论和实践的改革与发展奠定了主要的概念基础。

尽管各种学术流派纷纷提出各自独特的概念系统,并不完全认同甚至反对目标模式的观点和主张,但却都无法绕开课程开发的目标模式所提出的课程与教学的基本问题。比如,施瓦布以校园生活、社会政治环境、教师集体审议等为基本概念而建立的课程教学实践模式,斯腾豪斯以符号互动、班级文化、社会规则、探究教学、教师研究者等为基本概念而建立的课程教学过程模式,以及派纳以教学内容、教学方法、生活体验、自传故事和寓言故事等等为基本概念而建立的课程教学理解模式,都曾经或正在对课程与教学的理论研究和实践探索产生某种程度的重要影响,但它们最终都无法完全无视和回避课程与教学的基本原则问题。[①]

如表1-1所示,课程与教学理论模式的不同流派,无论采用什么概念和说法,包括集体审议、教师研究、教学理解等,它们的基本内容,都不外乎目标模式所阐述的目标、内容、实施和评价等基本问题,只不过它们各自的关注重点和基本主张会有所区别。

科学化的课程开发理论,特别是泰勒等倡导和推广的目标模式理论,是课程与教学问题经典而且主流的概念体系,至今仍然深刻地影响着世界各国的课程与教学理论与实践的发展。

---

① 尚金兰,冯加渔.课程研究的概念重建[J].全球教育展望,2017(4):3—10.

表 1-1 课程与教学理论模式的不同流派

流派	代表人物	哲学基础	概念链条	关注重点	产生背景
目标模式	富兰克林·鲍比特（Franklin Bobbitt）、拉尔夫·泰勒（Ralph W. Tyler）	实用主义	目标、内容维度、行为维度、学习经验、组织、结构、实施、评价	教、学、评与目标一致性	满足规模化教育需求
实践模式	约瑟夫·施瓦布（Joseph Schwab）	实践理性	学校生活、社会政治、集体审议	教育教学的实践智慧	回应教育适应社会实践发展要求
过程模式	劳伦斯·斯滕豪斯（Lawrence Stenhouse）	过程主义	符号互动、班级文化、社会规则、探究教学、教师研究	教师作为教育教学过程的研究	超越文化传递的教育以满足文化创新的要求
理解模式	威廉·派纳（William F. Pinar）	后现代主义	理解、教学内容、教学方法、生活体验、自传故事、寓言故事	课程开发即总结最有价值知识的智力工程	教育中许多主体的心声受到压制或漠视

（三）课程与教学的概念实证化研究

在以泰勒原理为代表的经典课程与教学问题的概念化努力基础上，许多教育研究者广泛地开展了课程与教学问题的概念实证化研究，并在世界范围影响了课程与教学改革和发展的走向。

其中，美国教育家布鲁纳的学科结构理论、苏联教育家赞科夫的教学与发展理论、联邦德国教育家瓦根舍因的范例教学理论，都强调结构化、理论化、实证取向的系统知识、概念、原理和方法，强调儿童的自主性、探究性学习，成为20世纪中叶课程改革运动的主要理论基础，引领了课程与教学的现代化进程。

及至20世纪八九十年代，特别是在世纪之交，许多发达国家为了迎接新技术革命、知识经济和全球化的挑战，开始出现持续推动基础教育课程改革的思潮，建设面向21世纪的课程与教学概念体系。其中，核心素养、关键能力、基础学力、21世纪技能等概念系统表现出强大的理论穿透和实证分析力、解释力，引发了教育理论研究、政策决定和实践探索的高度重视。

（四）课程与教学的概念重建运动

在课程与教学的现代化进程中，泰勒原理发挥了巨大作用，且影响深远。但同时，泰勒原理也暴露出明显缺陷，它对于不少课程与教学问题的解释力严重不足，因而引发

20世纪70年代以来对于课程与教学问题的概念重建思潮。像派纳等人甚至剑走偏锋，以博比特1918年出版第一本课程论为起点，以施瓦布1969年对课程领域过度依赖单一和狭隘的目标模式理论提出课程开发"濒临死亡"的警告为终点，认为"课程开发生于1918年，死于1969年"。

课程与教学问题的概念重建运动，一方面批判泰勒模式的不足，努力解构泰勒原理的概念体系，质疑工学模式和科技理性对于课程与教学研究的偏颇和扭曲；另一方面也开启了课程与教学问题的多元化的概念建构探索进程。其中，特别强调存在和理解的概念，不仅借鉴历史、哲学和文学批判等人文学科的概念来理解课程与教学，更要借用文学批判、政治理论、现象学、存在主义等概念系统来理解教育中的人的经验，更多地运用暂时性、超越、意识和政略等概念来解释和理解教育经验的性质，试图建立一种用以更为全面、准确和公正地思考、解释和推进课程与教学改革的概念系统。

三、我国课程与教学问题的概念化进程

（一）对于教学论话语方式和概念体系的借鉴

1901年，蔡元培出版《学堂教科论》一书，为我国现代课程实践和课程理论话语系统专门化奠定了重要基础，对课程理论与实践的后续发展产生了深远影响。蔡元培提出"何以课"的课程改革命题，并借鉴欧美日本相关经验，探讨各级各类学堂教科学目设置和学级表编制的原则和技术。

新中国成立以后，我国课程与教学学术理论研究延续苏区和解放区的教育经验传统，并且深受苏联凯洛夫教育学传统影响，主要采用的是教学论的话语方式和概念体系，对于具有世界影响的课程论话语方式和概念体系，包括泰勒原理的概念体系、学科结构等课程与教学理论的概念实证研究，以及以解构泰勒原理为旨趣的概念重建运动，总体上存在明显的时代落差。

即使在当前基础教育课程改革不断深化发展的大背景下，传统教学理论中的教学计划、教学大纲、教科书、讲授教学、习题训练、单元测验、期末考试等概念系统，在我国中小学的课程与教学改革一线实践中，甚至在相当一部分教育研究者的理论研究中，仍然具有根深蒂固的强大影响力，并且时不时地以一种或明或暗的方式表现出来。

（二）引入和探索课程论的话语方式和概念体系

从1977年恢复高考制度、重建新时期教育开始，中国基础教育付出了20多年的不懈努力，从恢复中艰难发展，在普及中逐步提高。一方面，推动教育结构调整和管理体

制改革,实现了基本普及九年义务教育和基本消除青壮年文盲的历史跨越;另一方面,在教育价值观念、教学内容、教学方法的变革与研究上进行了大量理论探索和实践积累,开展了素质教育大讨论,尝试建立21世纪中国学生发展核心素养基本框架,在课程研究特别是在课程观念、课程目标、核心素养、课程结构、课程内容、教学方式、课程评价、课程管理和课程决策等现代课程与教学概念建构方面取得显著成就,从最初的翻译介绍和概念辨析,到随后的本土化探索与建构,初步形成并在相当程度上推广了理解和解释课程与教学问题的概念体系和话语方式,不仅深刻影响了基础教育课程改革的政策决定,也有力地推动了中小学的课程与教学变革实践。①

四、我国当代课程与教学问题概念重建的必要与可能

(一)弥补课程与教学概念化程度低下的理论短板

我国课程与教学问题的理论研究和实践探索,在改革开放以前长期受到压抑,而改革开放以后又长时间处于一种追赶式的引进模仿状态。所以,在课程与教学问题的概念化研究方面,更多的是只有新概念的术语引进和模仿,生搬硬套有余,而没有实质内涵的概念建构,导致消化吸收和推陈出新不足。因此,无论是学术理论研究,还是中小学实践探索,在课程与教学问题的概念化能力和概念化程度方面都明显偏低,专业化和规范化研究的发育很不成熟。

在很多情况下,课程与教学改革的理论研究和实践探索,都缺乏强有力的概念系统支持,自说自话,各说各话,既无自觉理论的自我理解,更缺少可以通约的相互理解,沦为一种低水平重复的无序劳动。即使出现一些概念意识较强、概念化程度较高的课程与教学改革实验探索,推广和应用起来也是常常因为普遍缺乏概念化的群众基础而步履维艰。

这种局面很难适应概念实证研究的需要。这方面的案例非常普遍,但却远未引起足够的重视,特别是当代电子计算机网络技术、脑科学、深度学习、人工智能和大数据理论开始在课程与教学研究领域广泛运用、实证方法日益受到重视的时候,人们赫然发现,许多课程与教学的本土术语,缺乏基本的概念规范,内涵不清,外延不明,界定和使用都很随意而且混乱,可理解性和可交流性都普遍较差,以至于实证研究缺少应有的严密概念基础和理论逻辑支撑,进而处于无从取得真正意义上的进展和突破的尴尬境地。

---

① 丁钢.公共教育学[M].上海:华东师范大学出版社,2015:138.

这一局面的缺陷,在课程与教学研究的国际对话中,更是暴露无遗。一些发达国家的课程与教学研究专家甚至直言不讳地说,中国的中小学教学成就巨大,教学很好,但中国的教学研究却成就平平,研究很差。很显然,这是课程与教学学术研究领域急需弥补的理论短板。

（二）总结和提炼我国当代课程与教学问题的概念化成果

经过 40 多年改革开放的洗礼,我国课程与教学问题的本土学术理论的概念建构、实践探索和国际化需求之间的张力越来越大。

一方面,如何通过概念建构甚至概念重建的方式,来讲述好当代课程与教学问题的中国故事,已经是紧迫的现实问题。另一方面,课程与教学改革的技术理论、实验验证和多元理解等多种概念化形态交织混杂所形成的经验和教训,都需要经历主动而充分的总结和提炼,通过概念重建,兼顾传统课程模式、概念实证研究和多元理解的合理内核,发展出具有理论引导和实践解释力的、能参与国际对话的课程与教学概念体系。

这对于促进我国在基础教育课程与教学改革领域与世界各国特别是发达国家之间的国际交流,探讨分享,互鉴互惠,特别是对我国课程与教学理论建设在吸收先进教育经验,贡献中国教育智慧,建立教育文化自信等诸多方面的发展,都具有迫切的现实意义和深远的历史意义。

五、当代课程与教学问题概念化诉求与议题

（一）课程与教学问题概念化研究的理论诉求

课程与教学问题概念化研究的理论诉求,涉及很多方面,但归纳起来,主要的诉求可能集中在三个方面。一是揭示课程与教学本质的多元理解,从概念上解释清楚当代课程与教学的基本问题。二是通过建构新概念和再概念化的方式,形成新的观念基础,特别是形成对于当代课程与教学问题具有解释力和解决方法指导意义的概念体系。三是以核心素养为基础,形成支撑课程与教学改革的关键能力和关键教学问题等概念群谱。

（二）课程与教学问题概念化研究的主要议题

当前,根据议题的急迫性和可能取得的突破方向而言,我国课程与教学问题概念化研究的主要议题,或许可以归纳为如下三个方面。

一是当代课程与教学的基本问题和学术概念。即围绕课程、教学、评价和教研四大问题领域,引进和借鉴先进教育体系的概念化成果,论证和筛选当代课程与教学研究的

视角、层次、类别和关系等更为具体的理论与实践问题，进行课程学术理论的概念化和再概念化研究，分析和解释当代课程与教学的基本问题、理论与实践误区及其成因和解决思路，同时建立指导课程与教学学术理论和实践发展的概念体系。

二是中小学课程与教学问题的实践形态与本土话语。即结合具体学校现场的实践案例和本土概念分析，促进和带动课程与教学实践描述的概念化和再概念化进程。在我国，与课程与教学问题概念化的理论进展相对迟滞不同，学校现场的实践案例和本土概念倒是一直走在前头，不断涌现出各种各样的土办法、土说法、土政策，其中不乏富有生命活力的实践创造，也有一些率性而为的信口开河。如何辨析、甄选和弘扬那些尊重教育规律、充满实践智慧且代表教育发展方向的课程与教学本土概念化成果，揭露、批判、淘汰那些违背教育规律、媚俗恶俗且无视学生发展长远利益的课程与教学本土概念化乱象，是摆在课程与教学理论工作者面前的重大而艰巨的研究课题。

三是课程与教学问题概念化的主要内容。即基于核心素养的课程发展研究，需要更为基础的概念化和再概念化研究支撑，具体体现为以下几个方面的内容：(1)当代课程与教学改革的观念基础，特别是在教与学中起着桥梁作用的知识观念，包括对事实性知识观、方法性知识观和价值性知识观进行辨析和遴选；(2)基于核心素养的课程与教学理论的概念谱系，包括课程意识与课程论话语、课程领导的行政特性与专业特性、课程资源的开发与利用、课堂教学的行为指令与内容指令、做中学与悟中学的教学设计、基于学习共同体的课堂变革、课程评价的发展性功能、课程成本设计与课程质量管理、课程实施监测等方面的问题解决机制，以及课程与教学研究的校本取向等具体问题和概念群谱。

（三）当代课程与教学问题概念化研究的框架构想

关于当代课程与教学问题概念化研究的框架体系建构，是需要许多课程与教学论专业研究学者群来共同探讨和推动的重大课题。

就总体框架而言，当前主要的任务可能是探讨基于核心素养的、分科与综合课程协调发展的课程与教学理论概念谱系，重点围绕课程、教学、评价和教研等四大问题领域，开展概念建构和概念重建研究，提升课程与教学学术理论研究和实践探索的概念化水平，形成支持基于核心素养的课程发展研究的概念框架体系。

总体框架需要分解为若干可以操作的子课题予以推进和落实，比如可以优先考虑探讨如下可能的子课题：(1)课程领导和课程规划的理论话语与实践形态研究；(2)核心素养、课程标准、课堂教学与学业评价设计的理论话语和实践形态研究；(3)课堂学习共同体的理论话语与实践形态研究；(4)中小学教研制度的理论话语与实践形态研究。诸如此类的子课题,都是可以根据不同需要和情形展开重点研究的课题项目。

在研究思路上,当代课程与教学问题概念化建构,主要以课程与教学问题的理论研究、历史研究和调查研究为研究方式,包括文献研究、制度分析、比较研究、实地考察、口述访谈、叙事研究、案例研究等具体研究方法。在技术路线上,如图1-1所示,可以沿着理论研究—历史研究和调查研究的基本技术路线,并遵循整体规划—分项突破—联合攻关—系统集成的研究机制,开展当代课程与教学问题概念建构课题研究工作。

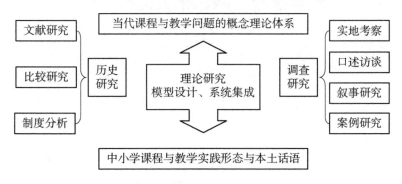

图1-1 课题研究技术路线图

其中,理论研究主要包括模型设计和系统集成等环节,历史研究主要包括文献研究、制度分析和比较研究等环节,调查研究主要包括实地考察、口述访谈、叙事研究和案例研究等环节。此外,各子课题也有类似的但却更为具体的技术路线。

值得注意的是,课程与教学问题概念建构的任务,是一个长期过程,不仅浩繁复杂而艰巨,而且是动态发展、常做常新的。随着课程与教学问题概念化和再概念化的交替发展,课程与教学事业不断出现新情况、新问题和新的解决方案,并在这个过程不断进步,永无止境。课程与教学问题概念建构的任务只有依靠众多研究者的共同努力和通力合作才能趋于完成,所以需要有人抛砖引玉,有人添砖加瓦,还有人集成创新,历史研究、现实研究、未来战略规划研究和预测研究等各种研究领域并举,实证研究与思辨论证研究互补,形成一种百花齐放、百家争鸣的学术研究和实践探索格局。

第 2 讲

教育经验的概念化表达和分享

在我国,许多教育工作者,特别是广大中小学教师,在日常的教育教学实践中创造和积累了大量宝贵的教育经验,却常常不知道如何去进行概念化的总结和发表,不懂得如何去相互交流和分享这些宝贵的教育经验,有时甚至对教育经验本身的意义也感到迷惘。

即使是一些专门从事教育研究的专业人员,也在不同程度上存在同样的困惑,以至于不少其他学科和研究领域的专家,特别是一些从事自然科学领域研究的专家,他们并不认可教育科学研究的说法。在他们看来,只有自然科学才是硬科学,因为自然科学研究有一套独特且共同遵循的概念系统,据以规范和促进这一领域的研究成果。但是,课程与教学论等教育学科领域,似乎没有自己独特且公认的科学概念系统,也就谈不上是独立的学科领域。

那么,问题的症结究竟在哪里呢?一种参考性的解答可能是,教育问题包括课程与教学问题的研究和解决过程,其概念化的水平不高,更多地只是拥有教育经验的基础,缺乏概念化的总结提炼和有效表达,没有建立起共同的专业规范、准入资质和评价标准,因而很难进行大范围的交流和分享,也就难以获得广泛的理解和承认,更谈不上推广和运用了。

一、教育经验的意义

(一) 教育经验是教师专业发展和教育事业发展的动力源泉

教育经验的意义是不言而喻的,因为人们都很清楚,一个庞大的教育系统,如果没有一大批拥有丰富教育经验的教育工作者队伍,没有包括教师、教育管理人员和研究人员来支撑,将是无法想象的。

可以毫不夸张地说,教育经验是教师专业发展乃至整个教育事业发展的动力源泉。对于教师、教育管理人员和教育研究人员而言,教育经验不断积累和澄清的过程是其专业发展水平不断提高的过程。对于一所学校来讲,教育经验质与量的水平决定着学校的办学水平,校长和教师的教育经验越丰富,学校的办学质量就越有保证。对于教育系统来讲,教育的改革和发展过程本质上是一个不断积累、反思和推广教育经验的过程。

学生的发展和学校的发展,说到底,取决于教师的专业发展能力和专业发展水平。真正优秀的校长和教育行政管理人员都十分重视教师的专业成长问题,因为这是优质学校、优质教育资源的主体和核心部分,是学校充满长久生机和活力的不竭源泉。应该牢固树立这样的观点,学校是教师和学生共同成长的地方,校长也是在促进师生共同发展的过程中不断地获得自我发展的。为此,我们必须十分强调,关注教育经验,促进每一位教师的专业发展。

一般来讲,一所学校,特别是一所比较好的学校,或多或少都集聚了一些比较有教育教学经验的骨干或优秀教师,这是学校的宝贵财富,应该十分地珍惜和爱护。现在的问题是,大多数教师,特别是年轻教师,没有获得足够丰富的教学经验或被广泛认可的教学成果与荣誉,他们的专业发展问题往往容易被忽视,或者被认为不是很紧迫的问题,可以放在以后,慢慢来解决。

但是,关注每一位教师的专业发展,恐怕更多地是要逐步把重点放在这一部分教师身上。因为,优秀的骨干教师,特别是特级教师,乃至正高级教师,他们的专业发展大多进入相对成熟和比较自觉的阶段,他们往往"不用扬鞭自奋蹄",同时也更容易获得专业发展的机会和平台。但大多数普通教师,特别是缺少足够教学经验的年轻教师,他们还需要学校采取更多的措施,来关注和促进他们的专业发展,为他们提供和创造更多专业发展的机会和平台。如果每一位教师都能够在自己工作的学校,真实地感受到自己专业发展的机会和动力,感受到真诚而具有远见的专业关怀,那么学校发展就会形成强大的凝聚力和吸引力。

一方面,要充分发挥优秀教师的示范、辐射和带动作用,开展校本教师培训,建设学习型的学校文化,发展学习共同体,使优秀教师的个人教育经验能够为更多的同事所分享,转变成为教师群体特别是年轻教师的共同财富。另一方面,要激活教学创新的潜能,促进更多的教师去借鉴、创造、积累和表达新的教育经验,让学校涌现出更多更好的优秀教师。要鼓励和保护每一位教师立足于自己的课堂教学,参与和从事校本教学研究,解决真实的教学问题,提高课堂教学的质量和成效,提高教师自身的专业发展能力和专业发展水平。

(二) 教育经验不等于教育经历

通常,人们对于教育经验的理解容易和教育经历相混淆,因而导致对于教育经验的研究不够重视,或者难以深入,以至于许多重要的教育经验被忽视、闲置和埋没,得不到及时的总结、表达和应有的关注、分享和运用。这对教育事业和教师自身来说,是一种严重的浪费,甚为可惜。

对于经验与经历的分别,我们可以用一个简单的例子来说明。

一个小孩,如果用手去拿一杯开水,被烫了一下,他把手缩回去了。这对他来讲是一个经历。如果他继续重复这一过程,那么他仍然只获得了经历,这种经历的意义不大,是一种无意义经历,没有"吃一堑长一智",不能对后续行为的改进产生影响。

但如果他意识到不能这样做,被烫是不好受的,是危险的,是应该避免的,那么他就开始获得经验了,尽管这种体验在很大程度上是被动和消极的,这仍然是一种有意义的经历。这种经历的意义是,"前车之鉴"成了"后事之师",不仅认识到某种行为的危害性,而且开始规避这种行为,在经历基础上形成一种消极的保护性经验。如果他进而尝试去用手帕或者用其他东西包着这个开水杯,然后再端起来,或者等待开水变凉一点后再用手端开水杯,那么这就是一种意义更大的经历了,他这时的经验水平就更高一些了,因为他既避免了"被烫"的消极体验和危险,而且解决了"拿一杯开水"的问题。这种经历的意义是,认识到某种有利于解决问题的行为并开始采取这种行为,这就在经历基础上形成了一种积极的建设性经验。

应该说,在有意义经历基础上形成的保护性经验和建设性经验,对于人的行为的改进,都是非常重要的,只不过它们各自所处发展水平和所发挥的功能会有所不同罢了。

同样,教师的教育经验不等于教育经历,它们之间的区别与我们所举的这个例子是非常相似的。教育经验与教育经历虽然有联系,却并不是一回事。教育经验是在教育经历基础上产生和形成的,但一旦教育经验产生和形成,它又与教育经历有很大的不同,就在一定意义上从教育经历中独立出来了。

没有教育经历,是很难谈得上教育经验的,教育经历是教育经验的基础。但是,有了一定的教育经历之后,并不必然地意味着积累起相应的教育经验。教育经验的丰富和深刻程度更多地取决于教师个体是否能够在教育经历基础上动脑筋,想办法,不断发现和解决教育教学过程中有价值的问题,不断改进自己的教育教学行为。消极的教育经验能够帮助教师认识到并采取措施不断避免、减少和消除无效或有害的教育教学行为,积极的教育经验能够帮助教师认识到并采取措施不断地扩展有利于促进学生发展的教育教学行为。

表2-1 经历与经验的概念分析简表

概念	分类	特点	关系
经历	无意义经历	在时间维度上延续或重复的某种行为或体验	与经验的形成无关或关系不大
	有意义经历	对后续行为改进带来影响的某种行为或体验	成为经验的重要基础
经验	保护性经验	导致规避有害行为的认识成果,重在不做什么	在有意义的消极经历基础上形成认识成果
	建设性经验	导致采取有益行为的认识成果,重在要做什么	在有意义的积极经历基础上形成认识成果

从上面的分析来看,与教育经历相比,教育经验大致上有三个基本特征:

首先,教育经验必须以教育经历作基础。

教育经验最直接的源泉是从事教育教学工作,尽管受教育的过程也会对一个人的教育经验产生重要影响,但这种经验毕竟是表面的和粗浅的,较高水平的教育经验都是建立在直接的教育教学经历基础之上的。这一特征提示我们必须重视教育教学过程中的点点滴滴,这些在日常教育教学中发生的、看似平凡和琐碎的点点滴滴,恰恰是我们获得教育经验的重要基础和前提。

其次,教育经验必须具有思维活动的高参与性。

这一特征表明,教师要形成和积累丰富的教育经验,就必须在教育教学活动中动脑筋,想办法,勤于观察,肯钻研问题,凡事多用心体会,不断地发现妨碍或促进教育教学成效的关键教育事件或影响因素,加深对教育的理解,不断地有认识水平的提高和认识成果的获得,不断地改进自己的教育教学行为。

正如美国著名教育家杜威所说,"没有某种思维的因素便不可能产生有意义的经验。"[1]正是这一特征,导致不同的教师由于思维活动参与程度和参与水平的不同,即使有相同或相似的教育经历,他们在教育经验的质量和水平上也呈现出巨大的差异。

相同的教育经历,对于不同的教师而言,可能意味着不同的教育经验。教师有没有丰富的教育经验,不能仅仅只看他是否从事了教育教学工作,或从事教育教学工作时间的长短,更重要的是要看他对于自己所从事的教育教学工作是否不断地产生更加深入

---

[1] [美]约翰·杜威.民主主义与教育[M].王承绪,译.北京:人民教育出版社,1990:153.

的理解与思考,是否不断地提高教育教学工作的质量和成效。

从这个意义上讲,一个有着三十年教龄的教师,并不见得一定比只有十年甚至五年教龄的教师教育经验更加丰富和深刻。因为有了一定的教龄基础之后,教育经验的意义已经远远大于教育经历的意义了。

所以,对于教师而言,重要的是要用心对待自己所从事的教育教学工作,勤观察,爱思考,肯钻研,想办法,多尝试,做学结合,不断加深对教育的理解,不断找到解决教育教学实际问题以及提高教育教学质量和成效的新办法、新途径,常教常新,愈教愈精。

再次,教育经验对教育者有着强烈的个体依附性。

也就是说,教育经验首先是依靠教育者特别是教师个体自身积累起来的。这样的教育经验也称作直接教育经验,直接教育经验才是教育经验的本意,因为间接的教育经验其实正是别人的直接教育经验。

这意味着,一方面教师本人的离开、遗忘或者消失,会导致教育经验相应地离开、遗忘或者消失。比如,一所学校如果那几位特别有教育经验的教师离开或调出,这所学校的教育教学质量会相应地受到冲击和影响,就是这个道理。另一方面,教育经验本身具有一定的个体局限性,因为个体的教育经验总是产生于某种特定的具体教育情境之中,它需要通过不断的交流才能达到更好的澄清、积累、保存、弥补和扩展,进而变成教师群体的财富,扩展为教师群体的集体经验,更好地成为教师专业发展和教育事业发展的动力源泉。

(三) 教育经验需要表达和分享

实际上,中小学教师积累起来的教育经验非常丰富多彩。但是,随着时间的推移,凡是没有作出理性概括的,往往只是热热闹闹一阵子,开了花,不结果,有人说叫"过眼云烟",不能立起来,无法成为可以分享的教育成果。于是,新来的教师只好从头摸索,一次又一次地重复昨天的故事。这是一种让人扼腕痛惜的巨大浪费。

对此,著名教育家刘佛年先生曾经有过深深的感慨。他认为,解决的办法有两个,一是理论工作者深入到中小学去,二是中小学教师都能做些教学研究工作。现在最需要的是既懂得中小学教育教学又肯从事教育科学研究的善于思考的人。[1]

事实证明,我国教育事业的发展,在很大程度上依靠着一批有丰富教育经验的教师进行传、帮、带,更多的教师则是直接学习、模仿和借鉴优秀教师的教育经验,并逐步积

---

[1] 顾泠沅.师恩绵绵忆当年——著名教育家刘佛年先生与中小学教育的不解之缘[N].文汇报,2003-5-26(9).

累和扩大自己的教育经验,大家一起凭借教育经验支撑起学校教育的发展。这样的师资队伍建设,在教师素质普遍不高和教育发展处于起步或恢复阶段时,是非常必要的,而且是十分有效的。他们为我国恢复高考制度以后基础教育的发展和改革探索做出了重要的努力和贡献。

但是,随着我国经济、社会、政治和文化的发展与进步,基础教育课程与教学改革逐步深化,在众多领域进入深水区,碰触到越来越多的深层次矛盾,学校教育普遍地开始走上内涵式发展的专业化道路,尊重差异,弘扬个性,培养创新精神和实践能力,培育学生发展核心素养,也已成为基础教育课程改革和发展的鲜明时代特征。这时,刘佛年先生所说的第二种解决办法,可能是更为根本的解决办法,即中小学教师都应该能够使自己的日常教学过程同时成为教学探索和教学研究的过程。

在我看来,其中的关键恐怕还在于,唤醒每一位教师的教育经验,运用文字、音像、自媒体、网络等多种适合于物化的方式,记录、整理、总结、提炼和发表教师的教育经验,从而实现教育经验的澄清、保存、交流和分享,使之成为教师自身专业化发展的动力源泉,成为学生发展、学校发展乃至整个教育事业发展的动力源泉。每一位教师都可能在表达自身教育经验和分享他人教育经验的过程中获得启示,加深对教育教学的理解,改进教育教学行为,提高教育教学的质量和成效。

在这个意义上讲,教育经验的表达和分享甚至比教育经验本身更加重要,因为它使教育经验不断增值和扩容。

那么,对于从事实际教育教学工作的广大教育工作者特别是教师而言,怎样才能更好地积累、表达和分享教育经验呢?

在目前情况下,概念化和叙事化可能是广大中小学教师表达他们的教育经验的两种基本方式,而对话则可能是教师相互之间分享教育经验的基本途径,同时也是把概念化方式与叙事化方式联结起来的桥梁。对话与教育经验表达方式之间的桥梁关系,如表2-2所示。

表2-2 对话与教育经验表达方式关系简表

对话	表达方式	
	概念化	叙事化
与文本对话	理论阅读	案例阅读
与他人对话	现场交流	案例分享
与自我对话	实践反思	案例反思

二、教育经验的概念化表达方式

(一) 教育经验的概念化表达方式

我们所经历的教育是一个复杂的融合体,存在着各种纷繁杂乱的事实和现象,常常遮蔽着我们前进的视野。我们要拨开这种遮蔽,找到前进的方向,就必须借助于一定的科学研究方法,就如布列钦卡所说,"在现实中存在无穷无尽的表象。因此,每一科学就只能研究为数不多的几种现象。这也就要求我们根据特定的问题而在众多可能的研究对象中进行选择。"①

所以,教育经验的概念化,作为教育经验走向教育理论的一种表达方式,是一种简约化的机制,它可以帮助我们确定问题的范围和核心所在,"缩小包围圈",在思想和行为上从复杂和繁乱中寻找到简单,由博返约,建立起结构良好的秩序,从而使教育的不断改进和完善成为可能。教育经验概念化的主要功能在于,建立解释框架,形成解决方案。

其实,教育经验中思维活动的高参与性特征就已经为教育经验的概念化准备了条件。"思维就是把我们经验中的智慧的要素明显地表现出来。它使我们有可能行动有目标。它是我们所以有各种目的的条件。"②

既然教育经验的概念化如此重要,那么,怎样才能有效地实现教育经验概念化的过程与结果的表达呢?

在我个人看来,如同表2-3所示,可以围绕以下几个方面的步骤来进行尝试。

表2-3 教育经验概念化过程简表

环节	要求	作用
寻找概念	概念移植、概念创建、理念创新	概念化的第一步,以最经济的方式凝练方向,集聚人心和资源
构筑框架	搭建和理顺定义、功能、结构、过程、阶段、原则、方法等概念系统的意义和关系	概念化的重点和难点,提供"抽丝剥茧"或"剥笋"式思考和分析教育问题的技术与方法支架

---

① [德]沃尔夫冈·布列钦卡.教育科学的基本概念[M].胡劲松,译.上海:华东师范大学出版社,2001:14.
② [美]约翰·杜威.民主主义与教育[M].王承绪,译.北京:人民教育出版社,1990:155.

续 表

环节	要求	作用
解释现象	清晰和放大教育现象及其本质属性,揭示教育现象的成因	概念化的直接运用,彰显概念化对于现象、成因和对策的解释力
改善实践	针对教育现象及其成因而采取推广和消除行动	概念化的最终目的,指导改善实践的思想和行为

● 寻找核心概念

概念在人类的认识活动中具有至关重要的意义。诚如有学者指出,"无论是明确地表述问题,还是检验假设,一个根本性的前提就是需要清晰的概念。假如人们对正在寻找的东西没有清晰的认识,任何观察和实验都会无济于事。没有清晰的概念,也就不会有正确的认知。"①"概念帮助我们将那些思想的对象从众多有所指的可能对象中区分出来。"而且,"只有借助于一般概念,并由此将那些具有某些共同特征的对象进行概括,才可能从思想上将无穷无尽现象的多样性进行归类和整理。"②

所以,当我们敏感到一些有研究意义的教育现象和问题时,我们就可以去努力寻找一个或几个相应的核心概念来标识和表达我们的教育经验,用以指导我们的教育实践。

这样的教育概念,既可以从已有的概念中移植、借用或改造,也可以创造性地提出。比如,当人们敏感到学校片面追求升学率的现象已经开始伤害教育自身的发展时,就尝试着提出了"素质教育"的概念,以此与"应试教育"相对立,从而表达自己的教育经验和教育理想,对教育实践进行反思和改进。其实,应试教育的现象很多人都经历了,但能够尝试去创造性地提出素质教育的概念并以此表达自己的教育经验的人,往往都具有强烈的自觉理论意识。同样,核心素养的概念和理论基础,也是在应对 21 世纪挑战的时候,针对以往单一地强调学科知识教育乃至学科能力培养所提出和研究制定的指导新世纪教育发展的概念化的理论思想,更加强调的是基础知识、关键能力、基本品格和正确价值观的综合结晶。

当然,创造性地提出一个新概念时,应该是慎重的和负责任的,只有当已有的概念难以改造或经过改造后依然无法很好地承载我们的教育经验时,才有必要创造新的教

---

① [德]沃尔夫冈·布列钦卡.教育科学的基本概念[M].胡劲松,译.上海:华东师范大学出版社,2001:11.

② [德]沃尔夫冈·布列钦卡.教育科学的基本概念[M].胡劲松,译.上海:华东师范大学出版社,2001:14.

育概念,否则会造成概念的堆砌和泛滥,也造成教育概念在学理上的混乱。

有时候,我们的教育经验还不能丰富到足以支持一个全新的教育概念,或者说暂时还找不到一个准确而合适的教育概念可以标识和表达我们的教育经验,那么我们也可以采用另外的策略,转而求助于教育理念。像我们常用的一些教育说法、教育口号和教育隐喻,表达的往往都是一些教育理念,而不是真正的教育概念。

从一定意义上讲,概念和理念的区别在于,概念在逻辑上要求内涵和外延都是比较清晰和严密的,要概括出一般的本质的特征,而理念相对来说则更加主观和随意,抽象概括的程度也要低一些,表达的是对于事物属性的某种立场、观点、看法、想法,甚至是理想,反映的未必是所指称教育事实的一般的本质的特征。

教育理念对于完成教育经验概念化的过程是非常重要的,因为教育概念所指称的教育事实或教育现象往往是非常复杂的,而且是动态变化的,许多我们认可的教育概念,其实都只具有相对意义,都只能看作教育经验概念化过程中的阶段性认识成果。教育理念总是不断地为完成教育概念化的过程、为新的教育概念的形成和完善准备着条件和基础。

● 构筑概念框架

在找到我们认为适当的教育概念时,我们就要对这一概念进行描述,告诉人们概念所指称的教育事实的主要属性。而且,当一个或几个核心概念不足以完整地表达教育经验时,往往还需要运用一些子概念和相应的范畴来构筑概念系统或概念框架,又或解释框架,因为"单个概念只有在与其相关的概念框架体系内才能获得其准确的意义。"[1]比如,我们可以考虑给出概念的基本定义,给出相应的子概念和范畴,描述概念和范畴所指称的教育事实和教育行为的性质、特点、种类、关系;意义、价值、地位、作用、影响、隐患、危害、局限;过程、阶段、任务、途径、方法、程序、策略、原则;结构、功能、机理、机制、条件、范围;问题、矛盾、成因、表现形态、发展趋势、解决办法等等许多方面,这些方面甚至是难以穷尽的。

但是,我们只需要选取其中某个或某些主要的或基本的方面进行探讨和论述。事实上,这些主要方面的论述如果能够有所展开的话,都能够比较好地表达我们在某一个或某一类教育现象或教育事实以及教育行为方面的教育经验,从而有利于相互讨论,交流思想,给人启示。

---

[1] [德]沃尔夫冈·布列钦卡.教育科学的基本概念[M].胡劲松,译.上海:华东师范大学出版社,2001:15.

● 解释教育现象

我们构筑的概念框架或解释框架是否合理,是否有意义,一个重要的判断标准是看它是否能够帮助我们看清实践中的问题,预示或找到解决实践问题的有效办法,形成实践问题的解决方案。构筑概念框架实质上是建立起一个研究和解决问题的基本模型,它是帮助我们探究、分析和解决问题的思想支架,而不是限制和束缚我们思想认识的枷锁。所以,我们要善于运用一个合理的概念框架来解释我们经历的教育现象、教育事实和教育行为,让这个概念框架把教育实践中的问题放大,把问题的症结、要害或本质、原理、要领看得更加清楚和明白,澄清误解,消除曲解,加深对教育的认识和理解,探索正确的行动策略。正是在这种解释教育现象的过程中,我们不断地积累、澄清和表达着我们自己的教育经验,相互交流和丰富着我们的教育经验。

● 改善教育实践

教育经验概念化的目的,不是为了概念化而概念化,而是最终为了改善教育实践。"实际上,真正建立在原理水平上的认识蕴含着巨大的丰富性。唯有原理,才具有认识实践的穿透力,成为创建新实践的理论基石。"[1]因此,教育经验的概念化,不仅应该,而且能够朝着改善教育实践的方向努力,并取得预期的成效。当然,它也要接受实践的检验,不断从教育实践中获得养分。

(二) 教育经验概念化表达的一种叙事化变式

教育经验的概念化水平是教育理论思维水平的重要标志,一个民族乃至一个教育系统是一刻也不能没有理论思维的。但是,一旦教育经验以概念化的方式呈现的时候,又是很有风险的。

我们知道,教育的概念和范畴通常是建立在对于教育的经验事实进行归纳的基础上的。"概念的内容并非随意确定的(亦即纯粹出于习惯的),而是在根据观察而检验过的事实判断的意义上所获得的经验性诊断,或者说源于经验性诊断的一般化假设。"[2]

教育经验的概念化应该是在占有大量经验事实基础上的概括,是鲜活的概括,对于教育实践的思维应该起到一种激活而不是灭活的作用。但在许多情况下,教育经验的概念化表达方式往往只呈现概念和范畴本身,而恰恰忽略了这些概念和范畴所依托的经验事实。

人们在进行教育经验概念化的表达时,为了清晰、简洁、平衡和流畅等原因,通常去

---

[1] 叶澜.教育研究方法论初探[M].上海:上海教育出版社,1999:347.
[2] [德]沃尔夫冈·布列钦卡.教育科学的基本概念[M].胡劲松,译.上海:华东师范大学出版社,2001:15.

掉那些鲜活的经验事实,而去演绎式地呈现概念和范畴,这种呈现出来的顺序与概念和范畴形成时的顺序刚好是反过来的。"当哲学与科学对抽象思维恋恋不舍,且为其抽象思维所具有的普遍适用性而庆贺炫耀时,却逐步失去了人类原始思维中的诗性智慧所蕴含的'个别具体事物'的丰富性、形象性与复杂性。"①

也就是说,在我们不断追求教育经验的概念化,并且一步步地走向抽象理论的时候,我们不要忘记,教育的经验事实本身也是非常有价值的。"成功教师的实践经验和其中包含的对教育的理解与创造,是教育理论的重要资源。"②"一盎司的经验所以胜过一吨理论,只是因为只有在经验中,任何理论才具有充满活力和可以证实的意义。一种经验,一种非常微薄的经验,能够产生和包含任何分量的理论(或理智的内容),但是,离开经验的理论,甚至不能肯定被理解为理论。这样的理论往往变成只是一种书面的公式,一些流行话,使我们思考或真正地建立理论成为不必需的,而且是不可能的。"③

为了弥补教育经验概念化方式的不足,帮助我们更好地澄清、表达和交流教育经验,我们还需要重视教育经验的另外一种表达方式即教育经验的叙事化表达方式。教育经验的叙事化表达方式,本质上仍然是概念化表达的一种变式,因为它实际是将抽象的概念系统暂且搁置,而用抽象概念系统所指称的具体鲜活的典型事实代替概念本身直接表达出来。这种叙事化的变式,对于广大教育实践工作者特别是教师总结、表达和交流他们的教育经验,或许是一种更为亲切和更可接受的教育研究方式。

一般而言,来自教育实践一线的研究人员特别是教师,与专业的教育研究人员相比,是数量上的"大多数"。他们在教学的学科素养上可能参差不齐,但他们有研究的愿望和意识,有研究型的思考。教育研究的成果只有为大多数教师所内化时,才能转化成为巨大的物质力量,这时才能彰显教育理论的魅力。而教育理论要播撒其应有的热情与价值,就应该以适当的方式供教师阅读理解。

对于许多从事实际工作的教师来讲,概念与他们是有距离的,他们对于某些教育概念的理解还需要经历一个再解释的过程。这一过程至少包括两个方面,一是意义分析,二是经验分析。意义分析获得的可能是字面上的,如果缺少经验支撑的话。对于多数教育工作者来讲,经验分析可能是更重要的,这是获得清晰认识的重要途径,是概念转化为实际对象物的重要途径。

其实,教育经验的叙事化,走的是一条教育概念的具体化道路,它需要考虑的是如

---

① 刘良华.校本行动研究[M].成都:四川教育出版社,2002:201.
② 叶澜.教育研究方法论初探[M].上海:上海教育出版社,1999:335.
③ [美]约翰·杜威.民主主义与教育[M].王承绪,译.北京:人民教育出版社,1990:153.

何让抽象的概念变成看得见、摸得着的东西,它需要采取的策略是让抽象的教育概念隐性化,或者退至幕后,面向教育实事本身,让教育事件走向前台。

叙事是在进行理论建设的铺垫工作,特别是以叙事方式来进行的案例研究工作,更是如此。正是在这个意义上,有人说,"案例是理论的故乡"。毫无疑问,教育经验对于教师的专业发展以及学校办学质量和办学水平的提高是具有重要意义的。对于教师而言,要真正使教育经验变成现实的教育动力,教育叙事研究是一条切实可行的有效途径。

简单地讲,教育叙事研究,可以看作是教师讲述自己教育教学故事的过程,就是由教师本人"反思"和"叙述"自己在教育教学探索中所遭遇到的一系列教育事件。透过对教育事件的反思和叙述,教师澄清、积累、保存、丰富和公开自己的教育经验,进行教育经验的交流与分享,提高自身的教育教学修养和水平。

这种表达方式改变以往抽象的议论文和说明文式的理论提升或逻辑推导,转向记叙文式、散文式、手记式的、口语化的讲故事、谈体会。这种表达方式可以指向课堂教学叙事、学校生活叙事和教师自传叙事。这种方式与教师的日常教育生活更亲近,它所表达的教育经验更容易使有类似教育经历的人通过认同而达到分享和推广。

(三) 教育经验叙事化表达的基本品质

教育经验叙事化表达以及所叙述的教育事件、案例等,至少要具备三个方面的基本品质,才会激发和吸引读者阅读和分享的欲望。

一是要具有真实性。

即教师必须有真实的故事可讲,才谈得上教育叙事研究,教育事件必须是在教育教学过程中真实发生的点点滴滴。而要做到这一点,教师必须认真钻研自己的教育教学工作,用心去观察,去发现,去尝试,去体验,去感悟,去记录,去整理,去发表。

二是要具有可读性。

教师要按照一定的主题或主线把教育事件串起来,把握和显露出它们之间的内在联系,形成某种情节,让教育事件的叙述变得鲜活而有趣味。教育经验的呈现最终都需要有结构,或者需要概念化。否则,教育经验的表达就可能是杂乱无章的。只不过,这种概念化有时是显性的,有时则是隐性的,教育经验的叙事化表达其实是将概念化表达作了隐性化处理而转换出来的一种呈现方式。

所以,教育叙事中的这种教育教学事件在内在呈现结构上还是理性的,并非杂乱无章的流水账。但它却与纯粹概念的表达形式很不相同,它不是抽象的,而是具体的;不是僵化的,而是鲜活的。

三是要具有启示性。

教师进行教育叙事，应该要让自己叙述之后，让读者读过之后，觉得有韵味，受启发，有共鸣，受感动，有所思，有所悟，不光有认识上的释疑解惑，更有行动上的策略谋划。

如果每一位教师都能够坚持不懈地开展教育叙事研究，持之以恒，相互交流，共同促进，那么我们可以设想，若干年以后，他们的教育经验将丰富、充实而且深刻，他们的专业发展能力和专业发展水平将获得质的飞跃，他们就很有可能成长为中国乃至世界最优秀的教育家群体。

三、对话成为分享教育经验的主要途径

（一）对话的意义

对话一直是人们交流和获取信息的一种手段，所以对话常常被理解为人与人之间的提问与回答。但是，对话的真正意义并不仅仅只在于它的形式，更重要的是在于它的实质。对话的实质意义是对话者的自我理解与对话者之间的相互理解。如果没有能够有效地促进主体之间的相互理解或者主体自身的自我理解，那么问答就只剩下交流的形式而失去了交流的实质。

无论是自我理解，还是相互理解，都需要有反思。对话者与他人、与文本以及与自我的互动过程，应该成为一个不断反思的过程，自我、文本、他人都应该成为反思的对象，只有这样才能达到更好的相互理解和自我理解。

对于具有丰富教育经验的教师来讲，需要强调的是，对话总是需要以教师个人平等地提出自己的意见为前提。否则，就意味着教师个人可能被历史、被他人的话语所淹没，意味着教师没有自己的声音，没有自己的思考，没有自己的个性，或者在反思中一片茫然，既不知反思什么，也不知为了什么反思，反思反而可能成为另一个压迫教师的空壳。同时，当教师以平等的主体身份加入对话之中时，对话就可能成为一个流动的、不可复制的、不断生长和生成的过程。在这一过程中，教师不断迸发出新的思想火花、形成新的思想生长点。一旦离开了平等和双向交流，分享教育经验的可能性就变得微乎其微了。

在一定意义上说，概念化与叙事化都只适合于教育经验的部分属性，而不能适合于教育经验的全部属性。对话使教育经验的概念化方式与教育经验的叙事化方式之间架起了一座交流与沟通的桥梁，从而有可能加深和促进它们之间的"自我理解"与"相互理

解"。

(二) 对话的类型

由于不同的划分角度,对话可以有多种多样的分类。从主体与对象的关系来看,对话作为分享教育经验的主要途径,大致可以划分为理论阅读、现场交流和实践反思三个基本类型。我个人认为,这三种基本对话形式,对于教育实践工作者特别是教师,是比较有实际参考意义的。

第一,理论阅读。理论阅读实际上是与文本对话,与文本的作者对话,也可以说是与历史对话。因为文本是保存的经验,如果理论文本一直被尘封,没有被阅读,它就永远不过是一堆堆的废纸而已。"所有的教育理论的意义最终取决于实践者如教师、教育管理者的'阅读理解',教师或教育者在阅读中'理解'了多少,教育理论'在这里'就发生多大的意义。"[①]

从对话的观点来看,教师的阅读导致教师与教育理论变成了一种互动与互构的关系。一方面,教师的教育经验在理论阅读中不断地显现出来,对于教育理论的假设或论断起着验证、丰富和超越的作用。另一方面,教育理论有助于缩短教师自我重复摸索教育经验的时间,提高教师自我理解和自我反思的水平,加快教师专业发展的进程。

许多人都有这样的体会,有时候我们自以为了不起的教育经验,等我们自己去看书时却忽然发现,别人早已经写在教育著作之中了,而且有时甚至远比我们自以为是的经验表述得更加全面、准确、深刻、丰富和透彻,让我们脑洞大开,醍醐灌顶,豁然开朗。诚如古人所讲,"学,然后知不足;教,然后知困"。

所以,我们建议,无论是教育行政管理人员,还是从事实际教学工作的教师,都应该适当地开展一些有质量的理论阅读,理论阅读应该成为教师生活方式的重要组成部分。特别是在教育活动的高原期,在自身的教育经验难以获得突破性进展的时候,我们可以更多地尝试从理论阅读中获得进步的动力,寻找自身专业发展的突破口和生长点。

对于不同发展阶段和发展水平的教师而言,可能存在不同的阅读需求,但就教育经验概念化的一般情况来看,至少四个方面的理论阅读是具有明显帮助作用的。

一是读点知识论。在学校里学习的各种知识,对于人类来说,尤其是对科任老师来说,都是已知的公共知识系统,是带有客观性、外在性、静态性的事实性知识。教育的真正意义在于把这种公共知识或事实性知识转化为学生主观的、内在的、动态的个体知识或方法性知识、价值性知识。核心素养仍属于知识的范畴,是可教可学的。只不过,核

[①] 刘良华.校本行动研究[M].成都:四川教育出版社,2002:251—252.

心素养是更多由方法性知识和价值性知识组合起来的高阶知识集合体,是关键能力、必备品格和正确价值观等形成的综合品质。二是读点人性论。教育的对象是人,而且是成长中的人,理解人性对于教育的意义应该是不言而喻的,教育的一切可能都是建立在人性基础之上的。作为人的学生,无论是自然属性的发展,还是社会属性的培育,都有其自身的规律,教育过程都应该予以足够的重视、尊重和运用。古今中外的教育问题,或多或少都跟人性的误读、曲解和滥用有关。

三是读点价值论。教育的根本任务是立德树人,什么是教育要追求的,什么是教育要消除的,还有什么是教育可以宽容的,这都涉及许多重大的价值判断、价值选择和价值改进问题。只有确立正确的教育价值观,才有可能正确地把握教育教学改革和发展的正确方向。

四是读点方法论。无论是教育教学想要追求的事项,还是想要消除和限制的事项,以及想要宽容的事项,其实都有一个方法的问题。好的教育教学一定是有好的方法和方法论基础的。反过来,教育教学上的许多事与愿违、南辕北辙、欲速不达、好心办坏事等现象,既可能有知识论和人性论的缺失,又可能有价值论的缺失,更可能有方法论的缺失,或者是兼而有之的原因所导致的。

第二,现场交流。现场交流实际上是与他人对话,在学校层面上也可以看作是教师与同事或同行之间的合作研究。俗话说,"与君一席话,胜读十年书","三个臭皮匠,赛过诸葛亮"。无论是教师,还是教育研究人员,现场交流对于他们分享和扩展教育经验的意义都是十分重要的。

现场交流可以促使我们在对话言说中进行思考,加深相互理解和自我理解,催生新的思想火花。教师同伴之间的听课、说课、观摩、研讨等形式,都是非常好的现场交流的形式,需要注意的是必须防止它们流于形式,而丢失了对话的实质。

在课堂教学领域,我们也可以把教学过程看作一种典型的现场交流过程,对话本身既是教学的手段,也是教学的目的。对话的过程也就是教师与学生之间、学生同伴之间的经验、感受、思想、真理、意义、知识、技能、问题、困惑、情感、态度、价值观等相互作用和动态生成的过程。在这个过程之中,应该鼓励教师和学生自主地、创造性地、个性化地理解文本,在教师、学生和文本(实质是作者)三者之间形成一种真正意义上的"对话",而不是照本宣科,人云亦云。

当然,需要强调的是,个性化地理解或解读文本,并不意味着个人理解就一定是正确的,也不意味着否认有一个比较正确的结论。"一千个读者,就有一千个哈姆雷特。"这是就个人的内心体验和个人视角而言的。但就文本发出的意义来说,并不能说一千个哈姆雷特都是切近文本的"理解"。那种陷入"这样也对那样也行"的相对主义操作中的教学,并没有达到真正意义上的对话水平,而只是停留在一种仅仅注意到了差异的交谈水平。一个读者的自我理解是否正确,取决于他或她的自我理解是否能够引起其他读者的"相互理解"或"视界融合",取决于他或她的个人理解是否在身边的读者群中提供更具有说服力的证据、分析和论证。

所以,在现场交流中,除了在言说中思考之外,还要在倾听中反思;除了发出自己的声音之外,还要倾听、尊重和理解他人的心声,还要不断地追寻更有说服力的证据、分析、论证和小结。从而,构建和生成新的属于个体的认识和属于群体的共识。也可以说,课堂教学中师生关系的实质是经由师生之间平等而真诚的对话所产生的。

第三,实践反思。实践反思实际上是与自我对话,是自我对过去所沉积的经验、历史、思想等所进行的反思性理解。在实践反思中,教师把自己的教育教学实践中的点点滴滴甚至是自己的教育经验和教育思想的点点滴滴悬置起来,作为反思的对象,对自己的教育经验和外在世界进行反思,从而提高自我理解和自我改进的水平。其实,教师的教学日记、教后记、教学经验小结等都属于实践反思的形式,关键是要从价值上和技术上确保这种实践反思的对话性质。

实践反思,或自我对话,应该是一种开放的、建立在理论阅读和现场交流基础之上的自我反思性理解,而且也应该为进一步的理论阅读和现场交流提供更加深入和丰富的精神养料。同时,教师的实践反思与反思的实践应该相互促进,把教师的过去、现在和未来联结起来,使教师自我能够更加清醒、更加自觉和更加自信地谋划和改进当下和未来他所参与其中的教育教学实践。

第 3 讲

核心素养培育与知识概念重建

学生发展核心素养是指学生在某种或某些特定情境下运用知识、能力和情意等多种资源应对复杂事件和解决结构不良问题时所需要和表现出来的综合性品质,这种综合性品质在不同时代和社会背景下会有不同的性质、特点、表现形态和内涵侧重点,但同时也存在许多超越时代和社会背景差异的共性特征。

其中,值得格外引起重视的是世界各国在探索学生发展核心素养的培育路径方面所形成的共性特征。

一、学生发展核心素养的两条培育路径

(一) 内容领域路径

学生发展核心素养的内容领域路径,即教什么或学什么的问题,它在很大程度上决定着一个学生素养结构的要素质量。这一培育路径的关注重点在于,学生发展核心素养的质量和水平取决于学生学习内容本身的性质和特点。比如学生要有语文核心素养就要学习和涉猎语文内容,要有更好的语文核心素养就要学习和涉猎更好的语文内容。同样,学生发展数学核心素养、科学核心素养、社会核心素养等各种素养,都是如此。这种培育学生发展核心素养的内容领域路径,非常强调学习内容本身的品质,因而特别重视教材和其他学习材料的编选和利用。

从世界范围来看,关于教什么或学什么的问题,随着世纪交替而日益受到重视,呈现出一条比较清晰的发展思路,即越来越关注核心素养的课程改革和教学实践,并为此

建构出一系列的素养发展概念模型。无论是国际组织,还是发达国家,还是我国教育理论与实践研究界,都先后提出了反映时代发展要求的、各具特色的核心素养概念模型,据以规划课程改革的内容领域路径,如表3-1所示。

表3-1 素养发展概念模型与内容领域路径简表

国际组织	联合国教科文组织	教育支柱模型:学会生存;学会求知;学会做事;学会共同生活;学会改变
	经济合作与发展组织	核心素养模型:互动地使用工具;自主行动;在社会异质团体中互动
	欧盟	核心素养模型:使用母语交流;数学素养、基本的科学与技术素养;数字素养;使用外语交流;主动意识与创业精神;社会与公民素养;学会学习;文化意识与文化表达
美洲	美国	21世纪技能模型:学习与创新技能;信息、媒介与技术技能;生活与事业技能
	加拿大安大略省	全球素养模型:批判性思维和问题解决能力;创造力、探究和创业精神;合作和领导能力;沟通能力;全球公民意识和性格
澳洲	澳大利亚	共通能力模型:读写算;信息通信技术;批判与创造性思维;个人与社会;道德理解;跨文化理解
	新西兰	核心素养模型:自信心;亲和力;主动参与精神;终身学习能力
欧洲	英国	21世纪技能模型:交流;数字;运用信息技术;与他人合作;改善自学与自做;解决问题
	德国巴伐利亚州	能力导向模型:科目、能力组成和内容范畴
	法国	共同基础模型:思考和交流语言;学习方法和工具;个人和公民修养;自然系统和技术系统;展示世界和人类活动
	芬兰	跨学科素养模型:学会思考与学习;文化素养、交往与自我表达;自我照料与日常生活管理;多元识读;信息通信技术;工作生活与创业;社会参与和构建可持续未来
亚洲	日本	基础学力模型:习得基础知识、基本技能;为灵活运用知识和技能来解决问题所必需的思考能力、判断能力、表达能力;学习的积极性
	韩国	核心素养模型:自我管理;运用知识和信息解决实际问题;创新性思维;审美;沟通;社群
	中国大陆	核心素养模型:文化基础、自主发展、社会参与三个方面;人文底蕴、科学精神、学会学习、健康生活、责任担当、实践创新六项成分素养,以及更为具体的十八项主要表现
	中国香港	全人教育模型:全人教育、多元发展、终身学习
	中国台湾	核心素养模型:三面九项(自主行动、沟通互动、社会参与三大面向,身心素质与自我精进、系统思考与解决问题、规划执行与创新应变、符号运用与沟通表达、科技资讯与媒体素养、艺术涵养与美感素养、道德实践与公民意识、人际关系与团队合作、多元文化与国际理解九大项目)

其中,联合国教科文组织、经济合作与发展组织、欧盟等组织机构是国际组织中致力于教育内容改革的主要力量。在发达国家和地区中,美洲的美国和加拿大,澳洲的澳大利亚和新西兰,欧洲的英国、德国、法国和芬兰,亚洲的日本和韩国等,以及我国内地、香港和台湾地区,在20世纪和21世纪交替前后,都纷纷提出了基于核心素养的课程改革计划和举措。尽管在概念上存在各种不同说法,但其精神实质却是与核心素养概念大同小异的,所以在此均以核心素养统称或代指。

值得注意的是,学生发展核心素养的内容领域路径,是引导和决定学生素养结构的重要因素,所以国际组织和世界各国各地区都高度重视。但是,由于时代的不断发展变化,以及各国各地区在不同发展阶段所面临的改革和发展矛盾与问题存在很大差异,各自在全球化时代和全球治理体系中的发展定位和发展目标是同中有异、异中有同,所以我们也应该以发展的眼光来看待不同国际组织和不同国家、不同地区对于学生发展核心素养提出的不同概念模型,据以作出的内容领域路径的理解和阐释,以及所开展的课程、教材、教学、考试评价和管理等操作化设计。

(二)学习方式路径

如果说,学生发展核心素养的内容领域路径重在确定哪方面的内容最有价值、最值得教和学的话,那么,学习方式路径的重点就是确定如何把有价值的东西教出、学出它应有的价值,甚至教得、学得超过它应有的价值。内容领域路径与学习方式路径之间的关系,如表3-2所示,两者各有侧重,构成一个有机整体,共同决定学生发展核心素养的可能走向和实现水平。

表3-2 内容领域路径与学习方式路径关系简表

路径	侧重点	作用	关系
内容领域	界定和遴选最有价值的学习内容,据以回答教什么、学什么的问题	好的内容领域,帮助学生学有所值、学以致用甚至学超所值、终身受用,事半功倍;不好的内容领域导致学生事倍功半,学而无用甚至适得其反	学习内容和学习方式各有分工和侧重,是影响学生发展核心素养的主导因素,构成学生发展核心素养培育过程的一体两翼,相互制约,相互匹配,相辅相成,缺一不可,共同决定学生核心素养的方向和水平
学习方式	界定和遴选最有价值的学习方式,据以回答怎么教、怎么学的问题	好的学习方式帮助学生活学活用,推陈出新,成为学习的主人,越学越会学越爱学;不好的学习方式导致学生生搬硬套,囫囵吞枣,成为学习的奴隶,越学越不会越学越厌学	

虽然内容领域与学习方式相互匹配，相互制约，是不可偏废的有机整体，但它们毕竟是有区别的，各自又都具有相对的独立性。学生发展核心素养的学习方式路径，即怎么教或怎么学的问题，它在很大程度上决定着一个学生素养结构的实际功能。这一路径的关注重点在于，学生发展核心素养的质量和水平取决于学生学习方式本身的性质和特点，亦即学生怎么学就在很大程度上决定了学生能学到能够实际发挥什么样作用的知识和品质。

比如，同样是学语文，如果死记硬背地学，只能学到一堆死的语文知识内容，记住一堆死知识，就不能用于个人生活和社会生活的改进；而如果活学活用地学，就会学到活的语文知识内容，就可以用于个人生活和社会生活的改进。

这种培育学生发展核心素养的学习方式路径，非常强调从学习方式的角度去促进和优化学生的素养结构，与此相关联，也特别强调老师的教学方式对学习方式的决定作用，强调老师备课和上课中对学生学习方式的设计和引导。

那么，为什么学习方式如此重要呢？因为就学校教育而言，学生从小学到中学，学习科目和内容基本上是统一的，是经过专家论证和筛选的最有价值的科目内容，那么按道理，学生学出来的素养应该是差不多的。但是，事实却不是这样，明明是很有意义的知识系统，学生学着学着就学出不一样的知识和素养了，学成了千差万别的知识系统。更要命的是，很多学生把极为重要的知识学得毫无意义，甚至学成有害无益的知识。

这就让人不得不关注学习方式对于学生实际获得的知识类型和性质所具有的巨大影响。换句话说，正是学习方式从根本上影响了每一位学生最终所学出来的知识形态和意义，尤其是在学习科目和内容越来越统一的情况下，学习方式变革对于学生发展素养的培育具有更大的现实意义，是课程与教学改革潜力巨大的突破口和生长点。

二、指向核心素养的课程整合

（一）基于核心素养课程整合的意义

1. 完善立德树人的课程路径

基于核心素养的课程整合与基于学科素养的分科课程实施共同构成中小学立德树人课程路径的有机整体。指向核心素养的课程整合研究既可以促进分科课程的课程整合设计和实施，更好地实现学科育人的整体价值，又可以健全日益重要的专题教育课程整合机制。

比如，有一个时期，仅中央部门下发的思想、道德、安全等各种专题教育文件至少有

124份之多,每一个专题都很重要,都要求从娃娃抓起,都要求进课堂,可是单项单科讨论的专题教育凑在一起,压根就进不了课堂,娃娃们既没有那么多时间,也没有那么多精力,来分散学习这么多的专题内容,所以必须进行整合。我国中小学的课程整合任务极其繁重,由此可见一斑。

基于核心素养的课程整合研究,旨在探索课程方案、学科或跨学科、主题单元等不同层次的课程整合,可以丰富和完善分科与整合协调发展的立德树人课程路径。

2. 推动基于核心素养课程整合的整体设计和系统思考

基于核心素养的课程整合研究,必须以核心素养为价值取向,探索和研究课程整合的理念与形态,可以丰富课程整合的研究视角,推动当代课程理论的发展。特别是,超越课程整合作为课程组织方式的狭隘观点,推动对课程整合的整体设计与系统思考,为学校层面落实核心素养的课程价值观与课程目标奠定理论基础与课程开发依据。

3. 提升学生作为完整的人的课程意识和课程发展水平

基于核心素养的课程整合研究,必须坚持学生作为一个完整的人的理论前提和立德树人的整体观照,为基于核心素养的课程整合初衷提供参考框架和操作样例,探索与核心素养发展更为匹配的课程开发思路,突破分科主义对学生素养发展的局限,促进学生人格的统整发展,提升学生作为一个完整的人的课程意识和课程发展水平。

(二) 基于核心素养课程整合的研究现状

1. 课程整合是课程研究领域的持久议题

课程整合(curriculum integration)作为研究问题提出来,始于20世纪初。以美国教育家杜威为代表,反思学科价值割裂化倾向,指出学校学科林立是学科所代表的不同社会团体和阶级隔离孤立的结果。之后,作为课程开发的经典框架,泰勒原理提出课程开发需要整合地处理学科知识、社会生活和学生经验三个来源,众多学者据此规范开展课程整合模式探索。即使经历从课程开发到课程理解的范式转换,课程学者依然强调,学校课程需要通过"复杂的会话"将学科知识、公共领域和私人领域有机融为一体。时至今日,世界各国围绕核心素养进行的课程改革,课程整合的议题日益突出且备受关注。

2. 西方研究成果主要集中在整合性质、整合范围和整合实施等方面

一是在整合性质上,超越课程组织方式的整合视野,扩展为一种价值取向或思维方式。如著名学者比恩指出,课程整合并不只是对课时计划做形式的改变或重新编制,而是一种关于学校教育的价值追求、课程来源以及知识应用的思维方式。这是一种更为整体的教育指导思想。

二是在整合范围上,超越课程门类整合,扩展为一个从课程方案到课程门类再到主

题单元的整体设计行动。如国际文凭课程(IB)以儿童形象为依据对学习领域、学习主题、教学方法和学习方法等进行整体设计;日本推动综合学习时间;英国等推动 STS 课程;瑞典等推动学校课程组合方案(programs);美国等推动服务学习(service learning)、项目学习(project learning)、问题学习(problem-based learning)、STEM、STEAM 等整合课程,都是在不同范围和层次上进行课程整合尝试。

三是在整合实施上,从内容主题设计扩展为目标确立、任务结构设计、教学方式选择、评估工具开发以及正式与非正式学习环境整合利用等多元实践课题。

3. 我国课程整合研究在译介基础上进行理论形塑和实践推展

我国课程整合研究发轫于 20 世纪 90 年代,主要是在译介基础上进行理论形塑和实践推展,陆续形成综合课程的系列研究成果,综合实践活动课程纳入中小学课程计划,在语文等学科中亦设置综合性学习课程板块。但课程整合研究受制于科目中心整合理论和儿童中心整合理论的论争,对课程整合的价值取向不甚明了,课程整合模式局限于课程组织方法层面的探讨,缺乏整体设计与系统思考。

立德树人和核心素养等教育要求的提出,是对新的教育形象的塑造(崔允漷,2016),课程整合是基于核心素养的课程发展的题中应有之义。我国台湾学者蔡清田等对基于核心素养的课程整合展开了一系列颇有启发意义的设计。

核心素养作为立德树人课程整合的价值取向如何贯彻,指向核心素养的课程整合有哪些内在规定,如何基于核心素养进行课程整合从而完善立德树人的课程路径,是一个亟待突破的研究课题。

（三）基于核心素养课程整合的课题结构

基于核心素养课程整合研究,可以采取"理论论证 + 路径探索"的基本思路展开探索,并分解为基于核心素养的课程整合理论框架研究、基于核心素养的课程方案整合样态研究、基于核心素养的学科/跨学科整合样态研究、基于核心素养的主题单元整合样态研究四个子课题,如图 3-1 所示。

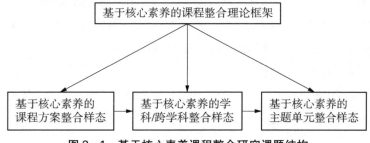

图 3-1 基于核心素养课程整合研究课题结构

基于核心素养课程整合研究,需要坚持学生作为完整的人的理论前提和立德树人的整体思路,以核心素养向学生素质的转化为主线,探讨课程整合作为立德树人课程路径的独特教育价值、内在逻辑、基本原理、主要策略和操作模式,建立基于核心素养的课程整合规范。进而,从课程方案、具体课程门类以及具体课程门类所包含的主题单元入手,探索基于核心素养的课程整合路径和多种样态。特别是要重点研究,如何坚持学生作为完整的人的理论前提和立德树人的整体思路,以核心素养为指引,在课程整合的三种实践样态中,围绕不同样态的课程整合要素,探索课程整合的整体开发策略。同时,攻克难点问题,即如何保证课程整合的规范满足核心素养转化的内在要求,特别是在纵向上如何基于学段或年段核心素养实现课程整合的衔接与螺旋上升。

为此,需要强化学生作为一个完整的人的课程整合意识。也就是说,要突破传统上仅在课程组织方法层面开展课程整合研究的研究视野,坚持学生作为完整的人的理论前提和立德树人的整体思路,以核心素养所界定的育人形象为依据,强化课程整合的核心素养价值取向及其对整体课程体系的渗透。同时,要基于核心素养进行课程整合的整体设计和系统思考。尤其是,要超越学科整合或跨学科整合的视野,从宏观、中观和微观以及与之相对应的整体方案、学科门类和主题单元等多元课程结构层次的角度,探索以核心素养为指向的不同层面的课程整合路径,强化整体设计和系统思考。

(四)基于核心素养课程整合需要确立的研究目标

1. 构建基于核心素养的课程整合理论基础

探索基于核心素养的课程整合作为立德树人课程路径的独特教育价值和认识基础,在明确核心素养转化为学生素质的内在机理的基础上,探讨指向核心素养发展的课程整合的内在要求和基本规范,构建基于核心素养的课程整合的基础理论框架。

2. 揭示基于核心素养的课程整合样态

探索基于核心素养的课程整合的可能样态,重点探讨课程方案整合样态、学科/跨学科整合样态、主题单元整合样态,确立每一种样态的整合路径、操作模式与开发策略,实现课程整合在聚焦核心素养培育方向上的立德树人课程重构。

3. 形成基于核心素养的课程整合实用案例

开发上述课程整合样态的典型样例,为学校和教师落实核心素养提供整合课程开发的理论成果、实践样态和案例参照,特别是方案整合、学科整合和主题单元整合的实用案例。

(五) 基于核心素养课程整合研究的基本内容

1. 基于核心素养的课程整合理论框架研究

通过比较研究和理论分析,梳理和借鉴国外课程整合的经验与启示,总结和提炼我国中小学课程整合的理论研究与实践探索成果,在横向上探索课程的跨学科性、可迁移性和可连接性,揭示何种课程整合规范能够满足核心素养转化的内在要求。同时,在纵向上以核心素养为价值取向,探究如何基于分解的学段或年段核心素养实现整合课程的衔接与螺旋上升,从而形成基于核心素养的课程整合的理论模式。

2. 基于核心素养的课程方案整合样态研究

通过理论设计和案例研究,在宏观层面上开展基于核心素养的课程方案的整合设计和整体规划;以核心素养所形塑的育人形象为依据,通过探索课程结构的规划、课程门类的设计、课程实施方式与课程评价方式的选择以及课程管理与制度保障的创新,凸显区域或学校课程方案的整合特征。同时,以上海市课程方案为例,开发基于核心素养的课程方案整合样例,以供其他区域借鉴。

3. 基于核心素养的学科/跨学科整合样态研究

通过理论设计和案例研究,在中观层面上来开展基于核心素养的学科/跨学科整合课程的理论设计和实践推展,特别是要超越单纯的内容组织,扩展为以核心素养为内涵的目标确立、真实情境中的任务设计、具身性与实践性学习方式的选择、表现性评估标准与工具的开发以及正式与非正式学习环境的整合利用等在内的整体设计与实践。本研究将围绕上述课程整合设计的要素,探索学科/跨学科的整合路径与开发策略,并以综合实践活动、STEM、STEAM 等课程为例开发基于核心素养的学科/跨学科整合样例,从而为中小学开发整合性的课程门类提供参考。

4. 基于核心素养的主题单元整合样态研究

通过行动研究,在微观层面上探讨某一课程门类中基于核心素养的主题单元整合设计。主题单元整合设计既作为课程开发的基础单位,也作为课时计划的背景条件,要以核心素养为指引,在"支援学习者的学习过程"这一教育信念下,展开学习的情境、协同、支架、任务、展示和反思等要件的设计,探索主题单元的整合路径与设计方略。同时以具体的主题或单元为例开发主题单元的整合样例,为改变课时主义和以知识点为中心的教学,撬动课堂转型提供可行的支点。

根据基于核心素养课程整合研究目标和研究内容,可以确定如下主要研究路线:

第一步,先通过文献研究、调查研究、理论设计和案例分析等方法,探索基于核心素养的课程整合作为立德树人课程路径的独特教育价值和认识基础,明确核心素养向学生素质转化的路径,并以此为前提探讨核心素养的转化过程对课程整合的内在要求,从而为后续研究提供理论框架。

第二步,在理论框架确定后,通过设计研究、个案研究和调查研究,回答以核心素养为指引,如何在课程方案的设计中体现课程整合、如何开发学科/跨学科的整合课程以及如何设计主题单元等问题。

第三步,在初步完成上述任务的基础上,以成果转化为核心,提炼多种形式的课题研究成果,并根据课题研究的要求进行系统总结和成果验证。

三、学习方式变革与知识概念重建

(一)概念重建的基本思路

课程与教学改革要有新理念、新思维,就必须进行概念重建。课程与教学问题概念化的意义就在于凝炼课程改革方向,聚集课程改革民意,标识课程与教学的改革和发展重点。

当代课程与教学问题的概念建构和再概念化,不外乎两条思路,一是对老概念予以扶正性解释,恢复和扩展其具有正向价值的概念内涵,消除其中的误解和曲解,即概念挖掘;二是提出新概念,建立新术语、新说法和新举措,创造和阐释新事物所应该具有的新内涵和新观念,即概念创新。

概念挖掘,也可以说是概念扬弃或翻新,主要是通过挖掘、整理、丰富已有概念的内涵,运用概念辨析,正本清源,勘误纠偏,拨乱反正,把那些本来就有却因为各种原因而常常遭受忽视、淡忘、误解甚至曲解的概念内涵,重新进行清理、恢复、确认、扩展和强化,使大家耳熟能详的旧有概念焕发出新的生命活力,培育出新的生长点。

比如,我国改革开放过程中关于"真理标准""姓资姓社"的讨论,就是通过对"毛泽东思想""实事求是""社会主义"等既有概念的讨论、澄清和扩展,逐步凝结成邓小平中国特色社会主义理论的概念体系和思想内涵,推动了全党、全社会的思想解放运动,凝聚了改革开放的民意基础和发展动能,坚定了改革开放的决心和信心,并转化为我国社会主义现代化建设事业的强大物质力量。

在教育教学领域,概念挖掘经常成为弘扬传统经典教育思想的重要路径。例如,重温、发掘和新解中国传统教育的经典概念,像"六艺""六经""治学务本""离经辨志""敬业乐群""博习亲师""论学取友""知类通达""尊师重教""因材施教""教学相长""学为君子""经世致用""格物致知""善喻之教""长善救失""温故知新""举一反三""业精于勤"

"君子不器"等概念化的传统教育经验,经过概念挖掘,重新赋予它们新的时代内涵,不仅完全可能古为今用,而且常读常新,总是为教育事业的发展提供源源不断的思想动能,焕发出教育经典概念永恒的生命活力,成为教育文化自信和教育文化创新的源头活水。

概念创新,主要是通过提出全新的概念,揭示存在的矛盾与问题,规划和描述改革与发展的前景和蓝图,凝练改革方向和发展重点,集思广益,心往一处想,劲往一处使,促进事业向着更高质量和水平发展。

比如,我国改革开放事业的深化发展过程中,"中国特色社会主义""三个代表思想""科学发展观""和谐社会""中华民族伟大复兴中国梦""中国式现代化"等新概念、新思想的提出和运用,极大地推进了中国深化改革开放和创新发展的时代新征程。同时,"一带一路""互联互通""包容性发展""共建共享共赢""人类命运共同体"等一系列全新的概念群的提出和推广运用,更是赢得了越来越多的国际理解和认同,为我国和世界许多国家经济社会的可持续发展指出了新方向,注入了动能。

同样,在我国基础教育课程与教学领域,关于"素质教育"大讨论,从"双基任务"到"三维目标"再到"关键能力""核心素养""立德树人",每一次的概念创新,都会为教育教学问题解决和教育整体事业的改革和发展提供强大的新方向和新动能。

如果要明确当前我国课程与教学领域的主要问题和改革方向,那么我们可能需要建立一套更有解释力和说服力的新概念甚至一整套全新的概念体系。这无疑是具有巨大挑战性却又意义极为重大的研究课题,需要集思广益和坚持不懈的专业努力。

(二)重视教学方法背后的知识分类

1. 不同的教学方法具有不同的知识观基础

从知识分类的角度看,当前课堂教学的主要问题在很大程度上源于教师秉持的单一的事实性知识观及其相应的讲授教学模式,导致学生的方法性知识和价值性知识缺失。为此,需要重视教学方法背后的知识分类,把学习方式与知识类型联结起来,走出记中学和讲授法的误区,探索做中学和悟中学的教学模型。

随着基础教育课程改革的持续推进,各种深层次的教学困难和矛盾逐渐突显,特别是与旧有教学方法相适应的知识观念未能得到有效清理,支撑新的先进教学方法的新的知识观念并未完全建立,甚至在不少地方和学校还没有引起足够的重视,以至于最初课程改革致力于提高教学效率、减轻课业负担的价值诉求依然任重而道远。为此,需要从知识分类的视角,探讨记中学、做中学与悟中学的教学方法意义,以期加入和促进教学方式变革的讨论与思考。

任何教学方法背后都有相应的知识观基础,不管教师是否意识到,其教学活动都有一个怎么看待知识的问题。因为如果把学校的构成要素加以简化,我们就会发现,构成学校的基本因素或者本质性的因素有三个,即教师、学生和知识。尽管其他因素也很重要,但它们毕竟都只是保障性、支持性或辅助性的因素,而不是基本因素或者本质性因素。

也就是说,学校是一个教师教知识、学生学知识的机构或场所,知识是联结教师和学生的桥梁,课程与教学在很大程度上就是教师与学生借助于知识这座桥梁而形成的动态轨迹,教师和学生在知识的教与学中实现各自的成长和发展。所以,知识的重要性是不言而喻的。那么,如何认识和发挥知识的桥梁作用,对于教师而言,就是一个不应该也无法回避的问题。

教师持有的知识观如何,在很大程度上决定着教师在教学方法选择、运用、改革、创新等方面的成效。如果教师的知识观是陈旧落后的,那么教师的教学方法就很难跟上时代前进的步伐,很难真正促进学生的学习。同样,如果教师的教学方法要体现时代进步的特点和社会发展的要求,更好地促进学生的学习,那么教师就必须更新自己的知识观,并运用新的知识观念来指导自身的教学方法改革乃至整个课程与教学实践。因此,教学方法背后的知识观对于教学方法的选择、运用、改革和创新具有非常重要的作用。

就当前课堂教学的实际而言,大多数教师和学生都很努力,也很真诚,教师想教好,学生想学好,可实际教学方法的效果却并不令人满意,有时甚至适得其反,不仅效率低下,而且负担沉重。其中的原因是多方面的,但在知识观方面存在的缺陷无疑是非常重要而持久的原因。

一方面,一线教师乃至教育研究者都很少对课堂当中实际采用的教学方法及其背后的知识观基础进行系统的反思,致使大量陈旧落后甚至错误的知识观念以及相应的教学方法未能得到及时有效的清理。比如,大量客观、静止、控制的知识观在课堂教学实践中普遍存在,即使推动一些新颖的教学形式,也很难得到准确的理解和贯彻落实。普通教师对优秀教师的课堂教学方法进行形式化的模仿,而对优秀教师课堂教学背后的观念基础却并不关心和重视,致使一些优质课一旦推出,便会得到一窝蜂似地追捧和跟进学习,形成大量与优质课貌合神离的课堂教学形态;又比如,教研活动,总是停留在一次又一次地对某个具体单元或课时内容的教学活动进行讨论和统一设计,而不关注为什么要这么设计和操作的问题。殊不知,只是知其然不知其所以然,一味地追逐外在形式的改变,而忽视内在观念的支撑以及内在观念与外在形式和技术的统一,必然会严重削弱学习方式对于知识类型和性质的决定意义。

另一方面,在推广新的教学方法时也更多地是把重心集中在教学方法本身的操作步骤和实施环节上,未能建立起支撑新的教学方法的知识观念,导致教学方法改革拘泥于表面上形式化的模仿,不能举一反三;缺少深层的实质性的内涵探索,亦不能举三反一,最终还是流于穿新鞋走老路的俗套。特别是,不少教师在学习一些优秀教师的先进教学方法时,总是只关注一些表面化的形式,而对于更为深层的知识观问题并不重视,因而很难做到对先进教学方法进行有效的借鉴和迁移,更谈不上进行个性化的改造和创新。无论是宣传和学习杜郎口中学的教学创新经验,还是借鉴和推广洋思中学的教学模式,都会看到极端对立的有趣现象,要么生搬硬套,强制推行;要么彻底否定,一无所获。当然,二者本身亦有进一步探索深层变革的可能性和必要性,需要不断明晰、总结、提炼和丰富自身教学创新的知识观基础。

2. 不同的知识分类具有不同的教学方法意义

知识观的核心是知识的分类,而不同的知识分类对于教学问题的解释力和解决策略选择是很不相同的,其教学方法意义也会大异其趣。比如,当我们说学生只有书本知识时,往往就会说学生缺少生活知识;当我们说学生只有理论知识时,往往就会说学生缺少实践知识。书本知识与生活知识,理论知识与实践知识,都是我们对于知识的分类。这些分类都可能对教学方法改革作出某种方向性的提示,前者的提示可能是教学方法改革不仅要重视书本知识的学习,而且要关注生活知识的学习;后者的提示可能是教学方法改革不仅要重视理论知识的学习,而且要重视实践知识的学习。

无论对于知识作出何种分类,都必然会有一定的视角或标准。总的来说,有两条标准是最为基本也是最为重要的。

一是逻辑性标准,即整个知识系统能够纳入所选知识分类框架,所划分的知识类型要处于同一个逻辑层面,不同的知识类型之间没有交叉重叠,能够分得开来,不遗漏,在逻辑上是自洽的。在同一个视角下对知识进行分类,就会形成相互对应的知识范畴,只要提到其中一个知识类型,人们就会很容易地提出或想到与之相对应的另一个或另几个知识类型。比如,提到理论知识,人们就会立刻想到实践知识,这是操作现实性程度的分类视角;提到显性知识,人们就会立刻把隐性知识与之相互对应起来,这是可视化程度的分类视角;说到语文知识,人们就会相应地说出数学知识、英语知识、物理知识、化学知识等,这是学科化的分类视角。

反过来,如果把不同视角下划分的知识类型混合在一起,就很难形成相互对应的知识范畴,造成知识类型之间的交叉、重叠或错位等情形,也会引起思维上的混乱。比如,把知识分成科学知识、个人知识和隐性知识等,视角就很不相同,也就是把原本是在三个不同视角下分别形成的其中某一个知识类型硬生生地拉出来扯在一起,因为三者相互之间根本不在同一个逻辑层面上,没有对应关系,所以结果就是风马牛不相及。这种理论思路上的混乱,会导致实践上的盲动,或者莫衷一是,让知识分类失去它应有的理论指导意义。

二是实践性标准,即所划分出来的知识类型能够帮助人们更好地认识教学实践中存在的主要问题,不仅要对教学实践问题具有很好的解释力,并且还要能够开阔人们的思路,帮助人们找到解决教学实践问题的策略和办法。特别是当前,知识分类要能够帮助教师寻求教学方法上的突破,以解决普遍存在的教学效率低下、课业负担沉重的瓶颈问题。

事实上,除了普遍存在的共性问题外,还有特定时期、特定阶段或特定情境中存在的个性化的问题,它们对知识分类需要的方向和重点是不一样的,因而需要不同的知识分类来解释和指导知识学习的方向和重点。

比如,"文化大革命"结束,特别是恢复高考制度之后的相当长一段时间,整个教育所面临的局面是,经过十年浩劫,国民经济到了崩溃的边缘,老百姓不仅生活贫困,而且整整一代人的知识学习被严重耽误,年轻人不仅知识缺失,而且面临通过知识改变命运的巨大生存压力。所以,对于这一代人来讲,一个人有知识,那就是人才,只要有知识,那就是好的。因此,知识化成为全社会最为急迫的任务,这一时期几乎是全民式地爆发出前所未有的知识学习热情。在这样的情况下,很难有人冷静反思,到底我们需要学习哪些知识才是真正有意义的?因为当时没有这样的现实需求和压力,而现实的需要和压力恰恰是只要有知识就行,管他是什么样类型的知识,只要有知识就都是好的。也就是说,这时知识类型问题不突出,或者说所有现行知识类型都是重要的,都是好的。

可是,经过三四十年的改革开放,国家和老百姓逐渐富起来了,强起来了,加上与之伴随的独生子女政策,每个家庭几代人的财富一下子突然集结在一个孩子身上的时候,许多学生的学习动力开始受到挑战,悄悄地从生存压力式的学习需要转型成为发展动力式的学习需要,这时学习内容和学习方式本身的内在价值和内在吸引力就变得越来越重要了,矛盾也越来越突显。刚开始,学生学习还有家长重视知识学习的惯性在支撑,家长的生存压力可以在某种意义上转嫁到下一代孩子的身上。但随着时间的推移,知识改变命运的紧迫感和现实压力变得越来越小,难以继续成为学生知识学习的驱动力,而且学生的未来发展方向和发展重点,也越来越多样化,知识内容和学习方式不可能甚至也无须做到完全统一。这时候,什么类型的知识更有价值?如何更好学到这种或这些类型的知识?诸如此类的问题,变成了急需思考和回答的新问题。并且,随着时代发展和变化,科学技术成果的应用日新月异,在课程与教学实践中,许多新问题、新业态、新分类、新思路,都会如雨后春笋般地层出不穷。这些时代特点,都要求我们不断地明确和阐释清楚怎样的知识分类才能支撑更有意义的课程与教学问题。

3. 基于教学方法改革需要进行知识分类选择

那么,当前教学实践中普遍存在的教学效率低下、课业负担沉重的问题,应该运用怎样的知识分类才能提供更好的解释和解决思路呢?答案可能会因地、因校、因人、因时而异,但这却无疑是一个需要充分讨论的重大理论问题,也是关系到基础教育课程改革目标能否真正达成的关键现实问题之一。

在基础教育课程改革这个复杂的系统工程中,最贴近课堂教学、贴近教师和学生的两个方面,一是教学内容的更新,二是教学方法的改革。

教学内容的更新回答的是当前和今后相当长时间内应当教什么、学什么的问题,在很大程度上是通过新的课程标准的制定和新教材的采用而完成。而且,教师在课堂教学层面对教学内容也有相当大的可为空间。只要是在国家规定课程目标方向上的内容实施,包括以教材为基本课程资源,结合具体学情,在教学材料等内容资源上进行增减、丰富、补充、延展和提升,在内容结构上进行顺序、时间、侧重点方面的调整,在练习和测验的内容与形式上做出设计和决定等,教师都拥有相当大的政策空间。

教学方法的改革则回答的是应当怎样教、怎样学的问题,在很大程度上是由教师经过专业的设计而主导完成的,特别是教师的教学方式选择对于学生的学习方式具有决定性作用。无论是教学内容的更新,还是教学方法的改革,都涉及到知识分类的问题,都需要根据时代进步与社会发展的需要和课堂教学的实际,确定相应的知识类型,以及与所选择的知识类型相适应和匹配的教学方法。在很大程度上,基础教育课程改革也是试图通过课程结构的调整促进知识结构的更新,其背后都秉承着一定的知识观基础,并针对不同的教学问题作出某种知识分类的选择。

比如,当前我国基础教育课程与教学改革的一个重要趋势是,在分科性知识学习的基础上,强化综合性知识,小学以综合课程为主,初中综合分科并重,高中分科为主,但从小学到高中都要开设综合实践活动课程,并且是作为国家课程进行设置的。这样做的目的,主要是为了弥补课程与教学实践中长期存在的知识碎片化、综合运用知识能力不足的缺陷。同时,从课程的内容结构上看,在重视普遍的公共知识基础上,适当增加了一些地方性知识的政策空间,在总体上以国家课程为主的课程整体中,提出了地方课程和校本课程的政策要求,目的是要进一步增强课程对于地方、学校和学生的适应性,密切知识学习与学生生活经验之间的联系。

之所以采取这些政策措施,是因为学生要学的知识太多,不管是在理论上还是在实践上，都需要回答这样的问题，到底选择和运用怎样的知识，才能使学习成为学生内在的财富。无论答案是什么，我们总是绕不过知识分类和选择的问题。

由于分类视角的不同，不同的学者会对知识作出不同的类型划分，所以在教育领域中，知识的分类必然是多种多样的。那么，怎样的知识分类才是更有利于学生发展核心素养培育的呢？对于教师而言，只有根据自身课堂教学的实际，通过对于知识分类成果进行甄别和选择，甚至教师自身也可以根据逻辑性标准和实践性标准作出自己的知识分类，并据此指导课堂教学内容的安排和教学活动的设计，才能真正体现出知识分类的教学方法意义。

诚如布卢姆指出，"把社会科学知识与自然科学知识区别开来，把化学知识与物理学知识区别开来，如此等等，这是可行的。同样，也可以把人的知识与物的知识区别开来，如此等等。"①尽管知识分类五花八门，多种多样，给人眼花缭乱、莫衷一是的感觉，但实际上，现有的知识分类成果足以为教师的教学方法改革提供理论支持。

一般而言，教师往往不大关注抽象的知识分类问题，而对具体的学科知识点则非常熟悉。这是知识分类的很好基础。但要注意知识点与知识点的内在联系，因为这是形成学科结构的重要基础，也是知识能够活学活用的重要基础。

在关注知识点的基础上，教师并不一定要去硬性创造出特立独行的知识分类。作为教学一线人员，一方面完全可以有自己独立创造的解决实际问题的知识分类概念，另一方面恐怕更多地是需要强化知识分类意识和教学问题意识，提高在知识类型与教学方法之间建立联结的能力。

当前，比较常见的知识分类，都可以为教师的教学方法设计提供参考和借鉴，包括将知识分成具体的知识、处理具体事物的方式方法的知识以及学科领域中普遍原理和抽象概念的知识；②或者，分析性知识（符号性知识、处方性知识）和体验性知识（描述性知识、技术性知识）；事实性知识（事实、程序）和概念性知识（概念、原理）；陈述性知识、程序性知识和策略性知识；③程序性知识和概念性知识；④实质性知识、方法论知识和价

---

① B.S.布卢姆.教育目标分类学(第一分册.认知领域)[M].上海：华东师范大学出版社，1986：29.

② B.S.布卢姆.教育目标分类学(第一分册.认知领域)[M].上海：华东师范大学出版社，1986：59—85.

③ 盛群力.21世纪教育目标新分类[M].杭州：浙江教育出版社，2008：28—30，211—216，312.

④ Stephen J. Farenga and Daniel Ness (ed). Encyclopedia of Education and Human Development [M]. New York：M.E. Sharpe, Inc. 2005：750-753.

值性知识；①以及公共知识与个人知识；显性知识与隐性知识；明确知识和默会知识等知识分类，都可以在某种程度上为教师选择或设计相应的教学方法提供知识观基础或知识分类启示。关键是，教师要根据教学问题面临的主要矛盾和矛盾的主要方面是什么，来做出分析、判断、选择和运用。

所以，教师在了解知识分类成果基础上，重点是要澄清教学问题，作出与教学问题解决更具匹配性的某种知识类型选择，据以指导教学方法的改革。随着已有教学问题部分或全部解决，会相应地出现新的教学问题，或者发生教学问题的重心转移，这时就会出现新的知识分类需要，教师就不得不去运用新的知识分类指导新的教学问题解决。如此循环往复，螺旋上升，在持续不断的问题解决过程中，带动着课程与教学事业不断向前深化发展。

所谓教学问题所面对的主要矛盾和矛盾的主要方面，其实也是发展变化的，具有一定的相对性，会因时因地因人因境而有所不同，而且各种矛盾和方面往往是交织在一起，并行或交替影响教学方法的选择运用。这也就是能够解释为什么在不同时期、不同地域，知识分类理论和教学方法理论此消彼长、各领潮流的重要原因。在知识分类和教学方法研究方面，教育工作者要善于推陈出新，通过概念化和再概念化的努力，促进课程与教学领域的持续改革和发展。

基础教育课程改革力求"体现国家对不同阶段的学生在知识与技能、过程与方法、情感态度与价值观等方面的基本要求"②，坚持立德树人根本任务，即通常所说的三维目标、关键能力、核心素养等概念系统，为中小学教师选择或确立符合时代特点和社会发展要求的知识类型以及相应的教学方法提供了指导性思路。

根据三维目标和核心素养的思路，结合已有知识分类成果和当前课堂教学的主要问题，从学生获得知识的学习方式角度对知识进行类型划分，可以尝试性地把课堂教学中学生学习的知识分为事实性知识、方法性知识和价值性知识三大类别。

（二）把学习方式与知识类型联结起来

1. 记中学与事实性知识

所谓事实性知识，就字面意义而言，是说有一类知识是由事实所构成的知识系统。从课程与教学设计的角度看，事实性知识则有更为专业的内涵规定，即在各门学科或科

---

① 钟启泉.课程的逻辑[M].上海：华东师范大学出版社，2007：57.
② 钟启泉，崔允漷，张华.为了中华民族的复兴为了每位学生的发展——基础教育课程改革纲要（试行）解读[M].上海：华东师范大学出版社，2001：6.

目的教学和学习过程中，总有一类知识，我们必须称之为事实性知识。

对于事实性知识，在课程与教学设计时，必须赋予它三个基本性质。一是前提规定，它是学习活动的预先基础和条件；二是正确结论，这类知识不仅不允许轻易怀疑，更要充分地相信这类知识的正确性，这是经过多重检验、反复证明和广泛认同的结论或真理；三是学习起点，教学以这一类知识为开端，源源不断地引出后续知识的学习。

确定事实性知识三个性质的目的，是要在一定程度上悬置它与历史的联系，确保知识学习沿着知识进化的方向有序展开。否则，知识学习就会不断倒退，退回到永无休止地追问原始知识的无序学习状态。

对于教师和学生来讲，事实性知识只要求回答"是什么"的问题，不要求回答、更不会纠缠于"为什么"的问题。比如，识字教学中的汉字系统、数学教学中的公理系统、科学教学中的许多定理、历史教学中的历史事实等等，它们对于学生的某个阶段的学习而言，都属于事实性知识的范畴，只需解决"是什么"的问题，无需解决甚至也无法解决"为什么"的问题。

以识字教学为例，老师在教一年级新生识读"人"字时，引导学生看着"人"字，老师比划着说，这是一撇，这是一捺，这个字读什么呢，对了，就是读"人"。小朋友们，我们可得记住啊，一撇一捺，就是个"人"字。好，举起你的小手指，跟着老师一起比划着读，一撇，一捺，人、人、人。好，再一起读三遍。

在这个教学过程当中，多数孩子都觉得这个过程很有趣，也都兴高采烈地跟着老师学识字。可是，就有一些孩子会感到有一种困惑："怎么这就是个'人'呢?"有的孩子是自言自语嘟哝着，而有的孩子则会大声地说出来："怎么这就是个'人'呢?"在很多情况下，老师都不愿意理睬这样的孩子，特别在公开课上更是如此，因为经验告诉老师，这样的问题很难处理。但也有老师要去搭理这样的孩子。有位老师对其中一个孩子说，它就是个"人"呀！可孩子对老师的搭理不仅不满意，还产生了更深的疑惑："为什么呢?"老师为了让孩子能够理解，想了一个办法，一边比划一边说："你看看，这是一撇，这是一捺，多像个人呀！"孩子听这里就犯糊涂了，他也一撇一捺地比划后说："这不像个人呀！"

其实，老师的第一个回答是对的，它就是个"人"呀！因为这样的知识属于事实性知识，它只需要回答是什么，而不需要回答为什么。它在教学上的要求是理解它、记住它，甚至不理解也没关系，关键是要记住它，它所需要的学习方式是"记中学"。当学生对这一类事实性知识产生疑问时，老师要清楚教学上只要求学生理解和记住是什么，而并不要求弄清为什么的问题，因为如果教学朝为什么的方向走，那就会偏离识字教学的方向，滑向字源学、文字考古学，这就已经不是一般意义上的语文教学了。这样的教学，对于绝大多数学生来讲，不仅不必要，而且也是不可能完成的任务。

老师应该和能够做的是,保护孩子的好奇心,表扬孩子爱动脑筋,鼓励孩子在学有余力的时候去自主探索,但不能因此而把整个课堂教学引向全班同学去探索为什么这是个"人"字的教学歧路上去。这样的教学生成不是值得推崇的教学生成,值得推崇的教学生成应该是在教学目标方向上的教学生成,而不是偏离教学目标的教学生成。识字教学的主要任务是理解和记住这个字的音、形、义是什么,而不是把教学重心转向为什么是这样的音、形、义。只有记住了这个字的音、形、义是什么,那么相关后续知识的学习才有了基础和可能。

按照这样的理解,学生学习的每门学科或科目都有大量的事实性知识,即这门学科或科目中总有一些不需要讨论和探索的前提性规定,具体的某门学科或科目都会在这些前提性规定基础上形成和发展区别于其他学科或科目的学科知识体系。

在一定意义上讲,事实性知识的特点决定了事实性知识的学习方式必须是记中学。这种事实性知识观及其对学习方式的理解是有其合理性的。"根据智力系统的特点,似乎最自然不过的看法是,记忆与知识系统密切相联。"①所以,在教学过程中,教师通常会要求学生采取背诵、抄写、填空、辨析、默写、问答、反复操练等记忆手段,来达到帮助学生掌握知识的目的。

如果说,每门学科都有一些重要的学科知识是属于事实性知识,需要记中学,这似乎并不过分,甚至是必需的。许多有经验的老师都知道,有些知识是必须要下功夫记住的,哪怕是死记硬背也在所不惜。其中的道理,就在于它们是前提性基础,没有这些前提性规定作基础,后续的知识学习将不可能。就像一个学生,知识基础太差,只有小学基础,缺少高中学习必备的事实性知识基础,却硬要学习高中课程,就会遇到极大的困难,这是一样的道理。

判断一个人是否有事实性知识,主要看这个人是否记住相应的"是什么"事实,记住了就有,没记住就没有。众所周知,记忆最大的敌人是遗忘。这就导致事实性知识的学习在教学上面临三大困难,一是记不住;二是记住了很快就会忘记;三是记住的时候不考试,而考试的时候又已经忘得差不多了。或者,大多数人都有这样的印象,记住的东西往往不考试,而考试的东西常常记不住。特别是那些考试要拉开差距的内容,往往都是比较复杂的知识系统,单纯靠记忆几乎是无能为力的。所以,在教学过程中,如果有学生告诉教师说记不住,教师通常会让学生再记,因为投入的精力、强度和时间不够;或者有学生说本来记住了的,但教师检查时又忘记了,教师通常也会跟学生说再记吧,因

---

① Koen Lamberts and David Shanks(ed). Knowledge, Concepts and Categories [M]. Cambridge, Mass.: The MIT Press, 1997:216.

为还记得不牢靠;或者有学生对教师说自己记住了,而且也没有忘记,教师通常也会告诫学生千万别掉以轻心,因为离期末考试还早着呢。如此看来,学生记忆的弦始终都得紧紧地绷着,不能稍有懈怠。

也就是说,事实性知识的学习在教学上的基本策略就是重复,只有重复训练才能不断强化记忆,才能确认学生具备事实性知识。

在学生学习的各个学科或科目当中,都存在必需的事实性知识,学生付出一定的重复训练的代价是可接受的。但现在的情况是,几乎所有的知识都强调记忆,都在记中学。这在教学上主要有三个标志,一是以记忆为目的,二是以重复训练为手段,三是以是否记住为考核标准。

从学习者的角度来看,与其说事实性知识是由事实构成的知识系统,不如说是由记中学获得的知识系统。"何谓'真正的知识'是一个跟'如何习得知识'密切相关的问题。客观的学科知识不等于学生主观的知识,这里面有一个如何把客观的学科知识内化为学生内在知识的过程。让学生'打开百宝箱'提取'现成知识'并不是真正习得了知识。这是因为,即便给出了个别的、具体的知识,但它并不能自动地纳入学生现存的知识体系之中。"[①]

换句话讲,事实性知识是更多地与记中学的学习方式密切联系在一起的,不管学生获得的是否真的是一个事实,只要采用记中学的方式所获得的知识系统都是事实性知识,"事实性知识"与"事实"不是一回事。事实性知识就是关于"是什么"的死结论、死知识、死教条,是前提性规定,是正确结论,是学习起点。这就在新的意义上重新定义了事实性知识。如果这样理解事实性知识,我们对事实性知识的分类就有了新的教学方法意义,传统知识观下解释不了的许多教学现象就能得到更好的解释,甚至获得更好的解决思路和解决方案。

2. 做中学与方法性知识

从字面上理解,由方法所构成的知识系统叫方法性知识。每门学科或科目都有自己的学科方法,需要学生学习和掌握;同时,每个学生还需要掌握学习方法。学科方法和学习方法都属于方法性知识。

通常判断一个人是否掌握了方法,就是看这个人会不会用、会不会做。通俗地讲,方法性知识是由方法本身所构成的知识系统,其实就是会做、会用的知识系统。如果一个人不会做、不会用,那么这个人就没有获得方法性知识。方法性知识是个人能力系统

[①] 钟启泉.课程的逻辑[M].上海:华东师范大学出版社,2007:71—72.

的主要组成部分。"几乎只需要记忆或回忆的知识,与那些需要'理解'、'洞察'或如习惯上说的'真懂'、'真知识'的那些知识的概念是有区别的。后者的概念蕴含的意思是:如果知识不能被用于新的情境,如果知识不能按某种与原先遇到时截然不同的形式来使用,那么这样的知识就没有什么价值。这些知识的概念的外延往往近乎分类学中定义为'能力和技能'的知识"。①

从学生的学习活动来看,方法性知识并不是外在于学生主体的一种客观的方法所构成的知识系统,而是由做中学获得的会做、会用的知识系统,其知识的类型和性质更多地是由做中学的学习方式决定的。方法性知识是学习者经由阅读、观察、思考、尝试、交流、讨论、问对、争辩、分析、综合、归纳、总结、提炼、概括、解释、推理、运用和拓展等一系列自主学习、合作学习的"做中学"过程而获得,不需要刻意去记,而记住只是做中学获得的与会做、会用相伴而生的学习结果。做中学,重点并不是体力上的劳作,而是一种广义的学习行为,是学习者自己要沿着经过简化和优化的知识形成道路,像学科专家一样,主动、有主见、主次分明地亲历知识获得过程,梳理出知识与知识之间的内在联系,活化各种知识要素和信息,使之在分析问题和解决问题时能够涌现出来。

其实,对于绝大多数老师而言,要理解做中学的过程及其教学设计的意义并不难,只需调动自己备课的经验,就足以理解和揭示做中学的本质。因为几乎所有的老师,为了上好课,都要认真备课,而备课恰恰是非常典型的做中学的学习过程和学习行为。

许多老师都有这样的体会,自己任教学科领域里的不少知识,自己在师范或大学学习的时候并没有真正弄懂,当时往往似是而非,等到后来自己做了老师,才真正弄懂了。为什么呢?因为自己要教会学生,总不能以其昏昏使人昭昭吧,所以不得不找来各种参考资料,自己读、自己想、自己试、自己进行归纳、总结、提炼,再还原到任务情境中分析问题和解决问题,这时才发现各种知识要点之间的内在联系,能够融会贯通了,整个知识才真正变活了,变得有用和可用了。这时的知识才具有方法意义,才可以称得上方法性知识,这个学习过程和学习行为才称得上做中学。

可是,为什么同样一个人,自己在师范或大学却没有能够完成做中学,也没有能够获得真正的方法性知识,而当老师后却能够做到呢?原因其实很简单,当时也是老师讲,自己只能听、只能记,是典型的记中学,学到的也只能是一堆结论性的事实性知识,基本上没有什么方法意义,当然也就没有用、用不了。

---

① B.S.布卢姆.教育目标分类学(第一分册·认知领域)[M].上海:华东师范大学出版社,1986:28.

现在的问题是,大量的老师用自己的做中学代替了学生的做中学,"成功"地把学生应该经历的做中学的学习方式硬生生地转化成了记中学的学习方式,原本应该学出的方法性知识,也学成事实性知识了。即使学生想做中学,能够自主支配的精力、时间和空间也是所剩无几了。

我们如果要确保学生更加有效地获得方法性知识,那么,就必须在教学设计技术上确保学生做中学的环节能够得到落实。如前所述,做中学,在老师叫备课,那么在学生就应该叫预习。预习是学生最为典型的也是最为主要的做中学的学习环节。只有在教学设计上确保学生的预习环节能落实,学生的做中学和方法性知识获得才会有基本的教学保障。

记中学解决不了做中学的问题,但做中学却能更好地解决记中学的问题。学生一旦获得方法性知识,就会自然记住,而且这样记住的知识是从来不需要想起,永远也不会忘记。这就好比爱因斯坦所说的智慧。爱因斯坦说,什么是智慧?智慧就是把在学校里学到的知识都忘得差不多了而剩下的忘不掉的那部分知识。做中学获得的方法性知识,就是这种忘不掉的知识。

或许有老师会说,我们让学生做了那么多的作业、练习,算不算做中学?答案基本上是否定的,在既有讲授教学模式下,做再多的作业也基本上是以记忆为目的、重复训练为手段,是否记住为考核标准的记中学,而不是自主、合作学习的做中学过程。"在课堂教学中,教师与学生、学生与学生之间以教材文本和生活体验为媒介展开相互沟通,学生唯有通过这种沟通,才能习得种种的知识。学生不是单纯的'知识接受者',而是'活动式探究者'、'意义与知识的建构者'。"①

3. 悟中学与价值性知识

顾名思义,价值性知识就是由价值观念所构成的知识系统。每门学科或科目都有自己的学科价值,需要学生学习和获得;同时,每个学生还需要获得学习的意义。学科价值和学习意义都属于价值性知识。

从学习方式的角度看,价值性知识所需要的学习方式是悟中学,即学生需要在做中学的基础上,经由体验、反思、比较、权衡、取舍、相互激发、借鉴、建构等体悟过程,指向某种个人价值和社会价值的创造,形成个人和社会的行为准则、观念和信仰系统。这时,才可以说一个人获得了某种价值性知识。如果一个人的思维、言论、行为、情绪变化等都没有准则,或者口头所说的准则并不能指导自己的思维、言论、行动和情绪释放,那

---

① 钟启泉. 课程的逻辑[M]. 上海:华东师范大学出版社,2007:72.

么这个人并没有真正地获得价值性知识。

价值性知识是一个人精神面貌的灵魂,是个人行为动力的精神支柱。对于学生而言,只有通过悟中学获得的知识系统才是真正的价值观念,才能成为学生的行动准则和行为动力。在应试教育背景下,悟中学的学习方式被严重忽视,悟中学的时间和空间得不到教学设计上的保证,学生私底下有意无意地通过悟中学"悟"出来的学科价值和学习意义,往往是低水平的价值性知识,因为很多时候他们悟出来的都是一门学科的考试工具价值。比如,学生觉得数学很重要,是因为高考150分,错一道题十几二十分就没了,所以学生决心要重视数学学习。按照这样的逻辑,考什么就学什么,不考就不学,这就大大地窄化和弱化了学科价值和学习意义,导致学生学习动力的明显不足,更享受不到学习的人生乐趣。

特别值得注意的是,学科真正的育人价值是学科思维,学生正是通过运用多门学科学习所培育的学科思维,为自己全面而深刻地看待世界、看待人生、进行价值判断、价值选择和价值改进提供了视角,帮助学生更好地形成自己独特的世界观、人生观和价值观,实现个人价值和社会价值的统一。学生的三观系统,是价值性知识的主体部分,是价值性知识最重要的结晶,价值性知识是知识的最高形态。所有学科教学,都要重视和深究学科本质,发展学科思维和跨学科思维,而不是仅仅停留于对学科进行功利化对待和处置。

(三)从记中学转向做中学和悟中学

1. 矫正记中学和讲授法的误用

尽管记中学需要同遗忘作斗争,但它在教学时效上短期高效的特点常常让人误以为记中学是最经济、最有效的学习方法,进而认为讲授教学是最为有效、最为节省的教学方法。殊不知,正是因为记中学需要不断地同遗忘作斗争,它获得的事实性知识越多,要记的东西就会越多,学习负担不断加重;同时,另一个过程也在相伴发生,遗忘也越来越多,教师和学生同遗忘作斗争的困难度也不断地加大,学习效率不断降低。也就是说,在一个相对完整的教学时段来看,记中学的教学特点是短期高效,中期低效,长期无效,长远有害。

对于记中学和讲授法的教学成效而言,所谓"短期高效"是说,只要用时、用力、用心,每位学生都完全可以记住结论性的事实性知识。所谓"中期低效",就是说,学习只要经过一段时间间隔,就会产生遗忘,记住的东西会损失不少。所谓"长期无效"是说,只要间隔时间达到一定程度,曾经记住的东西会忘记得一干二净。所谓"长远有害"则是说,记中学导致学生误以为学习就只有一个字,那就是"记"或"背",四个字就是"死记硬背"。更有害的在于,记中学和讲授法很容易把原本丰富多彩的三类知识和三种学习方式蜕变为一种事实性知识和一种死记硬背的学习方式,学生的学习方式、学习过程和知识结构都存在严重缺陷,变得单一而扭曲。因此,要澄清对记中学及其相应的讲授教学方法的有效性的误解,恢复和强化做中学和悟中学的学习方式及其相应的方法性知识和价值性知识的地位和作用。

在实际的教学实践中,一方面,教师往往未能准确把握记中学的教学特点;另一方面,教师用讲授教学的方法去处理方法性知识和价值性知识的学习,致使教学模式简单地固化为"讲"—"练"—"考"的"三字诀"。可是,在这个过程中,学生真的掌握了方法性知识和价值性知识吗?答案几乎是否定的。因为只要教师一讲,学生就只能听、只能记,记中学的学习方式就已经被限定了,学生原本应该做中学和悟中学的学习方式也被迫蜕变为单一的记中学的学习方式,导致方法性知识和价值性知识也都因此蜕变为事实性知识,学生学到的所谓"方法"和"价值观念"已经不是方法和价值观念本身,而是记住了关于方法和价值观念的正确结论。

或许有老师认为,帮助学生在理解基础上进行记中学似乎不属于这种情况。在此需要指出,理解性记忆也是记忆,充其量只是比机械性记忆好一点,它在学习方式上仍然属于记中学的学习方式范畴。

在课堂教学中,学生的学习方式主要是由教师的教学方式决定的。讲授法的固有特点导致学生的记中学代替做中学和悟中学而成为唯一的学习方式,并且把方法性知识和价值性知识都蜕变为事实性知识。这正是教学效率低下、课业负担沉重的瓶颈问题在教学方式上的主要根源。

表面上看,学生学会了知识,获得的知识总量似乎没有减少,甚至有可能增加,但是知识结构和学习方式结构却不合理,变得单一而扭曲。学生只会记中学,不会做中学和悟中学,只记住了一堆死知识,缺少活的方法性知识和稳的价值性知识,不能活学活用,更不能乐学乐用、勤学勤用。最终,学生的学习变成持续的死记硬背,加上不会学习、不愿意学习、体会不到学习的本义,所以生理负担和心理负担沉重;不断重复地同遗忘作斗争,学到一大堆死知识,而且绝大部分都会忘记,所以效率极低;耗费大量时间精力,身心俱疲,换来的仅仅是几乎全会忘记的死知识,东西没学多少,身心却备受煎熬,所以得不偿失。长此以往,恶性循环,教师和学生都没有创造出和享受到教与学应有的个人价值和社会价值。

在记中学的教学系统中,奖赏的是讲得好的教师和记得好的学生,所以教师讲、学生听的课堂教学不断受到强化。因为教师讲得清,学生就听得懂、记得牢,最终就考得好。这其实是一种误解，是一种具有欺骗性的表面现象，因为很多时候考试所要考的方法和价值，却经常被误会为是在考记忆，而且很多学生考得不好，根本就不是记忆问题，而是压根就没有学习过真正的方法和观念本身！而造成这种局面的背后，主要原因就是学习方式在起决定作用，是记中学的学习方式导致学生把原本属于方法性知识和价值性知识的知识统统学成了一堆僵化结论的事实性知识。

比如，关于议论文的写作，是典型的方法性知识。当老师以高考满分作文为例子讲解如何写议论文时，清晰地讲完了议论文写作的方法和步骤，一是要审题立意，二是要结构分块，三是要分段落实，四是检查题意、论点、论据、分析和论证、结论之间的一致性。老师一边讲，一边举例分析，一边问学生听得懂吗？学生也都说听得懂。什么时候学生发现没听懂呢？当老师说作文本拿出来开始写议论文的时候，许多学生发现并没有真听懂，因为当要动笔的时候不知道怎么写。

可是，老师前面一直在讲的就是怎么写的内容呀！其中的秘密就在于，当老师讲议论文的写作方法时，方法在老师这里还是方法本身，因为老师讲出来的"外在"的方法和老师所拥有的"内在"的方法，是内外一致的，所以老师不觉得有什么问题，而学生听到的方法却只是"外在"的，并无"内在"支撑，变成了"外在"的关于写作方法的结论，成为一堆标准答案式的结论，也就是事实性知识了。虽然理解了，也会说议论文写作方法是一二三四之类的答案，可是我们评价一个学生是否获得写作方法性知识时，并不是要看学生是否能背出这样的标准答案，而是要看学生是否能够运用这样的步骤方法写出一篇有质量的议论文！

所以，方法性知识本质上就是会做会用的知识，只有通过做中学建立起内在的支撑，进而达到内外一致的状态时，才能真正获得方法性知识。议论文写作方法需要学生分类、分重点、分时段地去自己精读议论文，分析、整合、归纳、总结、提炼、交流、分享好的议论文的写作特点，尝试、运用这些特点进行议论文的写作和改进，如此经历一个或多个回合，不断摸索、积累和优化具有"内在"个性特点的议论文写作的方法性知识。老师则更多地需要发挥做中学的任务设计、资源提供和过程支持等角色作用。

不只是议论文写作方法教学，所有学科方法和学习方法的教学，都必须通过做中学的学习方式才能真正获得方法性知识本身。因此，对于教与学而言，老师讲得好不是真的好，学生学得好才是真的好。但是，在现实的教学实际中，对于讲得好的老师，无论成绩差的学生还是成绩好的学生，都会喜欢。但是，如果我们把两类学生喜欢的原因作出分析，就会发现，他们各自喜欢的原因是不同的。从这两类学生不同的喜欢原因当中，我们或许能够获得某种启示。因为成绩差的学生喜欢老师讲得好，是因为他们很少做中学,基本不预习或不善于预习,老师讲得好可以帮助他们更好地理解和记忆,在原有基础上总归还是可以增加一些事实性知识。而成绩好的学生则不一样,他们多半是做中学的高手,都比较重视预习,当他们有所准备而存在某些不全面、不深刻、不准确的局限时,再来听老师讲得好,老师的讲授则不是一种单向的灌输,而具备了双向交流的意义,变成对他们的答疑解惑了。显然,理想的教学要追求的是成绩好的学生的学习状态,而不是成绩不好的学生的学习状态,两者真正的差异在于,成绩好的学生有做中学,而成绩差的学生只有记中学。

当然,教师讲得好,本身应该是优点,并不是过错,如果说有过错,那就是错在老师在不该讲的地方和时间却讲了,错在传统事实性知识观下讲授教学被误解、误用甚至是曲解、滥用了。一是讲的顺序有问题,教师讲总是在学生学之前,甚至以教师讲代替学生学;二是讲的内容有问题,教师不管学生会与不会都要讲,教学缺乏针对性,学生在多数情况下都是陪读,吃不饱和吃不了的现象普遍而且长期地存在;三是讲的时间有问题,老师的讲授占据了课堂教学的主要或全部时间,甚至加班加点的时间也要用于讲授、讲解,学生完全没有自主、合作学习的时间和空间。

无论教师讲得多么好,一上课就讲,一讲到底,不放心,不放手,必定是越俎代庖,导致学生无法做中学和悟中学。最终只剩下单一的记中学和事实性知识,学生的学科方法和学习方法缺失,不会学习;学科价值和学习意义缺失,不知为何学习,没有学习的精神支柱,没有学习的信念和意志,更没有学习的人生乐趣。

讲授教学的方法被误用甚至滥用,主要是因为旧有的单一事实性知识观的影响。那么,这种教学局面靠谁来改变呢?答案可能是,主要还是要靠讲得好的老师。首先是因为讲得好的老师比讲得不好老师要好;其次是他们更有教学地位和影响力,教学能力更强,只要他们愿意实现自我更新,换一个角度看问题,他们更有可能摒弃单一的事实性知识观,不断摸索和尝试建立方法性知识观和价值性知识观。一旦教师在知识观上觉醒过来,能放心,敢放手,培养学生做中学和悟中学的习惯和能力,当学生遇到自身解决不了的问题时老师能从旁点拨和交流,就能在教学上起到画龙点睛、事半功倍的作用。这些讲得好的老师华丽转身的教学潜能是不可限量的。

2. 探索做中学和悟中学的教学模型

记中学,获得事实性知识,解决的是"学会"和"知道"的问题,而且学会的往往是字面上的、客观冷漠的、与主体没有内在联系的僵化知识。这时,学生几乎就是知识的容器和存储器。做中学,获得方法性知识,解决的是"会学"和"巧学"的问题,而且学会的是有内在联系的、有主观感受和体验的、有用、可用的活化知识。这时,学生就是知识的转化者和建构者。悟中学获得价值性知识,解决的是"乐学"和"勤学"的问题,而且学会的是学科思维、是自动支配自己思维、言论、行为和情绪变化观念、准则和信念系统,是日益成熟的世界观、人生观和价值观。这时,学生就是知识的规划者和创造者。

如果我们做出一个小结,如表3-3所示,是学生的学习方式在最终决定学生所学知识的类别和性质,即如果学生记中学,那么他或她就只能学到一堆结论性的事实性知识;如果学生做中学、用中学,那么他或她就能学到会做会用的方法性知识;如果学生在做中学的基础上同时悟中学,那么他或她就能学到乐于坚守和反思的价值性知识。

表3-3 学习方式与知识类型关系简表

学习方式	学生角色	知识类型	转化机制	学习效能
记中学	知识接受和存储器	事实性知识	死记硬背:从结论直接到结论单向固化和僵化—知识重复化、教条化	学会、知道
做中学	知识活化和建构者	方法性知识	活学活用:结论经由从客观到主观再到客观、从外在到内在再到外在、从静态到动态再到静态等多重转化与活化—知识具身化、方法化	会学、巧学
悟中学	知识规划和创造者	价值性知识	知行统一:在主客、内外、动静等多重转化与活化同时,实现知识价值定向和创造—知识观念化、德性化	乐学、勤学

课堂教学改革的重要任务是,促进学生从学会走向更具后劲和可持续的会学、巧学与乐学、勤学。为此,需要厘清对于记中学和讲授法的误解和误用,更新知识观念,转变教学方式,优化知识结构,逐步形成做中学和悟中学的教学模型。

做中学与悟中学,既是学生获得方法性知识和价值性知识的主要学习方式,也是需要不断培养的重要学习习惯与能力。许多教师在教学实践中也进行过大量的尝试,却发现做中学和悟中学在教学操作上非常困难。本来,教师讲学生听,一节课完成的任务,如果换成学生做中学和悟中学,那可能就需要两节课、三节课甚至更多的课时,而且质量不高,所以多数教师被迫放弃。

其实,这与做中学和悟中学的教学特点有关。与记中学相比,做中学和悟中学在教学上是短期低效,中期有效,长期高效,长远终身受益。因此,探索做中学和悟中学的教学模型时需要有更多的耐心和勇气,要从更为完整的长期教学时段来进行教学规划和设计,而不是一蹴而就。在教学规划和设计上的长期为1—3年,一般以1年为期,超过

3年,在学校现实当中就没有多大的教学意义了。

真正的好学生是学出来的,而不是教出来的,所以教师教学的重点和难点在于如何帮助学生实现做中学和悟中学,为学生解决科目学习问题提供针对性的课程资源和学习方法支持,从教学安排、教学设计和上课过程,都要对教师自己讲授的顺序、内容和时间作出明确的限定,以便为学生提供做中学、悟中学的时间和空间。

在操作策略上,可以考虑选择部分内容、部分时段的课堂教学作为做中学和悟中学的试点,先摸索经验,再扩大规模和范围,逐步转型,最终形成完整的做中学和悟中学教学模型。其中,特别是要在六个环节和五个方面,体现做中学和悟中学的教学设计。

六个环节包括,一是课堂预习,二是自我检测,三是交流问题,四是教师讲解,五是课堂小结,六是针对性作业。五个方面则包括,一是确定具体、合理的学习目标,二是提供典型、丰富的课程资源,三是激励自主、合作的学习方法,四是保护选择学习活动的兴趣,五是根据学习兴趣对学生进行分类指导,特别是提出具体、明确、可操作的内容指令和行为指令。

在学生做中学和悟中学的基础上,也有老师讲解,但这个模式中的教师讲解是在学生预习基础上进行的,不会面面俱到地讲,而是聚集于问题,讲学生学不会的、做不出来的、悟不透彻的。也就是说,先学后讲,尽量少讲,讲学生学不会的,做不出来的,悟不到位的,这样的教师讲解就更多地具有交流和对话的性质,而若学生没有预习的基础,教师的讲解则更多地带有灌输的性质。

第 4 讲

课程意识与教学意识

新一轮基础教育课程改革,迫切需要把课程与教学作为一个有机整体加以综合考虑。如果仅仅站在课程的立场来设计课程改革而忽略教学改革的相对独立性,可能会失之偏颇,甚至严重脱离实际。同样,如果仅仅站在教学的立场谋划教学改革,往往会看不出教学问题的本质,难以找到有意义的突破口和生长点。

为此,需要探讨课程意识与教学意识、课程论话语和教学论话语之间的转换关系,并据此尝试性地对教学改革的课程论意义进行解读,推动课程与教学改革的深化发展。

一、教学改革困境与刚性课程框架

(一) 单项教学改革的困境

20 世纪 80 年代上半叶,我国中小学的教学改革大多是从单项、单科改革开始的。例如,语文教学就有很多的单项改革探索,像识字教学改革、阅读教学改革、作文教学改革等,就是这样展开的。其他各门学科的教学改革差不多也是如此,大同小异。虽然单项、单科教学改革在一定意义上取得了进展,但由于缺乏整体结构上的规划,它们的成效十分有限,无法带动整体教学状态上的好转,特别是有些并不能很好地促进学生学习热情的提高和学习能力的发展。时间一长,甚至连单项改革也很难坚持下去,因为各个单项改革的单科独进,难以协调,以至于不能有效地控制教学总量,甚至不断地滑向"难、繁、偏、旧",许多教师和学生都感到不堪重负。

针对单项教学改革中出现的问题,人们逐渐意识到必须把教学改革作为一项系统工程,从整体上加以考虑,才有可能促进教学状态的根本好转。于是,在20世纪80年代后半叶,不少研究者和一线教师纷纷提出整体性教学改革的话题。应当说,这时候已经开始触及许多教学实践问题的核心——"教什么"或"学什么"以及"教到什么程度"或"学到什么程度"的问题,但由于广大中小学教师长期以来没有课程的权力和意识,不可能也不太愿意去动课程,只把教学改革限定在"怎么教"的范围内,整体性教学改革始终只能停留在口号上,而无法进入实质性的实施阶段。

由于课程权力的缺乏和课程意识的淡薄,整体性教学改革后来又转向了教学方法的改革,转向了教师的教学基本功,教学越来越注重教师的表现,对于学生的表现反而不大关注。比如听课评课,我们往往侧重于教师的仪态仪表、怎么设计教案、怎么复习旧知识、怎么导入课文、怎么讲解新知识、怎么板书、怎么提问、怎么布置作业、怎么运用教学手段和方法、怎么突出知识的重点和难点、怎么把握教学节奏等等,却常常忽略了课程教学中最为重要的因素——学生,他们怎么感受、怎么反应、怎么学习、怎么思考、怎么发展、怎么成长,并未受到足够的重视。

直到今天,我们的教学公开课、观摩课、评比课等,都十分注重形式化的设计,按照预定的目标、预定的内容、预定的进度、预定的环节、预定的方式、预定的时限来展开,甚至提什么问题、由谁来回答等都预先规定好,甚至把这些本来属于整个教学活动的所有环节作为某一节课所必须体现的具体指标。结果,一节课的整个教学活动非常紧凑,极具观赏性,却恰恰忽略了一个最重要的现实——真实的教学情境是具体的、不确定的、动态生成的。特别是,学生在学习中的问题是具体的、不确定的,是动态生成的,只有在教学过程中才能真正呈现出来,我们可以预测它,却无法预先规定它。教师的教学智慧,恰恰应该表现在根据具体的教学情境而做出即时的判断和处理。

也就是说,教学的起点应该是学生现实的学习状态,学生的困惑、疑问、需要应该成为教学的主要生长点。教师和学生在相互激发下,消除困惑、解决疑问、满足心智和心灵需要的过程,就是他/她自身获得进步、发展和成长的过程。所以,脱离具体教学情境的教学法的改革,最终演变为教师基本功的表演,而与学生的真实成长关系不大,教学在很大程度上失去了它应有的教育意义。

多年的教学改革,不但没有能够实现改善教学的初衷,反而在一定程度上使得人们对于中小学的教学感到更加迷茫。这到底是怎么一回事?

其实,在教学领域里表现出来的许多问题,往往不是一个简单的教学问题,恰恰是一个范围更大的课程问题。站在教学的立场来看待这些问题,往往不容易看出问题的真正症结在哪里,也就很难找到解决问题的正确途径和办法。如果站在课程的立场来看,就会发现,许多在教学实践中表现出来的问题,实际上主要不是教学本身的问题,而是在课程设计时就有问题。

比如,学生不喜欢学习,没有学习的愿望,人们往往会认为这是教师的教学出了问题,教师把学生教得不喜欢学习了。殊不知,学生不喜欢学习,在很多情况下并不是老师教得不好,甚至在传统意义上老师教得越好,学生越不喜欢学习。为什么呢?因为所教的这些东西本身就是脱离学生生活实际、与学生的兴趣和未来的发展需要等不相干,甚至是完全相反的,这些东西本身就是学生不喜欢的。不但学生不喜欢,教师也不喜欢,不推崇。试想,连教师自己都不推崇和喜欢的内容,却不得不硬塞给学生,学生怎么可能会喜欢,怎么可能会有学习的愿望呢!

像"素质教育进课堂""主体性教学"等说法,初一听是个教学问题,而实质上却是一个课程问题。如果课程本身就不是按素质教育思想或主体性教学思想来设计的,那么要在教学层面上实现"素质教育进课堂""主体性教学",以现行的学校教育体制来看,那几乎是不大可能的。即使有可能实现,也会非常困难,对大多数教师而言,也是过于苛刻的要求。

所以,多年的教学改革探索给了我们一个非常重要的启示,那就是许多重大的教学问题,往往都牵涉到课程问题。教学改革要取得根本性的突破,必须跟课程改革联系起来,从课程教学的整体上进行综合考虑。教学改革的成功在很大程度上依赖于课程改革的整体推进。

(二)刚性课程框架的特征

多年的教学改革探索之所以没有能够取得根本性的突破,一个重要的原因就在于它无法与课程改革联系起来从整体上加以推进,始终都在教学内部探索教学改革的出路。然而,在一个刚性的课程框架内,教学改革缺少必要的时间和空间,它成功的可能性在很大程度上已经被限定了。

一般来说,刚性课程框架至少有两个重要特征,一是课程权力高度集中统一,二是课程权力的表达只有自上而下的单一通道。一方面,课程权力集中在少数专家和机构的手中,由他们决定统一执行的课程;另一方面,课程权力的表达和实现通过自上而下的单一通道来完成,这种自上而下的单一通道事实上只对权力的上级负责,很难对权力的下级负责,课程实施中缺少自下而上的权力通道。也就是说,统一的课程一旦确定,必须从上到下地贯彻执行,权力的基层特别是学校和教师只有执行的责任,但如果这一课程本身有问题,或者不符合学校教师和学生的实际发展需要,他们仍然必须执行,即使事实上进行了调整甚至是很大的调整,但在理论上他们是没有这种权力的。

相对于广大中小学的校长、教师和学生而言,少数专家、机构无论具有多么丰富的经验和智慧,都不可能照顾到千差万别的学校和学生差异,所以课程的适应性就成了一个大问题。尽管如此,这个刚性的课程框架在理论上是不允许学校和教师根据实际情况对课程进行改动的。长期以来,在教学实践中普遍存在的过于强调接受学习、死记硬背、机械训练等现象,很大程度上是在课程设计阶段就已经预先设定了的,大多数教师是很难超越的。因为我们一直以来的课程是按照"间接经验"的概念来设计的,学习间接经验的好处是节省时间,效率高,人类经过长期探索得出的大量认识成果,学生可以在短时间内迅速掌握。间接经验一方面通过具有严密逻辑体系的学科和教材对人类知识成果进行规范化和系统化处理,以便于学生学习;另一方面通过教师的讲解,来帮助学生理解和掌握。

这样设计出来的课程,教材和教师必然成为教学的中心。相应的教学方式只能是"教师讲、学生听",教师"教教材",学生"学教材",升学"考教材"。按照这样的教学方式进行教学,教学任务尽管有难度但经过努力仍然是能够完成的。如果要让学生成为主体,进行主体性教学之类的教学改革,至少在时间和空间上不大可能,时间一长,肯定完不成教学任务。完不成教学任务,学生是无法去参加考试的。并且,刚性课程框架在技术上通过教学计划、教学大纲、教科书乃至教学参考书、练习册和考试卷等手段以及观摩课、评优课、检查课等教研和督导机制,将整个教学一步步引入"讲—练—考"的单一模式。

在这个刚性课程框架面前,各种教学改革的努力都会显得微不足道。那些声称"主体性教学改革"取得了巨大成就,而却对课程未作任何调整甚至根本都不关心课程设计问题的学校,其教改成果是难以令人信服的。

二、教学改革呼唤课程意识

(一)教学改革与课程改革的动态平衡

多年的教学改革在很大程度上受到刚性课程框架制约,也就是说,课程没有能够进行相应的改革,在客观上制约了教学改革的进展,甚至消解了教学改革的努力。但同时,我们也不能不承认,尽管教学改革未能取得根本性突破,却也对课程改革提出了强烈的要求,并做出了必要的准备,在客观上促进了新一轮基础教育课程改革的启动。

事实上,新一轮课程改革也是在已有教学改革成果基础上的继承、发展和创新。只是这样一个过程具有很大的自发性,付出了过于高昂的代价。

教学改革与课程改革之间存在着巨大的张力。在课程改革启动之前,是教学改革在呼唤课程改革,在自发地对课程改革提出要求。一旦课程改革的势能形成并开始进入实际的操作层面时,教学改革与课程改革的关系就开始发生变化,大量适应于现行刚性课程框架的教学方式和教学行为开始显得对新课程很不适应,成为新一轮课程改革的重大制约因素,而新课程急需要相应的教学改革作为支撑,是教学改革的重要推动力量。新课程的实施将促进教学方式、学习方式、教学制度和教学管理体制的相应变革,教学改革的进一步展开也将对新课程起到支持和促进、丰富与完善甚至超越的作用。如果是这样,教学改革与课程改革将保持一种良性的动态平衡,互为前提和动力,共同支撑基础教育向前发展。

总之,教学改革与课程改革是相互制约和相互促进的。对此,我们必须有足够的自觉意识。所以,从广大中小学乃至教研机构这方面来说,我们在选择教学改革课题时,一定要有课程的视野,站在课程的立场来审视教学改革问题。否则,我们的教学改革很可能是站在教学的立场看是有意义的,而站在课程的立场上看时就可能意义不大甚至没有意义。这就需要我们有较强的课程意识。

课程意识的重要意义,还在于它提示人们,课程设计绝不只是少数专家和个别权威机构的事,而应该是一个开放的、民主的和科学的决策过程,是所有利益群体特别是广大中小学教师、校长、教研员乃至社会各界集思广益、共同建设课程的过程。课程的不断改进过程应该是广大中小学教师课程意识不断普及和提高的过程。

(二) 教学情境下的课程意识

那么,什么是课程意识呢?简单地讲,就是人们在考虑教育教学问题时对于课程意义的敏感性和自觉性程度。

比如,有机构和学校根据调查发现,小学二年级学生在 4 个学期内共识汉字 1 080 个左右,平均 1 节语文课识字约 1.3 个,识字教学的效率不能令人满意。于是,提出一项识字教学改革目标,即在小学二年级结束时学生能够会认会写 2 500 个常用汉字。通过教学改革实验,证明这个目标能够实现,所以有专家建议大面积推广这项教学改革成果,把会认会写 2 500 个常用汉字作为小学二年级学生的统一教学目标。

而对此持反对意见者则认为,如果站在教学的立场看,这项改革成果是很有效的,因为教学改革实验确实实现了会认会写 2 500 个常用汉字的教学目标,是有效的。这样看问题时,表现出较强的教学意识。但如果站在课程的立场看,这项改革成果恐怕就有问题了,因为我们不能确定这样的教学改革目标本身是否有必要,是否合理。据有人统计,《毛泽东选集》(五卷本)和《孙中山全集》,分别用字 2 553 个和 2 673 个。也就是说,伟人的一生表达他们的思想所需要的汉字量大约在二千五六百个左右,其中还包括一些不常用的汉字。那么,对于未来的一个普通国民来讲,要在小学二年级会认会写2500个常用汉字,有这个必要吗?在某种意义上讲,对于那些确有潜力且有兴趣的学生来说,这个目标可能是可行的,但如果作为一个统一的目标来要求所有的孩子,那就值得怀疑了。

这的确是一个必须认真对待的问题。因为学生学习语文不等于仅仅是会认会写汉字,我们必须确定识字教学在语文教学中的地位和作用。同样,学生不只需要学语文,还要学习很多东西,我们必须确定语文教学与其他教学活动之间的关系以及在学生整个学习活动中的地位和作用。而且,学生不只需要学习,还需要运动,需要娱乐,需要休息,需要睡眠等等,这都是需要时间保证的。我们所实现的识字教学改革目标,很可能是以牺牲学生其他学习时间、活动兴趣乃至休息睡眠时间为代价的,很可能伤害学生的学习意愿和健康成长,这种教学改革的合理性就是需要认真和充分论证的问题了。当我们这样看问题时,就表现出较强的课程意识。

我国基础教育中长期存在的课业负担过重和课程内容"难、繁、偏、旧"的现象,除了课程设计上的问题之外,与教学改革中课程意识的缺乏也有一定的关系。

(三)课程论话语与教学论话语

中小学教育实践中所表现出来的课程意识的缺乏,与我国教育教学理论研究中长期忽视课程研究的状况密切相关。

20世纪50年代以后,我国教育学理论受苏联教育学模式影响很深,几乎完全采用教学论的话语方式,即把教学看作是一个大概念,把课程看作一个小概念,或者几乎没有课程的概念。那么,课程是什么?在教学论话语体系中,课程就是教学内容,或者顶多是学科,甚至就只是教科书。

所以,直到今天,一提到课程改革,许多人马上想到的就是教材要变了。的确,课程改革必然导致教材的变革,但教材的变革绝不能等同于课程改革,课程改革涉及更为根本的教育指导思想的变革,它要比教材改革丰富得多,也复杂得多,深刻得多。

从理论研究上来看,必须突破单一的教学论话语方式的局限,要增加课程论的话语方式。在课程论的话语体系中,课程是一个大概念,它是学校教育的心脏,教学是课程实施的一个环节。如果用课程论的视野来审视教学实践中产生的许多问题,有些可能是教学本身的问题,但更多的可能是课程问题或课程设计的问题,对于课程问题的解决仅仅依靠教学改革或者教材改革是很难完成的,应该从更大范围的课程改革入手才有可能取得根本性的突破。

（四）教学意识与课程意识的概念辨析

大致说来，教学意识与课程意识所关注的重点是有所区别的。如表 4-1 所示，这种区别至少体现在以下三个方面。

表 4-1　教学意识与课程意识的关注重点

维度	目标定位	行为功能	结果侧重	总体特征
教学意识	目标是什么、如何实现	教学行为功能最大化、多教多学比少教少学好	即时功效	重教学操作技术
课程意识	目标是否合理、目标实现过程和方法是否合理	教学行为功能最优化	长期效果和内在基础	重教学价值追问

第一，在看待教学目标方面。教学意识的重点在于，确定一个目标，然后通过各种途径去实现这个目标，这就是有效教学；而课程意识则更为关注目标本身是否合理，如果这个目标本身不合理，那么即使通过各种教学手段和途径实现了这个目标，也没有什么意义，是低效或无效的，甚至是负效的。同样，实现教学目标的手段如果是不恰当的或者不具有教育意义甚至是反教育的，那么即使这个教学目标实现了，也是低效的或者无效的，甚至是负效的。例如用一些错误的观点和方法得出或记住正确的知识结论以及公开课教学中的"表演"和"造假"等现象，就很值得从课程的立场上去进行反思。

第二，在看待某项教学活动的意义方面。教学意识可能关注把这项活动尽可能做到最好，多教多学总比少教少学好；但课程意识关注的重点可能在于这项活动做到什么程度才是合理的，完成这项活动的过程如何才能引人入胜，即教师具体的教学活动要恰到好处，要和整个教学活动的结构联系起来，这项活动要恰如其分地发挥它应该发挥的作用，与学生的其他各项活动之间保持一种动态的平衡。否则，就会挤占学生的其他学习时间甚至应有的娱乐、运动、休息和睡眠时间，影响学生的健康成长和健全发展，因为学生的时间是有限的，是一个常数。

第三，在看待学生的学习结果方面。教学意识可能更为关注掌握"双基"的程度，特别是考试的分数，而课程意识则可能更为关注学生的继续发展，特别是学习的意愿、能力以及情感态度价值观方面的健全发展，基础知识和基本技能的获得，特别是考试分数的获得应该服从和服务于学生的学习意愿、学习能力和情感态度价值观方面的健全发展，而不是相反，后者才是教育的根本目的，是社会发展和进步的、长远的根本利益所在，是基础教育中最重要的基础。

也就是说,"双基"和考试分数的获得,不能以学生的健康成长和健全发展为代价,而应该是促进学生的健康成长和健全发展,学生所获得的应该是其终身学习和发展以及建设性地参与未来社会生活所必需的基础知识和技能以及基本的态度、能力和愿望。那种导致学生虽然学到了很多东西却越来越讨厌学习的教学状况,无异于"杀鸡取卵",是得不偿失的。

如果站在课程的立场来看,教学改革的真正意义,首先并不是教得越多越好或者学得越多越好,而是在于它能否促使学校活动的结构化安排变得更加合理,是否更加有利于学生的健康成长和健全发展。"应试教育"的主要问题,就在于它丧失了明确的课程意识,在教学中把学科学习的成绩特别是考试分数看得过重,"只见分数不见人",忽视了学生继续学习的愿望和能力的培养,忽视了学生情感态度价值观的健全发展,很难适应时代发展与社会进步的要求。

所以,《基础教育课程改革纲要(试行)》指出,要加强与学生生活以及现代社会和科技发展的联系,关注学生的学习兴趣和经验,精选终身学习必备的基础知识和技能;倡导学生主动参与、乐于探究、勤于动手,培养学生搜集和处理信息的能力、获取新知识的能力、分析和解决问题的能力以及交流与合作的能力;强调积极主动的学习态度,使获得基础知识和基本技能的过程同时成为学会学习和形成正确价值观的过程。

当我们考虑学校教育活动的结构化安排时,考虑学生身心健康发展时,原先我们深信不疑的许多教学改革课题,其意义很可能就会大打折扣,我们就有可能重新选择教学改革的方向和重点。而此时,我们的课程意识就会凸显出来,教学改革才更加有可能对课程改革形成强大的推动力。

当然,必须指出,课程意识与教学意识的划分,主要是基于说明问题的需要,目的是要丰富我们的视野,开阔我们的思路,多一个看问题的角度。但这种划分并不是绝对的,而且在教育实践中课程意识与教学意识往往是融合在一起的,构成一个有机整体,简单地贴上"这是教学意识"和"那是课程意识"的标签是不恰当的。

三、教学过程的共同建构

(一) 教学知识的客观属性与主观属性

长期以来,由于课程设计上的封闭性,教师和学生在课程与教学中应有的主体地位被消解了,他们的生活、经验、问题、困惑、理解、智慧、意愿、情感、态度、价值观等等通通被排斥在教学过程之外,原本十分丰富的教学过程缩减成为单一的传授书本知识和解题技能的过程,一种狭义的"双基"成为教和学的客观对象与目标,教师、学生在课程和教学中的积极性、主动性和创造性被束缚了。

事实上,教师和学生在课程与教学中的主体地位的丧失,不仅否定了教学过程中知识的主观属性,也否定了教学过程作为师生共同的生活过程和人生过程的现实性,而且最终把教学过程窄化为"教教材、学教材、考教材",甚至滑入"考什么,教什么;教什么,学什么"的怪圈。"应试教育"现象的普遍存在,尽管存在深刻的社会文化原因,但在某种意义上讲,它也正是狭隘教学意识的必然产物。

应该看到,教学知识确实具有客观属性,是教师教学和学生学习的对象,对此我们仍然必须重视。但同时,教学知识也具有主观属性,是人类主观认识的成果,因而也可以是甚至必须是师生在教学过程中共同建构起来的。仅仅把知识当作纯粹的客观对象来学习的时候,很容易把学生学习的知识演变为固定不变的唯一结论或真理,导致教学过程成为一个简单的传授标准答案的过程,广大中小学教师在教学过程中的处境十分尴尬,绝大多数学生在教学过程中只能处于一个被动接受的地位,教学过程失去了应有的生机和活力。对于这种状况,从事实际教学工作的广大中小学教师是再熟悉不过的了。

例如,老师在带领学生学习语文课文《萤火虫》时有这样一个片段:老师问学生,萤火虫燃烧了自己,怎么啦?有的孩子回答说,萤火虫燃烧了自己它就死了;也有的孩子说,萤火虫燃烧了自己,它没有怎么,这只是一种生理现象;还有一部分孩子有一些其他的理解。这时,老师无法对这些理解给予肯定,因为书上不是这样说的,书上的正确答案是,萤火虫燃烧了自己,照亮了人间。所以,老师不但不能理直气壮地肯定孩子的理解,相反还得不断运用教学技巧和教学机智,想办法如何一步步地"启发"孩子得出"正确"的认识,于是让同学们再想一想,再看一看。看什么呢?当然是看书上,看课文。最后,孩子们终于在老师的不断引导下,"看"出一个"共同"的认识——萤火虫燃烧了自己,照亮了人间!

类似的教学片段是我们非常熟悉的,不仅语文教学如此,数学、物理、化学等等许多科目的教学都存在这样的现象——让学生生吞活剥地去接受书本提供的所谓客观知识结论,只不过表现形式多种多样罢了。这样的教学片段看似平常,实则隐含着一个重要的课程设计思想——教师只是课程的执行者,教学过程即传授客观知识的过程。在这样的课程设计思想指导下,教学也好,考试也罢,都走向一个唯一的模式——追求标准答案,不管这个答案本身是否真的有"客观标准",也不管追求这个标准答案的过程本身是否有教育价值。

表面上看来,学生最后都"懂得"了萤火虫燃烧自己照亮人间的道理,而实际上这个教学过程的教育意义是值得怀疑的。试想,有多少儿童的经验能够支持"萤火虫燃烧自己照亮人间"的认识?不要说儿童,究竟有多少成人的生活经验支持这样的认识?老师果真都这样想吗?很显然,让所有学生去统一接受一个在成人世界都没有多少真实可信性的认识结论,这对学生的成长不但没有帮助,反而可能是有害的。它究竟鼓励了哪些学生,鼓励了学生的哪些方面呢?在我个人看来,恐怕除了"唯师""唯书""麻木"和"虚伪"之外,也就所剩无几了。因为,这种课程设计思想指导下的教学过程,学生不能独立思考,不能有自己的见解,如果他/她独立思考了,有自己独立的见解,他/她就是错的。老师也是同样的命运!

(二)教学过程中的师生互动

萤火虫燃烧了自己它就死了,或者说这只是一种生理现象,这些理解反映了学生的经验,反映了学生自己的见解,这是学生真实的生活世界,是学生看待周围世界的眼光。这是宝贵的课程资源,我们应该允许它合法地进入课程,特别是进入教学过程。否则,学生就被排斥在课程与教学之外了,他们如何能够成为学习的主人?如何能够感受到学习的意义?同样的道理,如果老师自己的经验、理解、智慧、困惑、问题等不能合法地进入教学过程,他们自身也就被排斥在课程和教学之外了,他们就只能是一个"传声筒"。这样,教学过程就演变成为一个纯粹的客观学习过程,老师教着、学生学着他们都不信奉的"客观知识",这个过程除了与考试有关外,与他们的生活、与他们的人生无关。教师的教学工作似乎成了一个纯粹的"技术活儿",教师专业发展的重心似乎就是教学技巧。这就是为什么在现实当中普遍存在着这样的现象,"上课是一副嘴脸,下课又是一副嘴脸;上课是一个腔调,下课又是一个腔调",而且彼此心照不宣,教学过程成了游离于老师和学生真实人生之外的"虚拟生活"。

事实上,一个教学过程,一旦缺少了真实的交流,缺少了理解与感动,也就丧失了它应有的生机和活力,更为糟糕的可能是甚至丧失它应有的教育价值,成为浪费时间和生命的过程。

即使从价值引导的角度看,萤火虫燃烧自己照亮人间,这样的观点也只能是作为作者自己的理解与感受提供给学生,供学生参考。让学生知道这样的理解与感受是作者自己的,每个人都可以有自己的理解与感受,但同时要学会倾听、尊重别人的理解与感受,善于从别人的认识成果中获取启示。这样,学生就可以作为教学过程的参与者,他们表达自己的认识和感受就变得有意义起来,同样老师也可以作为教学过程的参与者表达自己的认识和感受。在表达各自的认识和感受的基础上,老师与学生共同解读文本,教师、学生与作者之间形成一种相互对话的关系,彼此倾听和分享对方的认识成果,从而加深对周围世界的认识与理解,丰富自己的内心世界。老师和学生都会在这样的教学过程中获得成长和发展,感受自己存在的意义。

所以,一个有意义的教学过程,除了具有学习客观知识的特点之外,还应该成为广大师生共同建构知识和人生的生活过程。只有当广大师生的生活、经验、智慧、理解、问题、困惑、情感、态度、价值观等因素能够真实地进入课程、进入教学过程的时候,教师和学生才会真实地感受到教学过程是他们的人生过程,是他们生命的有机组成部分,教学才有可能真正地促进学生的健康成长和健全发展,才有可能不断地提高教师的专业发展水平,才有可能普遍地恢复它应有的生机和活力。

四、课程意识与课程行为的转化条件

(一)课程意识转化为课程行为的能力基础

即使没有课程意识,也会有课程行为,只不过这样的课程行为具有很大的盲目性和局限性,难以承担创造性地实施新课程的重任。所以,必须强调课程意识支持下的课程行为对于广大教师特别是优秀教师的重要意义。

有课程意识是很重要的,但课程意识只有转化为课程行为时才有实际的意义,而且,课程意识并不能自然地转化为课程行为,也并不是想当然地任意作为就能很好地完成这种转化。要完成这种转化是有条件的,其中最主要的条件是必须有课程能力和课程权力。

有了课程意识,还要有课程能力才能转化为课程行为,才能把课程意识与课程行为统一起来。现实中存在着的一些现象,比如嘴巴里"说出来的观念很好"而教学中"做出来的行为效果却很差",就是缺少课程能力的表现。只有当老师能够把自己的教育思想和观念落实到实际的教学之中时,他(她)才具备了相应的课程能力。

我们不妨看一下这样一则案例:下雪了,本来要上数学课的毛浩志老师将兴奋的学生带到操场上赏雪,因为刚接受过新课程培训的他认为这是一次难得的写作良机。学生在赏雪的过程中还发现雪花有很多形状,但大都呈六角形。最后,毛老师给学生布置了这样的作业:一是写一篇关于雪的作文,体裁不限;二是画出雪花的形状,并分组探究雪花为什么总是六角形的科学道理。就这样,毛老师把本来的数学课上成了"赏雪作文课""科学探究课"。毛浩志老师的做法,在学校老师中间引起了不同的反响,有赞成的,也有反对的。赞成者认为,毛老师的做法符合新课程的理念,说明他有很强的课程意识,他不拘泥于"学科本位",并且灵活运用了课程资源,值得鼓励和肯定。反对者则认为,"数学课"不上"数学",却去"赏雪""作文",去"科学探究",他的做法偏离了应有的数学教学任务,是不合适的,不值得肯定和鼓励。如果老师都这样上课的话,那学校的正常教学秩序岂不是乱套了!所以,毛老师的课还是应该围绕数学来展开。

应该说,围绕毛老师的数学课能不能上成赏雪作文课而出现的两种不同看法都有一定的合理性,但似乎又都不很充分。如果我们要对毛老师的做法提出一些建议的话,就不能不涉及课程意识怎样向课程行为转化这样一个基本问题。

毛浩志老师的做法,表明他不仅有课程意识,而且有课程能力,因为他善于运用因下雪而形成的课程资源,把课程意识体现在他的实际教学之中了。他能够从学生发展的大局出发,敏锐地认识并抓住下雪对于学生写作文带来的良机,将兴奋的学生带到操场上去赏雪,通过观察、感受下雪来写作关于雪的作文,通过画雪来思考和探究雪花的形状。这样的作文、绘画和探究等教学活动,因为是学生身边的事件,是他们身临其境、亲身经历和感受的,所以贴近学生的实际,变得鲜活而真实,形象而生动,突破了呆板的从书本到书本的单一而抽象的学习方式,是学生所喜闻乐见的。毛老师的这种课程意识和课程能力是值得称道的,是实施新课程所倡导的。教师的课程意识和课程能力是创造性地实施新课程的重要基础。

（二）课程意识转化为课程行为的政策基础

课程意识要转化为课程行为,除了必须有课程能力以外,还有一个重要条件,那就是必须有政策意义上的课程权力。毛浩志老师把"数学课"上成了"赏雪作文课"和"科学探究课",表明他有这样的课程意识和课程能力,但他还必须获得这样的课程权力,他的课程行为才具有政策合法性。即便他的课程行为是合理的,他也必须受到课程权力的约束,或者必须获得课程政策的支持。

一般而言,教师个体的课程权力主要体现在课堂教学中,教师有权决定教学过程中课程资源的运用。所以,如果毛老师围绕数学来展开教学活动,灵活运用各种课程资源,那是没有任何问题的。这是课程政策赋予教师个人课程权力范围之内的事情。但毛老师超出了数学课的范围,把本来应该上的数学课上成了赏雪作文课和科学探究课,这就超出了一个数学教师的课程权力范围了。因为数学是国家课程,它的领域和目标是有国家课程标准的,它的课程权力主体是国家。很显然,"赏雪作文""画雪"和"探究雪花的形状",脱离了国家数学课程标准所规定的领域和目标,课程政策上是"不合法"的。

但问题是,下雪确实给学生"赏雪作文"和"科学探究"带来了良机,是难得的课程资源,如果运用得当,对学生的发展很有好处。这就需要教师寻求课程权力对于课程行为的支持,使自己合理的课程行为合法化。如果毛老师是"包班制"的老师,既教数学又教语文等,那他完全可以在教学安排上进行调整,当然要取得教学管理上的认同。如果学校的教学本来是分科的,那么毛老师可以给学校提出积极建议,和其他科任教师进行协商,在教学安排上及时做出调整,大家共同想办法,使下雪所形成的难得的课程资源能够更好地为学生的发展服务。如果毛老师经过协商,获得同事和学校的支持,对教学安排即时做出调整,能够对耽误的数学课内容有补偿的机会,那么他把本来要上的数学课上成赏雪作文课和科学探究课,仍然是合理和合法的。

与此同时,学校要主动地建立和完善更加灵活的促进课程意识转化为课程行为的教学管理机制,从规章制度上鼓励、肯定、支持和保护老师的课程意识向课程行为的转化,从而更好地促进学生发展和教师发展,提高教学质量和办学水平。比如,可以根据学校的具体情况,考虑建立教师临时调课认可制度;还可以考虑建立预留自主课时制度,即预留一定比例的课时,如一门课一学期预留10%左右的课时,任课教师可以在这个弹性范围内自主决定教学内容调整或课时的调换,以便探索更加综合的上课形式和更加灵活地运用课程资源的途径。另外,在考察教师的课堂教学情况时,更多地听取和尊重教师自己的设想和安排,从相对长程的角度,比如从一个单元而不是仅仅只从某一节课,向教师提出教学分析和教学建议,从而使教师的教学既不至于因为毫无课程权力而被管得太死,错失运用课程资源的良机,同时又避免经常发生类似"数学课上成赏雪作文课"而让教学不着边际,管理没有依循。

所以,只有当大多数教师都具有课程意识和课程能力,特别是当课程意识和课程能力越来越成为学校的集体意识和集体能力时,课程意识转化为课程行为才会拥有广泛的课程政策权力基础,课程意识才能更好地转化为推动课程改革向前发展的物质力量。

而且,课程意识是在课程能力和课程权力不断发展的过程实现自身强化和发展的,这时它们之间的转化就越来越是良性的相互促进和相得益彰。这也是广大中小学在实施新课程的过程当中所要不断努力探索的重要课题。

五、价值层面的有效教学观念

(一)关注教学目标及其实现方式与实现过程的合理性

价值层面的有效教学观念,是开展有效教学的重要前提和基础。如果把它具体到教学目标、教学行为和教学效果上来考察,那么我们就必须更加自觉地关注教学目标及其实现方式与实现过程的合理性,运用整体优化的原则规范和协调具体的教学行为,确保直接的教学效果服从和服务于长远发展的内在基础。

有效教学问题既是一个技术层面的操作问题,更是一个价值层面的澄清和选择问题。技术层面要回答有效教学怎么做的途径、方法和步骤等问题,而价值层面则要追问和澄清有效教学应该是什么、为什么要这样做以及怎样做才更好等等之类的问题。虽然从价值层面上考察有效教学的观念,有时会显得比较抽象和理想化,也很复杂,但它却是带有前提性和方向性的根本问题,不容许回避,也无法回避。事实上,越是优秀的教师,越要重视价值层面的有效教学观念问题。

价值层面的有效教学观念涉及教学的各个方面和相关领域,但本文主要限定在教学目标、教学行为和教学效果三个方面对于价值层面的有效教学观念进行考察和讨论。[①]

在教学目标问题上,价值层面的有效教学观念需要突出地关注两个问题:

第一,教学目标本身的合理性。

对于实现教学目标,绝大多数教师都是非常熟悉和自觉的。许多教师认为,给我一个教学目标,我通过各种途径和方法实现了这个目标,我的教学就是有效教学,我就是优秀教师。如果站在教学技术的立场来看,这样的教学观念是没有问题的。

但是,如果站在教学价值的立场来看,仅仅从技术层面来探讨有效教学的问题是远远不够的。要确认教学是否为有效教学,必须首先关心和回答的是这样一个前提性的问题:我们要实现的教学目标本身合理吗?如果教学目标本身不合理,那么即使实现了这个教学目标,我们的教学也不能称作有效教学,而很可能只是一种低效教学或者无效教学,有时甚至可能是一种负效教学,是一种有害的教学!

比如,在小学语文识字教学中,有的地方,有的学校,有的教师,热衷于"五年目标两年内完成",把小学五年级的目标提前在小学二年级实现,然后作为有效教学的成果加以宣示。事实上,如果只是站在单项、单科的教学立场来考虑和实施,这样的教学目标确实是能够实现的。可是,它忽视了一个前提性的问题,即实现这样的教学目标对于所有小学二年级的学生而言究竟意味着什么。

这样的教学目标究竟合不合理,可以有不同的理解和争论,但如果对这样的问题不关心或认为不需要关心,不集思广益地去认真探讨和研究,甚至想也不想一下就只顾着去从技术上着手于"五年目标两年内完成",那么就至少回避了有效教学的价值层面的

---

① 余文森等.解读教与学的意义.上海:华东师范大学出版社,2005:8—9.

问题。

如果关注教学价值问题，就会首先去思考、论证和回答"这样的目标究竟合不合理"的问题，并根据这样的认识成果和价值判断来指导教学改革的基本方向。关注教学目标本身的合理性问题是从价值层面上探讨有效教学问题的重要议题，是有效教学得以开展的重要前提和基础。

第二，教学目标的实现方式和实现过程的合理性。

从价值层面关注有效教学的问题，除了关注教学目标本身的合理性之外，还应关注实现教学目标的方式和过程的合理性，确认教学目标的实现方式和实现过程是否有教育意义。如果实现教学目标的方式和过程是反教育的，那么即使实现了合理的教学目标，也很难说这样的教学就是有效教学。相反，它很可能是低效教学或无效教学，甚至可能是负效教学或有害教学。

比如，有教师在小学语文识字教学的某个环节中设计了这样的教学目标，"能组词，会造句，没有错别字"。应该讲，这是一个合理的教学目标。为了实现这个教学目标，教师直接让全班学生按照教师的规定统一组词、统一造句，每个字统一组两个词，每个词统一造两个句子，抄下来，有错别字的统一订正，然后再记熟，背下来。考试时，学生既能组词，又能造句，也没有错别字。

事实上，一方面，教学目标实现了；另一方面，这个目标本身也是合理的。但是，当我们把这个教学过程展开的时候，我们就会发现，用"统一组词、统一造句"这样的教学方式，来实现"能组词，会造句，没有错别字"的教学目标，这样的教学方式和教学过程本身是不合理的，甚至是有害的。因为，这样的教学方式和教学过程是封闭性的，是收缩性的，它会不断地把学生置于被动学习的地位，把教学引入一个怪圈：教师越强调"统一组词、统一造句"，学生就越依赖教师，就越不会自己"独立组词、独立造句"；学生越不会"独立组词、独立造句"，教师就越要代替学生而去"统一组词、统一造句"。而且，这个圈会越画越小：学生最初是没有机会"独立组词、独立造句"，到后来逐渐演变成没有能力"独立组词、独立造句"，再后来就可能是麻木了，连"独立组词、独立造句"的意愿和冲动都没有了，甚至把教师替学生"统一组词、统一造句"视为当然，更不要说享受"独立组词、独立造句"的成功和快乐了。

长此以往，教学就可能发生根本性的逆转，变得越来越限制学生的思维发展，学生在学会一些知识的同时越来越依赖于教师，越来越不会自主地学习，越来越把学习当作一个外在于自己的包袱了。至此，整个教学过程蜕变成教师直接授予结论性知识，而学生直接记住结论性知识的过程。这样的教学过程积累到一定程度和一定阶段之后，它的危害性就会逐渐显露,而且影响深远,学生主动学习的机会、习惯、能力和快乐逐渐萎缩和丧失,学生的发展会越来越没有后劲,教学过程也会因此而变得越来越困难。因为,"如果学生不能筹划他自己解决问题的方法,自己寻找出路,即使他能背出一些正确的答案,还是学不到什么"。① 这就是为什么许多教师在接手一个新的考试成绩似乎不错的学生或班级时,却发现很难教下去的重要原因。

我们应该清醒地认识到,"我们不仅希望学生掌握知识,更希望学生掌握分析知识、选择知识、更新知识的能力"。② 否则,只会死记硬背一堆僵化的书本知识,这样的教育系统及其所培养出来的人,越来越不能适应和迎接处于知识经济时代的学习化社会的要求和挑战了。

所以,从价值层面上来考察有效教学的问题,既要关注教学目标的实现与否,更要关注教学目标本身及其实现方式和实现过程的合理性。

如果教师在教学过程中,不仅关注教学目标的实现,而且自觉地去钻研和思考教学目标本身的合理性以及实现教学目标的方式和过程的合理性问题,那么教师在教学目标上的有效教学观念就开始建立和发展起来了。

（二）运用整体优化的原则规范和协调具体的教学行为

价值层面的有效教学观念,在具体的教学行为功能发挥方面则表现为整体优化的教学原则。在教学行为的功能发挥上,技术层面的有效教学往往追求教学行为功能的最大化,比较通俗的说法是"多教总比少教好""多学总比少学好"。长期以来,我们一直并不怀疑这一普遍流行的观点。就如前面提到的小学语文识字教学改革所尝试的"五年目标两年内完成",等等之类的想法和做法,就是比较典型的追求技术层面的有效教学的产物。仅仅只从技术上考虑有效教学的问题,其导致的结果是大量的教师总是将教学行为的功能尽可能地最大化,从而不断地加剧日常教学的密度和难度,致使教师和学生都不堪重负。

如果我们换一个角度,从价值层面来看,我们曾经深信不疑的许多结论性的观念就有可能会发生改变。价值层面的有效教学观念强调,教学行为的功能发挥一定要置于学生的整个成长活动结构当中来考察。如果引入系统论的观点,把学生的成长活动结构作为一个有机的整体来对待,那么教学行为的功能发挥就应该是最优化或恰到好处,而不应该是最大化或越多越好了。

---

① 高慎英,刘良华.有效教学论[M].广州:广东教育出版社,2004:141.
② 袁振国.教育新理念[M].北京:教育科学出版社,2002:17.

还是以识字教学为例,我们必须认识到,识字教学只是语文教学中一项具体的教学行为,它应该发挥什么样的功能,必须放在语文学习活动的背景当中来考察。也就是说,要重点钻研和思考识字教学在语文学习中的地位和作用,因为学生学习语文不只是会认会写汉字,还要学习其他内容和项目,不能孤立地把识字教学的功能最大化。同样,学生不只是需要学习语文,还需要学习其他很多科目,不仅需要学习,还需要运动、娱乐、玩耍、休息等等,这一切都是需要时间来保证的,甚至还要给点时间让学生自己做主,想干什么就干什么,甚至发发呆,这在人生成长过程当中都是不能回避的经历和体验。将某项具体的教学行为功能最大化,就意味着对于其他教学行为功能的挤压,就会破坏学生学习活动乃至整个成长活动结构的动态平衡。

诚然,某项教学行为功能最大化是可能的。比如,一些地方的教学改革实验就证明,小学语文识字教学确实可以"五年目标两年内完成"。但是,这种教学改革思路却不具有推广价值,最终是行不通的,因为这不是一种常态的教学可以完成的任务。特别是,如果所有的单元或科目教学都追求"五年目标两年内完成",那将会是一个什么样的结局呢?答案是不言而喻的。如果每项教学行为的功能都追求最大化,那么学生的学习负担就会不断地加重,教师也会苦不堪言。何况,作为培养和提高基本国民素质的基础教育,其所承担的功能是明确的,也是有阶段性的,统一追求教学行为功能的最大化并没有什么必要。

可就是这样一个简单的道理,却并未引起我们的足够重视;相反,教学行为功能最大化的现象开始从"多教多学"演变成"早教早学"的格局,"拔苗助长"的波及对象已经出现低龄化的趋势,甚至在一些地方开始出现幼儿园小学化的畸形状况,还美其名曰"不让孩子输在起跑线上"!

近40年来,教学改革一直没有停止过,但从总体上看,教学观念并没有取得根本性的突破,其中一个重要的原因,就是没有能够很好地研究和回答价值层面的有效教学问题,没有能够很好地树立起正确的有效教学的价值观念,不能够从整体上把握教学改革的方向和重点,以至于教学越搞越难,教师和学生越来越苦。

从价值层面上来看,有效教学追求的是教学行为功能的最优化,而不是最大化。如果是这样,小学语文识字教学改革的重点和方向,就不是去用五年级的教学目标来统一要求二年级的所有学生了,而是要放在培养学生的识字兴趣和提高学生的识字能力上。学生有了识字的兴趣和方法,愿意去认字和写字,能够运用更有效的办法去读写汉字了,那么他们能够会认会写更多的汉字便是一个自然的结果,硬性地要求所有学生在二年级时就统一去完成五年级的识字教学目标就显得没有什么必要,甚至是有点荒唐。

即使语文识字教学真的有必要去进行所谓"五年目标两年内完成",那么也必须对小学语文教学内容的先后顺序、重点难点的年级分布等整体结构进行调整和协调,甚至要对数学等相关科目的整体教学结构进行调整和协调,才能适应在小学一、二年级由于识字教学行为功能扩大之后所产生的影响。因为无论是学生还是教师,他们的时间和精力都是一个常数,在这个常数下教学行为仅仅追求总体数量上的扩张基本上是没有意义的。

其实,远不止识字教学才会面临教学行为功能最优化的问题,而几乎是所有的教学活动都面临着这样的问题,只不过它们的具体内容和表现形态会有所差异,但实质的问题却是基本相通的。

所以,从价值层面来考察,有效教学的观念需要强调运用整体优化的原则来规范具体的教学行为功能的发挥,协调各个单元、各个科目等具体教学行为之间的功能关系。如果任由教学行为的功能不断地恶性膨胀和扩展,不断追求功能最大化,学生和教师的教学活动结构乃至整个成长活动结构都将遭到破坏,都将失去应有的平衡,变得低效而无序。

(三)确保直接的教学效果服从和服务于长远发展的内在基础

价值层面的有效教学观念,如果要落实到教学效果上,则要防止教学过于急功近利的倾向,转而强调直接的教学效果要服从和服务于长远发展的内在基础。这一点,与确认教学目标及其实现方式和过程的合理性,以及追求教学行为功能的最优化,是有着一以贯之的内在联系的。

在教学上,不顾教学目标本身的合理性,不关注实现教学目标的方式和过程的合理性,而一味地将教学行为的功能最大化,去获得直接的教学效果特别是考试成绩,凡此种种表现,几乎都与急功近利地追求教学效果的倾向有着某种程度的关联。

价值层面的有效教学观念并非不要直接的教学结果,包括考试成绩,也不否认学生的考试成绩是教学效果的重要表征。考试成绩对于学生来说是重要的,但是学生的学习和身心成长是有自身规律的。仅就学习成绩来说,有比考试分数更重要的东西,包括主动学习的兴趣、习惯、愿望、态度、方法、经历、体验、能力等因素,都是能够长远地影响学生学习成绩的内在基础。至于正确的情感、态度和价值观念,特别是身心的健康成长和人格的健全发展,则是学生长远发展的更为重要的内在基础。这些内在的学习基础和发展基础,很难纳入直接的教学效果的评价视野,更难以用考试的手段进行检测,但却在学生的健康成长和健全发展道路上实实在在地发挥着长期的根本性的作用。

确立价值层面的有效教学观念,就是要持久地培育和保护这样的学习基础和发展基础,而且培育和保护这种长远的、内在的学习和发展基础,是需要师生双方特别是教师投入时间、智慧和耐心的。

比如,培养和激发学生的学习兴趣,就是一个需要长久关注的有效教学问题。"借助教师和教材唤起学生的学习兴趣,使学生感到学习是快乐的——教师的这种作用是重要的。学生倘若缺乏学习的动机,那是教师应当担负的责任,不能把这种责任转嫁给学生。为了唤起学生的学习动机,要求教师锲而不舍地作出努力。"①

又比如,良好的学习习惯的培养,从长远来看,对于学生的学习具有"磨刀不误砍柴工"的意义,但在短时间内并不一定能够取得直接的学习效果,特别是对于马上提高考试成绩来说就未必有"立竿见影"的效果,甚至在起步阶段反而有可能使教学显得效率低下。但是,培养学生良好的学习习惯应该是教师教学活动的重要职责,也是有效教学的题中之义。如果教师忽视学生良好学习习惯的培养和发展,那么日积月累,学生在学习上的效率就会越来越受到限制,就可能走许多弯路,甚至完全破坏学生在学习上的发展机会。

事实上,许多所谓学业不良的学生,最初往往是因为学习习惯差导致后来学习效率低下而跟不上教师的教学进度,并最终滑入学业落后的泥淖而难以自拔的。

换句话说,价值层面的有效教学观念对于直接的教学效果包括考试成绩的关注,是有一根底线的,这就是考试成绩的获得不能以牺牲学生积极主动的学习兴趣、学习习惯、学习能力和健康的情感态度以及正确的价值观念等为代价,不能以牺牲学生的身心健康和人格健全为代价。那种以牺牲学生身心健康和人格健全为代价而获得考试成绩的做法,是得不偿失的,是难以为学生提供持续发展后劲的。正面地讲,有效教学追求的是,直接的教学效果包括考试成绩的获得必须成为学生进一步成长和发展的内在基础。

综上所述,如果我们理解和认同了价值层面的有效教学观念,那么我们就必须更加自觉地关注教学目标及其实现方式与实现过程的合理性,运用整体优化的原则规范和协调具体的教学行为,确保直接的教学效果服从和服务于长远发展的内在基础。而且,这样的有效教学观念最终都必须依赖于教师自身专业意识、专业能力和专业精神的发展和提高,行政支持系统和其他外在的评价、监控、干预方式都必须为真正实现和长期坚持价值层面的有效教学观念创造良好的环境和氛围,提供必要的帮助和引导。

---

① 钟启泉.对话教育:国际视野与本土行动[M].上海:华东师范大学出版社,2006:187.

第 5 讲

讲授教学的局限与转型

长期以来,中小学的教学空间不断受到升学主义取向的挤压,一直存在着重教不重学的知识观误区,并且逐渐固化,成为一种极为普遍的讲、练、考的知识传递教学模型。这种传递型教学,更多地是由教师主导的,教师讲,学生听,学生常常处于一种被动和盲目的状态。结果是,一方面,学生的学习方式单一,只有记中学,缺少做中学和悟中学;另一方面,学生的知识结构扭曲,只有事实性知识,缺少方法性知识和价值性知识。诚如有学者指出,"当教学被当作一种简单的知识传递时,它便不能引发学习,甚至还会阻碍学习。"[①]因此,课堂教学必须突破讲授教学的认识局限,探寻一种新的促进学生深度学习和知识结构不断优化的知识观基础。

一、重视讲授教学面临的时代挑战

(一)核心素养对讲授教学提出的挑战

在一定意义上说,讲授教学的兴起和发展是与特定社会历史条件密切相关的。而且,在早期工业社会或计划经济时代,讲授教学都发挥了重要的知识传递作用,为大规模培养有知识、有文化的劳动者做出了历史性贡献。但是,随着 21 世纪信息文明时代的到来,讲授教学面临越来越严峻的挑战,特别是难以适应核心素养的培养和深度学习的要求。

---

① 安德烈·焦尔当.学习的本质[M].杭零,译.上海:华东师范大学出版社,2015:16.

从 20 世纪 90 年代以来,为了应对 21 世纪挑战,一些国际组织和主要发达国家纷纷把对教育的关注指向了核心素养的培育,并用核心素养的观念指导和推动课程改革。而且近年来这一趋势越来越明显,几乎形成一种世界性课程改革思潮。

纵观各个国家和国际组织有关核心素养的主张,尽管它们只是核心素养研究的部分成果,但大致上能够反映对于学校教育培养目标认识的变化趋势。也就是说,尽管不同国际组织、国家和地区对于核心素养的理解和提法各有不同的重点,但基本的指导思想是比较一致的,都强调关键能力和必备品格的培养。"在这种情况下,只是掌握了各学科固定的知识或技能是不完备的,学生必须能够灵活地、综合地运用这些知识或技能解决现实问题,学会批判性审视和解决陌生问题,具备学会学习和终身学习的意识和品质。"[①]换句话说,可直接讲授的知识在学校教育教学中的地位和作用将日益降低,传统目标分类学所强调的知识理解、记忆在素养教育中将受到越来越严峻的挑战。

核心素养不只是一种学习预期和学习结果,更是一种修养过程。它不是不要知识学习,而是更强调在真实情境和条件中、在解决问题的过程中让学生主动、合作地去获取、形成和运用知识,发展能力,提升品格。这样的教育教学过程靠讲授教学是很难适应和胜任的。讲授教学是讲不出学生的核心素养的,必须探讨和摸索与核心素养相适应的新的教育教学方式和方法。

(二) 信息文明时代的学习科学对讲授教学提出的挑战

进入新世纪以来,信息文明的进程明显加快,计算机网络和移动通信科技的普及与应用,使得获取知识的途径和方式突破了时空限制,为实现教师讲授与学生听课、知识传授与知识习得之间的分离创造出广阔的应用前景和扎实的技术基础。传统意义上的课堂讲授完全可以移置到课堂之外或任意想要移置的时空中,甚至所有学习者可以共享最为优质的课堂讲授。正是在这种背景下,一些具有创新精神的学校和教师开始探索翻转课堂,实现学教翻转,把最宝贵的时间资源集中于问题讨论、方法指导和互动交流。同时,"计算机科学的异军突起,加之人脑和计算机具有相似性,催生出另一项业内的巨大成功,即人工智能。"[②]而且,由人工智能所带动的学习科学取得了突破性进展。人工智能不仅在执行重复性任务和练习时十分出色,而且从零基础开始能够具备学习能力特别是深度学习能力,这就不只是对讲授教学的挑战,而几乎是对整个人类的挑战,但首当其冲的就是学校教育,特别是讲授教学。阿尔法狗系列人工智能的成功,依

---

① 杨向东.基于核心素养的基础教育课程标准研制[J].全球教育展望,2017(10):34—48.
② 钟启泉.读懂课堂[M].上海:华东师范大学出版社,2015:115.

托的正是学习科学的突破,这预示着机器人陪伴学生学习的场景恐怕不再是科学幻想,很可能成为教育现实,而且很有可能是以某种革命性的方式成为教育现实。

所以,在新的信息文明时代背景下,需要探讨和摸索新的教学范式。"课堂教学应当从教师中心的灌输式教学中解放出来。'讲解法'不是万灵丹,认清'讲解法'的利弊得失该是每一个教师的责任。"[①]事实上,不少学校和教师一直在坚持不懈地进行讲授教学的改革尝试和努力,只是这些宝贵的改革尝试和努力需要及时加以总结和提炼,也需要更有研究含量的理论成果支持。

特别值得注意的是,"西方国家逐渐实现了从教师中心、强调讲授和操练的教学模式向以学习者为中心、强调反思性实践和探究的教学模式改变。这种观念深刻地影响了情境认知、具身认知、合作学习、社会协商和建构、元认知学习等理论的形成与发展。建立在这种学习范式基础上的教学模式,如项目式学习、抛锚式教学法、认知学徒、问题式学习、设计学习、有益性失败等得到进一步的发展"。[②]

二、检讨讲授教学的间接经验知识观局限

在中小学教育中,讲授教学的传统在很大程度上根源于由来已久的间接经验知识观。这种间接经验知识观不仅导致把讲授教学作为学生学习的主要途径,而且导致把知识仅仅看作客观、静止和外在的学习对象物。

(一)间接经验知识观把讲授教学作为学生学习的主要途径

学生学习的知识,是人类经过长期探索和积累而获得的经验系统,是在不断总结和提炼人类生产生活、社会实践和科学探索等人类活动的直接经验基础上形成的知识体系。这些知识对于摸索和生产这些知识的人类而言是直接经验,而对于学习它们的学生而言却是间接经验。一直以来,无论是课程与教学理论研究,还是一线的课堂教学,往往都自觉或不自觉地采用直接经验与间接经验的知识类型划分来分析、解释和解决知识教学问题。即使那些不熟悉间接经验知识观的教学研究者和教师,他们事实上所秉持的知识观也大部分是间接经验知识观。

在间接经验知识观看来,学生学习间接经验,顾名思义,是没有办法或必要通过亲历探索过程直接获得的,所以只能通过教师讲授、学生听讲才能完成。在这个过程中,

---

[①] 钟启泉.读懂课堂[M].上海:华东师范大学出版社,2015:115.
[②] 杨向东.基于核心素养的基础教育课程标准研制[J].全球教育展望,2017(10):34—48.

教师的作用是讲解和传授知识,而且教师也是从教师自己的教师那里接过知识的接力棒,他们的责任是把知识的接力棒传给他们的学生。学生的作用则是听从教师的讲解,被动甚至被迫地接受教师的灌输,不断地理解、记住和积累教师传授的间接经验系统。

间接经验的知识观理论,对于直接经验与间接经验的知识类型划分,本身并没有错,只是因此而认定学生学习间接经验只能通过教师讲、学生听的讲授教学方式才能完成,未免过于粗糙和武断。而且,由此形成教学理论与实践上重教不重学的一系列误区,包括教学准备、教学过程和教学评价都是重教不重学。

除了前面分析的教师讲、学生听的讲授教学过程,学生处于被动接受知识的学习地位外,教学评价的导向作用也是重教不重学的。日常教学活动中的听课、评课都是观摩评价教师的讲授,并不关心学生的学习活动,尤其是在学习过程中学生的学习目标、内容、方式方法、动机、创意、发现、问题、困惑、效果、体验、感受和情绪变化等因素,到底是如何在影响学生的学习进程,始终不是重点。甚至在各种公开课、集中赛课、教学比武活动中,专门强调要借班上课,教师不能熟悉学生,这样可以保证公平等诸如此类的观点主张和做法措施,就是因为认定间接经验只能依靠教师讲授才能获得,所以特别重视教师的教,而不重视学生的学。

这种情形在无意中否认了教师了解学生和因材施教是教师教学能力的重要组成部分,至少未能把学生的学习作为教学能力重点予以关注。即使关注学生的学,重点也是学生获得的间接经验结论,是知识结果,而不是学习过程。这又反过来不断地强化教师的教学设计,把重点都放在讲什么、怎么讲,逐渐形成并不断强化以讲为主的目中无人的教学。

即使是试图在间接经验知识观上有所突破的教学特殊认识论,虽然也做出了进入学习过程的理论尝试和努力,但仍然没能真正走出间接经验知识观理论的窠臼,未能实现教学理论的根本性突破。

(二)间接经验知识观把知识看成客观、静止和外在的学习对象物

间接经验的知识观理论,不仅导致重教不重学的教学误区,而且导致即使重学也只是重学生的机械记忆、重复训练和结论再现。从本质上讲,重视学生学习的机械记忆、重复训练和结论再现,只是重教不重学的翻版和变式,是间接经验知识观在学习领域延伸的结果。

在间接经验知识观理论看来,间接经验的间接性主要体现为学生无法亲自沿用人类直接经验的方式去获取知识,这种知识对于学生来说具有间接性。也就是说,学生学习的知识与学生的直接经验之间存在一道鸿沟,首先是作为直接经验的知识脱离人类

主体，即把知识与知识生产者分离开来，按学科的形式，分门别类，编写教学材料，印在书本上，制作成各种形式的文本，作为学生的学习资源。接着是通过教师的讲授这条途径让学生学习书本知识。书本知识的来源，对于人类整体，特别是对于知识生产者而言，是直接经验，但直接经验一旦文本化，就意味着直接经验脱离了人类主体而独立地存在，具有了间接性，尤其是对于学生而言，他们通过学习来获得这些书本知识，这种书本知识只能是一种间接经验。

既然学习的对象物写在书本上，那么很容易理解，作为学习对象物的书本知识是客观的、静止的、外在的。说它是客观的、静止的、外在的，是因为知识原本是人类自己建构起来的主观人为系统，但一旦形成而且作为学生学习的对象物，那它就变成物化的认识成果和知识产品，就拥有独立于人类自身的属性和规律了。这样的存在自成一体，相当稳定，不以人的意志为转移。这样的知识体系，甚至反过来作用于人类学习者自身，在人类自身的成长过程当中，与人本身相互促进，相互制约，成为人类社会发展不可或缺的重要因素。

由此可见，学生要学习的书本知识是客观的、静止的、外在的，这样的理解并没有错。只是这样的理解是片面的、局部的、不完整的，它只揭示了书本知识的部分属性，而忽视了书本知识的学习所具有的主观性、动态性和内在性等更为重要的属性。

诚如有学者指出，"学生仅仅用直接方法去掌握知识，便不能发展系统化的认识，仅仅用间接方法去获取知识，便不能助长创造性的实践活动力。应使直接经验与间接经验和谐地交流，凭借直接经验去理解他人经验（间接经验的意义）；凭借间接经验去获取更广阔、更深层的直接经验"。[1]

三、发掘间接经验蕴含的不同知识形态及其教学意义

学生要学习的学科知识、书本知识的确是间接经验，但这种间接经验具有意义重大的内部结构。它们既是客观的，更是主观的；既是外在的，更是内在的；既是静态的，更是动态的。完整和准确地理解学生学习的知识特别是学科知识属性，将为走出重教不重学的认识误区，走向重教更重学的教学实践奠定应有的认识基础。

（一）方法性知识与做中学在间接经验学习中发挥着最为核心的整合作用

一个人的素质结构在很大程度上取决于两条基本路径，一条是学习内容领域路径，即一个人学习了哪个或哪些内容领域，他/她就会或多或少具备哪个或哪些内容领域的

---

[1] 佐藤正夫.教学原理[M].钟启泉,译.北京:教育科学出版社,2001:248—249.

知识、能力、素养等；另一条是学习方式路径，即一个人是怎么学习的，这在很大程度上决定着他/她获得什么性质和类别的知识。在学生学习的各个学科领域中，人类积累起来的学科知识即间接经验内部，都存在事实性知识、方法性知识与价值性知识这三种基本的知识形态，而且都与学习方式密切相关。也就是一个人怎么学，他/她就会学出什么性质和类别的知识来。因此，学习方式承载了间接经验内部知识结构的转化机制作用。

一个人的学习方式可以多种多样，但从知识类别与学习方式的匹配关系来看，可以大致划分为记中学、做中学和悟中学。如果仅仅是记中学，就只能学到事实性知识；如果做中学，就会学到方法性知识；如果在做中学的基础上悟中学，就会学到价值性知识。"记中学获得事实性知识，解决的是学会的问题。做中学获得方法性知识，解决的是会学的问题。悟中学获得价值性知识，解决的是乐学的问题。课堂教学改革的重要任务是促进学生从学会走向更具后劲和可持续的会学与乐学。"①特别是做中学和方法性知识，在学生的整个学习中发挥着最为核心的整合作用。这是因为，"如果掌握不了学习的方法，知识就会变成标签、算法、规矩或是切分开的任务，学习者将无法把他必须学习的要点和更宽泛的原理联系起来。"②

（二）间接经验的教学本质和重点是促进知识形态之间的良性转化

就间接经验的内部结构而言，事实性知识、方法性知识与价值性知识三种知识形态，分别对应着记中学、做中学与悟中学三种学习方式，并且通过不同的学习方式实现着不同知识形态之间的转化。任何间接经验的学习，即使本来是方法性知识和价值性知识的间接经验，如果只是记中学，都会蜕变转化为事实性知识，成为僵硬固化的死知识；而如果是做中学、悟中学，即使本来是事实知识的间接经验，则都能够更多地转化为方法性知识和价值性知识，成为活学活用的方法和观念系统。

三类知识和三种学习方式之间相互转化的教学规律和原理，对于教学环节设计的启示是，教学的本质和重点是促进学生通过恰当的学习方式实现知识性质和类别的双重转化，即由客观知识向主观知识转化，由静止的知识向动态的知识转化，由外在的知识向内在的知识转化，经过一系列的同化、重构、叠加和耦合等复杂心理过程，再由内而外地表达和表现出来，调配和运用于各种现实需要和问题情境之中，变成活学活用的知识形态，看得见，摸得着，用得上。"我们要发展的是一种生态性的知识。一切稳定下来

---

① 吴刚平.知识分类视野下的记中学、做中学与悟中学[J].全球教育展望,2013(6):10—17.
② 安德烈·焦尔当.学习的本质[M].杭零,译.上海：华东师范大学出版社,2015:28.

的知识,即使是其中最有效的那些,时间一长也都会变成教条,会导致一定程度上的心智僵化。然而,当下的形势充满了不确定性,知识必须能够不断进行自我调适,以应对各种似是而非的、不完整的、不明确的和不可预测的因素。"①

所以,笼统地认为间接经验的学习就必须或只能通过讲授才能完成,这样的观点和主张并没有真正揭示间接经验的学习本质,反而是忽视和误读了间接经验内部结构中的事实性知识、方法性知识与价值性知识三种基本知识形态之间以及记中学、做中学和悟中学三种基本的学习方式之间的相互依存和转化关系。恰恰是讲授教学,在无意之间,成为了把学生的学习局限在记中学和事实性知识这种单一学习方式和单一知识类别的困境之中的主要教学机制。学生学成老师的传声筒,只能鹦鹉学舌,人云亦云,成为知识记忆的容器,知识只能刻板地印记在学生脑海中,囫囵吞枣,成为生硬的教条和结论。知识内化、消化和吸收、转化过程不充分,知识的主观化和活化程度低,成为一堆没有用的死知识。至此,诸如此类的现象,都能得到相当程度的解释和解决了。

四、课堂教学转型的认识基础

(一) 从讲得好的教师转向学得好的学生

1. 教师讲得好只能代表教师的能力

课堂教学要转型,要适应核心素养和信息文明时代的学生发展需要,就必须超越讲授教学的认识局限,突破记中学和事实性知识的教学格局,建立做中学与悟中学及其相应的方法性知识和价值性知识的认识基础,为提升课堂教学品质、优化学生知识结构创造出新的教学前景。

在讲、练、考的教学模型下,特别重视教师的讲授,把教师讲得好视为主要的教学基本功。但教师讲得好不仅不是学生学习的充分必要条件,而且更不可能是课堂教学的主要目的。所以,必须在认识上把教学关注的重点从讲得好的教师转向学得好的学生。

在日常教学当中,好教师通常都是讲得好的教师。而且,只有讲得好的教师才会受到学生、家长和上级领导的欢迎、赏识与尊敬,得到制度上的肯定和奖励;那些讲得不好的教师,往往不仅不受学生欢迎,还可能受到各种制度和心理上的排挤和抛弃。这样的情形,不断地激励那些有才华的教师,甚至是那些没那么有才华的教师,包括一些讲得不好的教师,都要想方设法往讲得好的方向和标准上去努力,把主要的精力、时间和智

---

① 安德烈·焦尔当.学习的本质[M].杭零,译.上海:华东师范大学出版社,2015:65.

慧都投入到讲授的内容和讲授的方法研究上，竞相攀比哪个教师讲得更好。这也许能在一定程度上解释为什么学习方式的改革那么困难，就是因为普遍地认为讲得好的教师就是好教师，这种根深蒂固的观念和主张恐怕是其中非常重要的认识根源。

凡是教学讲授得好的教师，他们恰恰都是自己学得好的教师，他们的问题就在于把教学置于讲授教学的模型之中，以自己的做中学和悟中学代替学生的做中学和悟中学，占据和挤掉学生做中学和悟中学的时间和空间。也就是说，教师把自己做中学和悟中学学到的方法性与价值性知识，特别是通过备课过程而获得的学科知识点本身的内涵以及知识点之间的内在联系，转换成讲授的具体内容，深入浅出、通俗易懂、条分缕析地讲给学生听，娓娓道来，余音绕梁，很受学生欢迎。但无论教师讲得多好、多受欢迎，其实质终究是用教师的讲授代替学生的学习，更准确地说是用教师的学代替了学生的学。

2. 偏重于教师讲得好必定挤压学生学得好的时间与空间

事实上，讲得好的教师所教出来的学生通常确实会在学业成绩方面更加优秀，成绩优秀的学生比例更高一些，这说明讲得好的教师对于学生的学习是有帮助的。但这只是问题的一个方面，有时也只是一种表面现象，甚至是一种假象，它造成了有关教学效率的许多误会、误解甚至曲解。事实上，讲得好的不是真的好，因为那只说明教师的知识学习能力，教师将学科书本知识融会贯通了，并不必然地意味着学生就能因为教师讲得好而自然而然地学得好。

讲得好只是为学得好准备了某种可能的条件，但必须认识到，它并不是学得好的充分必要条件，更不能等同于学得好本身。反过来说，学得好才是真的好，因为那才是学生自己的学科书本知识学习能力。也就是说，教学要恢复一个基本常识，学习始终是学生自己的事情，是任何人包括教师也代替不了的，被教师代替了的学习更多的时候只是将教学变成了一种更加容易一点的记忆训练。

讲得好，让学生对知识更容易理解，学习更容易上轨道，但这方面的作用还有很大的提升空间，还可采用更好的教学方式，而且讲得好的那些内容本身对于学生学习的意义是非常有限的。尤其是讲授教学方式面临的最大的问题是，讲得好的教师，以自己的做中学和悟中学，成就了自己的讲得好。但是，偏重于教师讲得好对于学生学习造成的影响却往往是越俎代庖、包办代替，以教代学，重心都在教，对学的关注严重不足，学习的地位和作用受到严重忽视。讲得好是以侵占和挤压学生的学习过程、时间和空间为代价，导致学生课堂上只能听讲、记录，获得的更多的是事实性知识，而没有时间和空间形成方法性和价值性知识。而且，教师成了知识的占有者、输出者和分配者，学生因此而错失许多有价值的学习机会。诚如有学者指出，"教师在备课过程中把他认为过难的知识砍掉,把能够证明他所要传达的信息的论据收集起来,从而写成意义的炼制。他为了促进学习者的学习,在无意中让学习者失去了学习中最具有教学意义的方面之一"。①

讲授教学的风险还在于,一方面教师把方法和价值观念讲给学生听时,方法和价值观念在教师这里还是方法和观念本身,但学生听到的却是关于方法和观念的知识或结论,原来的方法性和价值性知识在性质和类别上已然变成了事实性知识,学生压根就学不到真正的方法和观念。而即使学生将关于方法和观念的知识内化,使之重新具有了方法和观念的意义,也仍然成效低下,因为教师能够言传和外化的方法和观念只是方法和观念整体中的很少的局部,不足以完全支撑分析和解决问题的过程。

那些想要学得好的学生,用于知识消化和吸收的过程不得不外移,转向课外,学生学习负担不得不加重。那些不自觉的学生,只靠课堂听讲,没有消化和吸收过程,所以只有少量的事实性知识,根本没有形成基本的方法性和价值性知识,因而学业成绩差,学习没有后劲和持续发展的动力。多数学生的学习,从形式、方法、过程到结果,都严重地受制和依赖于教师的讲授,主体性并没有得到教学设计上的保障,完全靠学生自己的个人自觉程度。

3. 学生学得好才是真正的好教学

那些学得好的学生,确实也往往得益于教师讲得好的影响。但是,学得好的主要原因还是更多地在于学生自己自觉地去弥补被讲得好的教师所侵占和挤掉的时间、空间,利用课前、课下时间亲历和完成了做中学和悟中学的学习过程,获得了更多的方法性和价值性知识,形成了更为优越的知识结构和更为深厚的内在基础,越学越有后劲,越学越轻松,对于教师的依赖程度越来越低。这时,叶圣陶先生所说的"教是为了不教"的境界就开始成为可能。

从一些本来学业成绩不好而后来成为尖子生的学生学习经验来看,有相当一部分学生是误打误撞学出来的。他们往往是在上课听讲后去做练习,作业完不成,不知如何下手,就自己看书,找参考资料,反复琢磨知识点之间的来龙去脉,慢慢找到分析问题和解决问题的感觉,发现看书和阅读参考资料对完成作业很有帮助。于是,他们就开始自觉主动地去看书和扩大学科阅读范围,知识之间的内在联系进一步激活和优化,学习自信心增加,他们也体会到学习本身的乐趣,知识学习的方法特性与价值特性日益显露出来,知识结构越来越优化,学习后劲越来越足。刚开始,是自发地撞对了学习的路子,后来是屡试不爽,尝到甜头,于是进入良性循环,主动预习,等到再去听教师讲授时的学习

---

① 安德烈·焦尔当.学习的本质[M].杭零,译.上海:华东师范大学出版社,2015:18.

则完全是久旱逢甘霖的另外一番佳境了。因为学生预习准备了，带着学不通、悟不透的知识和问题，再去听讲时，教师的讲授就变成一种点拨和交流，进入一种心有灵犀一点通的教学状态。这一类尖子生的成长经验，对于做中学和悟中学的教学环节设计是特别有启发和借鉴意义的。

无论是自觉努力学习的尖子生，还是误打误撞学出来的尖子生，他们这种自主学习的经验才是真正值得研究、重视和推广的学习境界。

学生学得好的教学才是真正的好教学。也就是说，教学环节设计一开始就要借鉴学得好的学生所形成的学习经验，把在课外、课前、课下学得好的学习过程和学习境界变成全班同学在课堂上的学习过程和学习境界。一开始，就要通过教学环节设计，确保全班学生课堂预习，帮助学生进入做中学和悟中学的通道，开启高阶学习和深度学习，实现从讲得好到学得好的教学范式跃迁。

（二）从能够套用转向能够运用

1. 大量地做练习本质上仍然是记忆模仿式的套用

做中学与悟中学的教学方式，常常让人产生各门学科做练习算不算是做中学的疑问。如果做练习是做中学，那么，讲、练、考的教学模型早就贯彻了做中学的学习方式；如果不是，那么，做练习又该怎样来进行理解和解释呢？这就涉及学生对于知识的套用和运用问题。

在日常的教学环节中，各门学科特别是考试科目的学习，都会安排做大量的练习。那么，做练习叫不叫做中学？应该说，有的学生有的时候做练习是做中学，而也有很多学生很多时候做练习不是做中学。其中，主要的判断标准有三个，一是练习的目的是什么，二是练习的手段是什么，三是评价练习好坏的标准是什么。

如果练习的目的是巩固教师讲授的内容，练习的手段是重复训练教师讲解的解题套路，评价练习好坏的标准是学生的答案对不对，那么做练习在总体上就不是做中学和悟中学，而是比较多地成为一种记中学。这样做练习所获得的知识也就更多的是一种事实性知识，而非方法性和价值性知识。以这样的判断标准来看，日常教学中的许多练习并不是做中学和悟中学，而是在不知不觉中落入记中学的俗套。这样做练习是典型的记忆模仿，是路数的套用。

比如，很多一线教师在教学中都有考试猜题等类似的复习教学经验，有时候教师猜对了考题或猜到了与考题相似的题目，进行了讲解和练习。看到考卷时，教师通常都很高兴和自豪，因为猜对了。可是，在进行试卷分析的时候心情却大受影响，因为还是有不少同学做错。

这让教师大跌眼镜,扼腕而叹:怎么回事呀,原题呀,做过练习的呀,而且还做对了的呀,怎么到了考试的关键时候却又做错了呢?面对这样的窘境,很多教师百思不得其解。其实,道理很简单,就是因为教师猜题讲授。学生当时做对了习题,并不是掌握了会做会用的方法性知识本身,而是记住了教师解题的模子,然后套上这个模子,所以做对了,让教师误以为学生掌握了方法本身,会做会用了。而真实的结果是,到考试时,学生也想继续套用,可模子忘了,套不上了。

所以,记中学与套用只能是暂时的,因为学生自己未能建立起知识之间的内在联系,知识始终是死的,只能处于一种事实性知识状态,遗忘几乎是必然的。

2. 从运用的角度去激活和优化知识

如果做练习的目的是在一种问题情境中探索已有知识的运用、重组、改造,获取新知识,或者收集和处理信息,并用于分析和解决问题或者形成新知识,做练习的手段是观察探索活动、学科阅读、读书笔记和问题解决等,做练习的好坏标准是分析框架的合理性、解题思路的清晰性和新颖性、提出见解主张的独到性以及分析论证与论据之间的一致性等等,那么做练习在总体上就更具做中学、悟中学的本质特征。这样做练习所获得的知识也就更多的是方法性和价值性知识,而非仅仅只是记中学所得来的事实性知识。这样做练习就是活学活用,知识点与知识点之间的内在联系就越来越多地建立起来了,就能更好地帮助学生建立起分析问题和解决问题的角度、观念和眼光。这样做练习就超越了套用的阶段和水平,而进入了真正的运用阶段和水平。

知识一旦进入方法性和价值性知识状态,知识之间的内在联系就激活了,就能活学活用,融会贯通,学通学透,就能成为一种更高学习境界的不记之记,不须刻意去记,却是一种比记中学更为可靠的记忆,从来不需要想起,永远也不会忘记,不仅记得牢,而且用得了,可迁移,可创新。

(三) 从复述程序和观点转向形成方法和观念

1. 从复述程序转向运用程序分析和解决问题

讲授教学的后果之一在于,教师往往误以为把方法和价值观念都教给学生了,学生也常常认为教师确实把方法和观念教给自己了。但殊不知,学生学到的只是关于方法和观念的事实性知识,与真正的方法和价值观念完全不是一回事。所以,教学的重点必须回到做中学与悟中学的本义,从复述程序和观点转向形成方法和观念。

重教不重学的教学环节设计,重在讲授教学,导致教师常常用讲授的方法去处理方法性和价值性知识。"因为只要教师一讲,学生就只能听、只能记,记中学的学习方式就已经被限定了,学生原本应该做中学和悟中学的学习方式也被迫蜕变为单一的记中学的学习方式,导致方法性知识和价值性知识也都因此蜕变为事实性知识,学生学到的方法和价值观念已经不是方法和价值观念本身,而是记住了关于方法和价值观念的结论。"①这样的教学造成了一种非常普遍的教学现象,学生往往只会鹦鹉学舌地说,不会做,不会用,甚至不想做,不想用。

从理论上讲,作为方法性知识的方法和程序是一体化的,是可以相互解释的同一事物。方法是内在的程序,程序是外显的方法。但方法本质上是内在的能力系统,是一个人的个性心理特征。当它一旦通过教师讲授的方式讲给学生听时,方法在教师这里还是方法,但在学生那里则变成听得懂却不会用的程序、步骤、环节等外显的结论,成为事实性知识,从而丢失大量有价值的方法内涵,并且没有内化过程,甚至即使经过内化,也因为方法内涵的衰减落差,不足以支撑学生分析和解决问题。

比如,教师教学生如何写作文的方法,把程序、步骤、环节及其注意事项都讲授得非常清晰,学生也听得懂、说得出如何写作文,能复述这些写作程序,这样写作方法的教学就完成了。既然写作方法教师教了,学生也学了,而且听懂了,能复述,那么就应该会写作文了。

可实际上,当教师让学生拿出作文本来开始写作文的时候,教师和学生都会发现,多数学生根本就不知如何写作文。也就是说,学生复述的写作程序只是关于写作方法的结论,是事实性知识,而真正的写作方法是内在能力系统,是必须做中学、悟中学才能完成,讲授是解决不了方法性知识的学习问题的。这就是为什么语文考试考写作并不是考学生复述写作程序,而是考学生运用写作程序写出一篇达到一定质量和水平要求的作文,这才是在考写作方法本身。其他各科的解题也一样,本质上也是考察学生的方法性知识和价值性知识。有的教师不明就里,看到学生没有学会方法,还要苦口婆心地对学生再讲一遍。结果是,再讲多少遍,意义都不大,因为讲授所限定的记中学对于复杂的方法性知识系统的学习起不了应有的作用,它必须是做中学才能获得。

2. 从复述观点转向运用学科思维获取看待事物的视角和眼光

同样,作为价值性知识的观念和观点原本也是一体化的,是可以相互解释的同一事物。观点是外显的观念,观念是内化的观点。但在现实的教学中,当教师把包括学科思想、视角、发现、主张在内的许多正确的价值观念讲给学生听的时候,观念和观点相分离,到学生那里就只剩下一堆结论性的观点了。本来,一个人的价值观念会自动地支配和指导他/她的思维、言论、行为和情绪变化,但一旦作为观点让学生记中学时,就成为

---

① 吴刚平.知识分类视野下的记中学、做中学与悟中学[J].全球教育展望,2013(6):10—17.

一种事实性知识，就基本失去应有的支配和指导作用了。这样的情形导致学生缺乏应有的精神支柱，死记硬背学到的观点是苍白无力的，甚至大量地出现言不由衷、信仰缺失、说的不信、信的不说等人格分裂状况。

讲授教学的特点决定了它很难真正解决内涵丰富的价值性知识学习问题，价值性知识必须在做中学的基础上，同时通过悟中学才能获得。学生运用学科思维，通过体会、感悟、比较、取舍和创造等内在的转化过程形成观念系统，获取自己看待世界、人生和进行价值判断和选择的视角与眼光，只有这样才算真正进入了价值性知识的学习过程。

讲授教学只对于简单的方法和观念系统学习问题有效，要解决复杂的方法性知识和内涵丰富的价值性知识学习问题，学习者必须有相应的经验基础和准备状态，必须首先做中学和悟中学。做中学和悟中学是学生完成知识学习由外而内、再由内而外地转化、表现、运用的主要机制。只有在做中学和悟中学的基础上，学生发现自己存在学不会的方法、悟不透的道理，进入一种求而弗得的愤悱状态时，讲授才能变成一种回应式的点拨和双向交流，才具有了启发式教学的意义。

（四）从短期高效转向长期高效

1. 讲授教学的教学效应是短期高效、中期低效、长期无效

一些教师对于讲授教学的坚持，在某种程度上是源于一种直觉的经验和朴素的认识，认为教师讲、学生听是最为经济和高效的教学方式。但实际的情况却是，这是一种非常片面的认识，是一种误解甚至曲解。无论是从学生考试成绩的功利目的来看，还是从学生学习的真实效果来看，教学的关注重点都必须从短期高效转向长期高效。

对于做中学与悟中学的教学环节设计，许多教师是做过尝试的。但他们的经验却是否定的，因为他们发现很难操作，特别是教学时间不够，无法保证做中学、悟中学。原来讲授教学，教师讲，学生听，一节课完成的教学任务，现在做中学和悟中学，要两节三节甚至四节课才能完成，而且效果也不好。结果多数都不得不放弃做中学悟中学的教学，回到讲授教学的老路上，讲授教学至少时间和效果是确定和有保证的。多数教师的否定性经验，主要是由于对三类知识与三种学习方式在教学上的效应不了解。

其实，记中学与事实性知识在教学上的效应是，短期高效，中期低效，长期无效，长远有害。学习只要进入记中学的轨道，负担重、效率低的命运就已经不可避免了。一方面，记中学必然陷入高强度的重复训练以及记了忘、忘了记的拉锯战，教学负担沉重；另一方面，记中学把方法性和价值性知识都蜕变成事实性知识，记忆的总量大幅增加，遗忘的进程同时在发生，负担进一步加重，效率进一步降低；更重要的是，记中学导致知识

结构单一,只有事实性知识,学生花费大量的时间和精力学到一堆无用的死知识,无法真正形成方法和价值观念,导致学习没有方法保证,没有精神支柱,不会学习,也不知为何学习,知识始终不能成为学生内心强大的精神力量,这就更加是雪上加霜。

2. 做中学与悟中学的教学效应是短期低效、中期有效、长期高效

做中学与方法性知识,以及悟中学与价值性知识,在教学上的效应是短期低效,中期有效,长期高效,长远终身受益。在刚开始运用做中学和悟中学的教学模型时,教师和学生都有一个适应过程,需要一定时间的摸索和磨合,需要付出不少额外的成本,所以学习进展缓慢,与记中学相比显得效率低下。但一旦顺利度过磨合期,适应了做中学和悟中学的教学模型,这种高阶学习、深度学习的效应就会逐步释放出来,进入有效学习和高效学习的快车道。经过一个学期到一年探索,做中学和悟中学的教学模型完全可以比较好地适应和稳定下来,进入一种以学生自主学习为主、教师点拨辅导跟进的教学互动格局,高效学习的情形才会真正出现。在中小学,所谓长期高效的长期,宜以一个学期到一年为期。如果超过一年,那对于中小学而言可能就失去现实意义了。教学设计和实施、教学管理等,都可以据此进行整体谋划,统筹安排,合理布局,持续推进学生的做中学和悟中学。

第 6 讲

课程领导的行政特性与专业特性*

无论是主体意义上的课程领导身份和角色,还是行为意义上的课程领导过程和状态,课程领导既有行政特性,也有专业特性。课程领导的行政特性强调主体的行政身份及其行政权力运用等行为事项,偏重于主体处理课程行政事务和管理下属的权责问题,往往体现出自上而下的权力服从效应;而课程领导的专业特性则强调主体知识经验的丰富性、深刻性、独到性和启示性,偏重于主体处理课程教学事务和影响同事及相关人员教育教学思想行为的专业角色及其职能发挥问题,往往体现出多向交流的观念认同效应。

课程领导的行政特性和专业特性,既有密切的联系,又存在很大的差别。它们之间不同的组合关系形态对于学校课程发展具有不同的意义。当前我国课程领导的主要问题是行政特性过强,而专业特性不足,并且存在一种倾向,以行政特性干预、弱化甚至取代专业特性,而不是尊重、激励、依靠和扩展专业特性。

随着基础教育课程改革的不断深入,学校课程领导的作用日益突显。特别是,如何理解和处理课程领导的行政特性与专业特性及其相互关系问题,不仅直接决定着课程领导的方向和水平,而且在很大程度上影响着学校教育的发展战略和教育文化发展走向。

---

* 本讲内容由吴刚平、陈华合作撰写。

一、课程领导的行政特性

(一) 课程领导行政身份的任命和聘用

从学校组织行为的角度看,课程领导属于课程行政的范畴,因而具有明显的行政特性。正确理解和恰当运用课程领导的行政特性是确保课程领导的价值方向和团队效应的关键,而忽视或滥用课程领导的行政特性,则必定导致课程领导缺乏或失去应有的组织保证和制度支持作用,甚至沦为放任自流的无组织状态。

课程领导的行政特性是指领导主体的教育行政或学校行政身份及其课程权限行为,本质上是领导主体掌握和使用公共课程资源的分配权力状态。

课程领导的行政特性首先体现为领导主体的教育行政或学校行政身份,即在正式的学校教育制度中获得的行政职级称呼、名号。在一所学校,以校长为首的校级领导、中层干部、教职员工等具有学校课程与教学行政身份的人员及其课程与教学行为都可能称作课程领导。课程领导的行政特性在很大程度上是由领导主体行政身份的形成机制决定的。

无论是通过组织提拔、民意推选、直接票选或者其他机制所产生的学校行政职务、职称,最终都要经过主管部门的任命或聘用程序才能获得课程领导的行政身份。其中的基本原理是,由主管部门代表多数人的意志或以多数人的名义,任命或聘用、推举个别或少数人担任某种职务,将某种权力让渡给承担职务的个别人或少数人,同时也将某种责任赋予职务承担者。也就是说,行政身份是多数人赋权给少数人或个别人,目的是要提高课程领导的效率。担任某种行政职务,就意味着成为制度性的课程领导权力主体,享有教育教学事务上的某种权力,同时履行与教育教学权力相适应和匹配的责任或义务。

行政身份一旦确立就具备了课程领导的合法性,并对所在部门、学校以及所属成员具有了特定范围和特定事务方面的强制效应。当然,课程领导的行政身份、职务、职称一旦被解除,行政意义上的课程领导就会失去课程政策合法性。

从课程领导的行政特性来看,课程领导在很大程度上讲是一种学校行政行为,其过程和结果都会受到各种行政力量和行政决策的影响。例如,学校的课程领导就具有这样的特点,无论如何,在现行的教育教学管理体制中,离开了教育行政架构去运作课程教学改革,终究是不可能取得重大突破和进展的。

也就是说,课程领导的行政特性有其自身特有的形成机制和运行机制。从形成机制看,课程领导的行政特性以多数课程利益相关人的权利让渡为政策合法性基础和条件,这种让渡在现实性上表现为权力部门和组织机构通过任命、聘用等行政渠道,规定和授予少数人和个别人特定课程权力,使之成一定范围内的"关键少数"。"让渡"和"任命"是课程领导行政特性的关键词。从运行机制来看,课程领导的行政特性则以少数课程利益相关人的强制力为行动准则,对特定课程事务特别是课程资源进行决策和分配,形成指令,课程利益相关者的多数人通过服从和执行指令,使关键少数的意志和行动上升为课程团队、集体、组织、部门、机构和学校的共同意志和共同行动,多数人则成为服从的"从令多数"。课程领导行政特性的形成机制和运行机制,涉及课程利益主体切身利益,而且其中的关键少数和从令多数的地位和作用是相对的。他们各自的身份、角色、权限、职责、上下级、权力结构和人际关系等,都会因时因地因事而不断发展和变化。

事实上,教师也获得了某种授权,领导某个班级或年级以及一门学科或几门学科的课程实施和教学活动,也具有课程领导的行政特性。但由于长期以来固化了领导与群众意识,多数老师会沿袭不在其位不谋其政传统思想,通常认为老师不是行政身份,反倒认为老师只是一种专业身份,往往容易忽略行政意义上的课程领导权利与责任。

(二)课程领导行政权力的功能重点

课程领导的行政特性是由行政身份和权力界定的主体属性,因而受到行政原理和规律的制约。在学校行政场域,为了保证行政效率和政令畅通,下级服从上级的科层原理是第一原理。由下而上一层一层产生权责愈大而人数愈少的关键少数权力主体,而由上而下一层一层产生权责愈小而人数愈多的从令多数权力主体,进而形成关键少数进行课程决策,发出课程指令,从令多数服从和贯彻课程指令,开展课程行动的分工合作关系。

值得注意的是,在这种分工合作的关系模型中,每个课程利益相关者,都可能成为某个层级的关键少数,同时成为另一个层级的从令多数。所以,每个人都要有课程领导的责任担当意识,又要有课程指令服从和执行的义务履行意识和配合意识。

当我们处于关键少数位置时,由于权力集中,课程领导主体的个人意志和主观能动性具有举足轻重的作用,所以主体特别需要重视价值引领、团队建设和组织保障等重点领域,要勇于承担组织课程规划、集思广益进行课程决策和严格履行监督、管理和服务职责的课程领导功能。在很多时候,关键少数需要秉持成功不必在我的奉献精神,善于调动和发挥从令多数的主体精神,勇于担当,带领课程团队,心往一处想,劲往一处使,形成合力,通盘考虑课程事务的轻重缓急,认真处理好课程事务的优先事项,整体推进课程与教学改革发展事业。

当我们处于从令多数位置时，我们需要研究和领会课程政策的真实意图和精神实质，结合自身实际，自觉发挥课程政策执行、收集和反映课程问题以及进行教育教学诊断和改进作为权责的课程领导功能。在很多时候，从令多数需要加强课程政策理论学习，在课程改革和发展指导思想的整体观照下，配合学校课程团队领导，据以理解和对待自己的本职工作，开展实践探索和自我反思，梳理课程与教学问题，总结和提炼课程实施与课程评价经验，为提高课程与教学的整体质量和水平添砖加瓦。

（三）课程领导行政特性的优势与局限

首先，课程领导的行政特性具有以人事为核心的优势。这一优势使得课程领导在解决课程行政问题的时候具有很强的针对性，特别是那些具有强制效应的关键少数，在推动学校办学目标、课程价值、顶层设计、资源配置、课程实施、建章立制、集中统一行动、组织保障、奖励惩处等课程发展事项时，具有效率高、反应快、力度大等众多优势。

课程领导的行政特性在很大程度上决定着学校公共资源配置和奖惩的倾向，因为行政权力的一个重要方面就是运用组织成员对于公共资源的依赖性而发挥协调作用，它实际上也与控制资源的能力和使用资源的需求相关。

当学校课程发展的公共资源非常重要、稀缺并且没有替代品时，那么学校相关人员对于公共资源的依赖性就非常大，课程领导者就可以凭借各部门之间的依赖性、中心性、对信息的控制以及处理不确定性等手段将正式授予的行政权力转化为实际的控制权力，实现学校发展的目标。

对此，有一句话，"所有事情只要领导重视了就好办"，用来刻画行政特性的优势，算是再贴切不过了。之所以如此，是因为在行政场域，行政问题必须通过行政权力才能解决，即使在专业场域，课程领导的专业事项，要组织、要启动、要推进，要落到实处，也需要运用行政权力才能予以保障。没有或者漠视行政特性，课程领导几乎是寸步难行，所有课程事项的组织和推进就可能是一盘散沙。

其次，课程领导的行政特性存在业务上的局限。准确地说，课程领导的行政特性有解决行政问题的优势，同时它在面临专业问题时也存在明显的局限。

因为课程领导事项除了行政特性外，还有专业特性等其他属性，课程行政问题与课程专业问题常常是交织咬合在一起，甚至构成一个完整的有机整体，所以如果行政特性的作用发挥得恰如其分，那是有助于课程专业问题解决的。但是，很多时候行政特性所转化出来的组织力、凝聚力、向心力等，往往在浅表、外在、简单的事务性课程发展事项上是比较容易实现的，而当进入到需要专业知识基础和专业研究成果支持的问题解决阶段和过程时，过强的行政特性则很容易伤及专业特性，甚至以行政特性遮蔽、代替乃至抑制专业特性,导致课程专业问题不但得不到很好的解决,有时甚至彻底被无视和掩盖。

例如,由于权力的挤压作用,课程领导主体中的关键少数与从令多数的双重身份角色甚至多重身份角色及其转换,常常存在复杂的矛盾和冲突,导致许多课程专业问题的解决过程沦为形式主义的群众运动,层层会议动员,下达指标,欺上瞒下,人浮于事,既没有专业探索和批判质疑的人际氛围,缺少解决问题的专业内涵,更缺少实事求是的专业研究成果支持以及允许探索失败的宽容度,于是假话大话空话套话盛行,重口号轻实干、重量轻质、重短轻长、不按规律办事等诸多权力任性的乱象层出不穷。

换句话说,当课程领导的行政特性缺少专业特性支持和配合时,就会导致学校公共资源的闲置、误用甚至滥用,形成行政资源的低效化、无效化甚至负效化,进而导致学校相关人员特别是教师劳而无功,劳而无获,人心涣散,出现系统性资源内耗和虚耗,沦为典型的外行看热闹式的穷折腾状态。

二、课程领导的专业特性

(一)课程领导习俗性权威主体的形成

课程领导的行政特性表征的是课程领导主体的行政身份和行政权力运用等方面的特点,而课程领导的专业特性则表征的是课程领导主体的专业角色和职能发挥等方面的特点。行政特性偏重于主体处理教育教学行政事务和协调人际关系等人事方面的职权问题,而专业特性则偏重于主体处理课程教学事务和影响同事处理教育教学业务的职能问题,二者具有很大的差别。

从学校行为的知识基础看,课程领导既属于课程与教学行政事项,更属于课程与教学的业务领域,不仅需要课程领导权力,更需要课程领导权威,需要专门的知识准备和资质条件,具有很强的专业特性。

课程领导的专业特性是通过相互交流和分享,形成一种平等的、人际关系松散的专业共同体,进而建构起教育教学问题的分析和解决策略。在这一过程中,每位参与者都能自觉自愿地交流课程教学领域的专门知识基础,包括经验、认识、理论、学说,专业技术、专业精神和专业操守,尤其是主体知识经验的丰富性、深刻性和独到性,能够为教育教学问题的解决做出自己的知识贡献。这个过程带有很强的自发性,没有强制性的约束力,每位参与者属于一种习俗性的课程领导主体,而不是正式的制度性的课程领导主体。每位习俗性主体都有可能通过获得其他习俗性主体的认同、尊敬和追随,而成为某个或某类教育教学问题领域的权威,为自身或其他主体分析和解决教育教学问题做出某种知识贡献。

也就是说,课程领导专业特性的形成和彰显,依赖于专门的知识基础和平等交流的共同体文化。与课程领导的行政权力主体不同,课程领导的专业权威主体是自然而然形成的。而且,专业权威主体的形成过程和作用机制是隐性的,存在于他人的内心,既无法让渡与任命,更无法自我命名和居持。

(二) 课程领导专业特性的功能重点

因为从专业造诣和学术权威视角界定的课程领导,无论是个体还是团队,都是一种习俗性领导主体,不是正规制度意义上的领导主体和领导行为。这个团队的成员各有自主权,其专业角色和职能往往是自然形成的,不受其他成员的强制性约束,而且这种专业角色职能的分工、配置和改变只有通过主体主动自觉探索、自由充分交流、自愿分享等自我更新途径来实现。各个主体的专业角色和职能地位等具有很强的相对意义,也没有特定期限约束,随时都可能发生改变。即使课程领导的某一或某些主体在一定期限内被冠以某种学术头衔、专业职称、荣誉称号等,因为这些头衔、职称和称号等主要还是通过某种让渡和任命的权利机制实现的,其本质上还是带有强烈的行政特性,并不必然地表明某个或某类主体必定是课程教学领域的专业权威,也就是说,专业头衔并不能简单地等同于专业造诣和专业权威。

虽然课程领导的过程和结果在很大程度上受到行政特性的影响,但是课程领导的质量和水平在更大的程度上会受到其专业特性的制约。就课程领导的现实情况而言,行政特性都能在各类主体中得到比较好的体现,因为只要有行政身份和权限,行政特性就能彰显。可恰恰是专业特性的体现往往更加困难和滞后,因为专业造诣和学术权威的形成是一个极为复杂和漫长的过程,而且需要不断自我更新和进步。

在学校发展的许多环节上,许多主体对于课程领导的专业特性缺乏基本的意识和了解,更谈不上不断彰显和提升课程领导的专业特性了。不少学校发展过程中的困境和问题,往往是因为课程领导止步于行政特性,所以教育教学问题解决起来常常缺少专业的深度,总是停留在问题的表面而难有实质性的突破。在学校课程方面,"课程领导不应当也不可能是单纯的政府行为。'课程领导是专业的工作,徒有热情是不够的,有时是热情掩盖了专业,模糊了问题的焦点。''课程领导'除了'一般课程行政领导'之外,不能排斥'课程专业学术领导'。'课程领导应为学校成员提供必要的基本支持与资源,进而充实教师的课程专业知识和能力,发展优质学校教育方案,促进教师间的交流与观摩,促进学校形成合作与不断改进的文化,最后发展学校成为课程社群,达成卓越教育的目标'"。① 因此,在一定意义上讲,课程领导的专业特性是比行政特性更为基础的过程性内涵特征,其对于课程领导的价值更加体现出基础性、生成性、发展性、长期性和艰巨性。

也就是说,课程领导的专业特性是学校发展最直接和最持久的动力。所以,学校的校长和团队领导成员要通过自身的专业判断和专业组织能力,明确地提出可供选择的学校发展规划,营造理想的教学图景,突破以学科本位知识为主导、以应试教育为目标的分科教学方式的俗套,走出以培养基础学习能力特别是以核心素养为主要目标的教育教学路径。

（三）课程领导专业特性的优势与局限

与课程领导的行政特性一样,课程领导的专业特性既有优势,也有局限,也是一把"双刃剑"。而且,在某种意义上看,行政特性与专业特性各自的优势与局限似乎是一种相反的分工和互换关系。

就课程领导专业特性的优势而言,主要集中于课程专业问题的探索和解决方面。因为专业特性主要是在探索和推进课程问题解决过程需要和得到体现的,所以专业特性更多地与问题解决过程的直接构成因素密切联系在一起。也就是说,课程领导专业特性的优势可以从课程问题解决过程的直接因素视角来分析。

大致说来,课程领导专业特性的优势主要体现在解决课程问题的人及其所探索出来的课程发展规律、针对课程发展规律建立起来的思想认识、理论学说和策略措施等。从解决课程问题的人的因素来看,课程领导专业特性高度重视和鼓励人的个体价值,尊重和鼓励人的探索性、创造性劳动和劳动成果,鼓励创新,包容失败,是一种更多偏向课程领导者能力本位的领导属性,不大受到人际关系和利益平衡方面的影响。课程领导不需要太多杂念,比较纯粹一点,因而有更多的时间、精力、智慧集中于钻研课程发展事项本身,亦即人们通常所说的"正事""本职"和"正气"之类的教育教学事业发展。

与课程领导专业特性的优势相对应,课程领导专业特性的局限,也是体现于课程专业问题的探索和解决方面。比如,专业特性中个人价值的彰显,能够调动个人的聪明才智和积极努力,但却容易造成专业壁垒,难以进行人际沟通,忽视甚至破坏个人与个人之间的人际关系和利益平衡,导致课程领导主体自以为是,各自为政,不重视甚至否定课程领导团队价值,忽视人际关系氛围营造和利益协调机制,难以形成全局性课程领导

---

① 钟启泉.从"行政权威"走向"专业权威"——"课程领导"的困惑与课题[M].教育发展研究,2006(4A):1—7.

格局,难以达致多主体之间的人际协调和利益平衡,甚至造成各种矛盾、对立、推诿和相互掣肘。日常生活所说"文人相轻""一山不容二虎""钻牛角尖"等,也可以借来用于课程领导专业特性局限的形象写照。

三、课程领导行政特性与专业特性的关系

(一) 行政特性与专业特性的互补关系

如前所述,课程领导的行政特性与专业特性,都是课程领导这个有机整体的固有属性,它们在生成和作用机制、原理、效应、时限和能见度等方面相互联系,相互区别,且各有优势和劣势,是一种复杂的互补关系。二者之间的关系,如表6-1所示。

表6-1 课程领导行政特性与专业特性关系简表

属性	机制	原理	效应	时限	能见度	优势	局限
行政特性	制度性权力主体	通过让渡、任命,形成上级关键少数;通过服从、执行形成下级从令多数。下级服从上级为第一原理。	强制;奖惩手段	有时限	外显	人事优势,重视群体价值和团队发展,在启动机制、人际协调和集中优势课程资源方面效率高	容易形成官本位,流于形式和表面的群众运动,难以深度介入和适应课程专业事项
专业特性	习俗性权威主体	通过交流、认同,形成专业共同体权威;通过相互启发、借鉴,形成专业原理和规范。认理不认人为第一原理。	自主;自由追随	无时限	内隐	业务优势,重视个体价值,在专业知识基础、问题解决过程和内涵交流、思想启迪等方面深度介入	容易形成专业隔离,组织力弱,人际关系松散,集中优势课程资源效率低

其实,所有的事业发展都有一个行政权力与专业权威的关系问题,涉及事业发展的人际和事业两大向度,课程领导的行政特性与专业特性只是其中的一个案例而已。课程领导一样涉及人的积极性、人际关系、利益平衡等人事协调和资源配置、奖励惩处等行政权力问题,以及事业发展的规律探索、原理和规范建立、策略措施运用等专业权威问题,它们构成事业发展的一体两面,它们之间相互促进与制约的关系状态决定了事业发展的现实质量和水平。

课程领导的行政特性与专业特性是相互依靠、相互影响,有时甚至是互为前提条件的。课程领导的行政特性是其专业特性发挥作用的前提和保障条件,专业特性是其行

政特性得以深化和持续发挥作用的基础。而且，在同样的主体身上可以同时体现行政特性和专业特性，也就是说，课程领导的专业特性与行政特性可以通过主体属性实现融合和统一。

对于课程领导而言，仅仅拥有领导权力是远远不够的，还必须大力发展领导能力。反过来说，课程领导的专业特性一旦脱离了其行政特性的保障作用将很快脱离学校实践的现实土壤，失去行政特性的支持和保障。

（二）行政特性与专业特性的相对独立性

课程领导的行政特性与专业特性不仅各自的侧重点有所不同，而且各自都是具有相对独立性的，二者在有些情况下是存在矛盾与冲突的。比如，在课程领导的重心偏向主体的利益而不是集中于课程和教学等专业发展事务，而且行政特性与专业特性在不同主体身上体现出来，不同的主体之间存在利益竞争的关系时，行政特性与专业特性之间常常是不协调的，有矛盾的，甚至是相互否定的。

行政特性与专业特性之间的关系如果处理得当，就可能形成课程领导的整合优势，如果处理不当，也可能两害兼染。很多时候，不少主体因为专业特性的形成和彰显，收获专业权威的声望，然后学而优则仕，研而优则仕，专而优则仕，取得各种专业头衔、学术荣誉和专业职称，往往自觉或不自觉地形成一种权威自居，权威与权力合流，双肩挑，权威与权力自我循环寻租，假权威之名行权力之实，跨界通吃，以学术获得权力，通过权力攫取学术成果项目、经费、奖项和其他利益，沦为丧失认同和追随基础的学术包工头。或者，行政首长变成理所当然的首席专家，成果第一署名人，行政和专业混淆或反转，在外行面前是专家，谈专业理论；在专家面前是首长，谈服从全局与人际和谐。诸如此类，都是两害兼染、恶性循环的情形。

所以，课程领导行政特性与专业特性的关系原理提示人们，在行政特性与专业特性之间需要保持必要的张力。特别是，课程领导主体需要保持自我警惕，充分意识到以行政特性深度介入甚至完全取代专业特性的巨大风险，不尊重个人业务能力和专业知识贡献，压抑专业特性的彰显，不仅不能促进课程事业的发展，还可能严重败坏所有课程领导主体的人际氛围和根本利益。

在一定意义上讲，课程领导的行政特性只需要通过"任命"或"选举"就能在较短时间内获得或实现，其发挥效力的时间也可能是短暂的，或者只在规定的时间段内发挥效力；而专业特性则需要长期的持续不断的学习和钻研，短期内是无法获得或实现的，其发挥效力的时间也是长久而持续的。特别是，当前课程领导的行政特性太强，行政身份与行政权力对于学校课程与教学的影响太重，从而抑制了课程领导的专业特性，导致课程领导的专业特性过弱,课程领导的知识基础和能力基础严重缺乏,课程与教学的专业品质缺失。这种现象应该引起课程领导团队成员的高度重视。

四、课程领导的团队特点与行为方式

(一) 课程领导的团队特点

课程领导不只是校长个人的领导,而是越来越需要一个团队的领导。从学校发展的趋势来看,课程领导的团队特点日益明显。而且,越是拥有多样化的领导团队成员,其领导行为方式就会越发表现出专业特性。

任何一所中小学,校长固然是学校发展的灵魂,但学校的领导团队,在学校教育教学管理和实践中承担领导者和执行者角色,直接关系到学校改革的成败。所以,校长需要积极培育课程领导团队,将校长的个人领导转化学校的团队领导。

校长的这些领导行为大致集中在四个大的方面:(1)将追随者发展成为领导者;(2)把追随者的低层次的物质需求提升为高层次的精神需求;(3)激励追随者牺牲自己的利益而为团队的利益而努力;(4)描绘和传播未来理想的愿景,让人们相信变革的阵痛是值得的。为此,领导者不仅要重视建立愿景和赋予动力的能力,还应该重视设计旨在帮助实现愿景的结构、控制系统和奖励系统的沟通技巧。①

课程领导团队的构成特点对于理解和把握课程领导的内容、行为和方式特征是非常重要的。以校长为核心的校级领导及校级后备干部,也包括部分学校的中层管理干部,如分管具体工作的德育教导、教学教导、科研室主任等人员,构成了一个课程领导团队有层次、多样化的领导主体。他们既是学校的行政团队,同时更是一个课程与教学的专业团队。课程领导团队作为校长的左臂右膀,在引领学校发展中应该具备的专业能力,必须从校长的能力视角扩展到课程领导团队的专业能力建设。

(二) 课程领导团队的行为方式

从课程领导团队的主体构成来考察,课程领导越是依赖于正式的单一的自上而下的机构或领导者个体,那么课程领导的内容重点就会放在统一的科层控制和规范上,课程领导的行为过程和行为方式就会处于比较封闭的、信息不对称的状态,领导方式就会带有更多的行政特性,往往是自上而下的统一管制,缺乏民主参与和个性发展。

反过来说,如果课程领导依赖的是多样化的、复合性的类主体或群主体,即课程领

---

① [美]达夫特.领导学:原理与实践[M].杨斌,译.北京:机械工业出版社,2005:4.

导团队,那么课程领导的模式就会产生比较大的改变,呈现出更多的专业特性,不同主体所领导的内容重点、行为过程和行为方式都会表现出很大差异。比如,校长的领导风格与其他成员的领导风格就会有很大的差别,但他们都是课程领导的重要主体。

与行政特性和专业特性相对应,课程领导方式可以分成行政的领导行为方式和专业的领导行为方式。如果说行政方式是以行政身份和行政权力为基础的,那么专业方式则是以专业知识和专业能力为基础的。也就是说,课程领导的行政方式往往把领导的重心放在主体的行政身份和行政权力的获取和确认上,而对学校发展特别是课程与教学等具体事务和实际问题则是关注不够的,往往容易导致行政上的强势掩盖专业能力上的不足,甚至以行政特性代替专业特性,模糊学校发展问题的焦点,浅化或延误学校课程和教学问题的解决。这种情况在现实的学校发展中是屡见不鲜的。课程领导的专业方式则强调依靠主体的知识和能力去研究和解决学校发展特别是课程与教学领域的问题与课题,更好地发挥课程与教学促进学生发展的功能。

当然,在强调课程领导的专业特性时,也必须认识到专业特性同样是有局限的,尤其不能把专业特性变成"专制"属性,恶意筑高专业壁垒,不能把课程领导的专业特性变成它的唯一属性,用专业特性否定或代替行政特性。否则,学校教育教学仍然是不能健康持续发展的。

比如,有些学校有意无意地以为,学校教育是教育工作者的专业领域,因而拒绝或者至少是不热衷于其他主体包括家长和社会各界对于学校事务的参与,从而导致事实上的"关门办学",学校教育教学与社会发展的要求渐行渐远,最终将课程领导的专业特性演变成了"专制"属性。

课程领导的专业特性所发挥作用的空间应该与其他属性加强联系,并且通过专业特性为其他属性发挥正向作用奠定基础和提供支持,而不是成为远离和隔绝于其他属性的"孤岛"属性、"壁垒"属性、"关门"属性。

与课程领导团队的专业特性相适应,在课程领导从校长扩展为课程领导团队的同时,必须更加重视课程领导团队的专业能力提升。目前,尤其需要重视提升课程领导团队的学校愿景与规划实施能力、学校课程的领导力和执行力,以及特色学校创建能力。

五、课程领导团队的专业能力

(一) 学校愿景与规划实施能力

在教育教学实践中,怎样确立学校的发展目标,提炼学校的办学特色,形成学校的教育品牌,怎样以专业的精神和视野追求学校的发展境界,是每位成功校长、管理者和教师都必须经历的一项修炼。

以校长为核心的课程领导团队,必须具有运筹学校发展,谋划学校全局工作的视野、知识与能力。学校的组织愿景与发展规划是对学校未来的展望,能够协调学校利益相关者的要求,能够整合学校的各种教育资源,提高学生学业成绩,彰显办学绩效。

而规划学校的未来与发展是一个复杂的系统工程,在具体制订与实施规划的过程中,不仅需要专业精神和专业知识,更必须以专业能力应对规划涉及的各种问题、困难和挑战。规划本身就是一个动态的发现教育教学问题、找准教育发展方向、凝聚教育改革共识的过程。

课程领导团队在规划学校愿景时,大致可以分为三种情形:一是针对一些文化积淀较深的学校,领导团队可以对已有的办学理念、办学目标、培养目标进行新课改背景下的再诠释和再解读;二是针对一些正在构建和形成特色的学校,课程领导团队要进一步斟酌、定位,为特色学校的创建奠定扎实基础;三是针对一些基础薄弱的学校,课程领导团队要全面分析、深入研究学校面临的校情、区情,并设法借助专家力量、引入多种智慧资源,为学校把脉、定位,尽快找准学校教育教学改革突破口。

在规划实施过程中,课程领导团队成员不仅需要从各自的具体工作出发,更需要站在学校整体发展的高度,重新审视、思考自己学校已有的经验、现在的基础和未来的发展,立足于市区乃至全国基础教育发展的大背景,切实提高学校的愿景规划和实施能力。

(二) 学校课程的领导力和执行力

我国基础教育的国家课程、地方课程同校本课程在学校里是一个课程整体。国家课程要校本实施才能提高适应性和有效性。校长以及校长率领的实施团队首先要能够制订学校的课程计划,这个计划既包含国家课程的要求,也包含地方课程的要求,同时还包括开发校本课程的要求,即要体现三级课程管理的要求。这些工作非校长一己之力所能完成,因此,校长发挥课程领导力的过程,就是校长领导团队制订学校的课程计划,组织实施并完成课程评价的过程,即是发展和提升学校课程的团队领导力的过程。

学校愿景能否实现、学校特色能否建立,在很大程度上取决于学校的课程建设。因此,以校长为核心的领导团队,要想实现学校的规划愿景,务必将办学理念、办学目标、培养目标转化为学校课程规划,并能编制课程方案,能够将学校课程目标、课程设置、课程内容、课程实施等课题进行整体规划。课程领导团队作为学校课程规划的重要制定者、执行者和评价者,能否凝聚团队成员之间的共识,形成课程领导团队共同具备的学校课程领导力和执行力,直接关乎学校课程改革的成败。因此,学校课程领导力和执行力成为课程领导团队必备的一种专业能力。

(三)学校特色创建能力

学校特色是学校文化的整体表现,是学校理念和精神由内而外的自然呈现与自然生成;其鲜明个性是全体师生所共同认可的,并表现为师生的基本价值观念和行为方式;是学校氛围中能够感觉到的,不需要刻意讲解和阐述的精神气质和物化环境。学校特色创建是特色学校创建的基石,是教改发展的必然趋势,是提升学校办学品位的重要途径。

特色学校就是个性化学校,是认识和优化了个性的学校,是学校的传统、现实和愿景相互作用的结果。每一所学校都是一所潜在的特色学校,问题是他有没有认识自己的个性,有没有优化自己的个性。

丰富的教育改革和教育督导实践日益昭示:基础教育改革的成功有赖于千千万万所中小学教改的成功;而千千万万所学校的教改成功,不仅有赖于千千万万位校长的专业发展与成功,更有赖于千千万万个课程领导团队的专业发展与成功。因此,上述三种专业能力,不仅是成功校长的必备能力,也是以校长为核心的课程领导团队的必备能力。

第 7 讲

学习目标的制定依据与叙写技术

制定教学目标或者学习目标是教师开展教学活动和提高教学质量的基础性工作。教师只有经过对政策、学情和实践等多重依据进行深入研究，打通政策要求、学情基础与教学实践的内在联系，解决学习目标的统一性和规范性、差异性和个性化以及操作性和持续性等相关问题，才能制定出科学合理而又切实可行的教学或学习目标。

学习目标对于教学活动的重要性是不言而喻的，因为"学校里的学习活动是典型的目标导向行为……就教师的作用而言，目标使教师有机会说明教师希望通过教学让学生学会什么并满怀希望地以此组织教学"。[①] 换句话说，制定学习目标是教师开展教学活动和提高教学质量的一项重要的基础性工作。但从已有的研究成果和实践进展来看，学习目标的制定还存在不少认识和技术问题需要进一步研究解决。教师只有经过对政策、学情和实践等多重依据进行研究，打通政策要求、学情基础与教学实践的联系，才能制定出科学合理而又切实可行的学习目标。

一、学习目标的制定依据

（一）学习目标的政策依据

学习目标的政策依据主要体现在课程与教学的政策文件当中，通常包括课程标准、

---

① ［澳］科林·马什.理解课程的关键概念[M].徐佳，吴刚平，译.北京：教育科学出版社.2009：31—32.

学科教学指导意见、教材和考试说明等文本材料中的政策表述和政策解读。

首先,课程标准是制定学习目标的首要政策依据。因为课程标准的核心是课程目标,课程目标是学习目标的上位概念,所以课程标准在国家政策层面上规定了学习目标的基本范围和要求。在课程目标体系中,培养目标、阶段目标和科目目标是最为基本的组成部分。从培养目标到阶段目标再到科目目标,它们之间存在着宏观与微观、整体与部分、抽象与具体等密不可分的互动关系。其中,与学习目标关系最为贴近的是科目目标,即通常所说的学科课程标准。即使是学科课程标准,也必须经过教材等一系列转换手段才能进入实际的教学过程。

由于学科课程标准中的分项目标是对所有学习者提出的共同基本要求,具有普遍性和共通性,对整个教学系统起着不可替代的指导作用。但同时学科课程目标又不可能照顾到具体的学校、年级、班级乃至某些学生的特殊性和差异性,因而大多与具体实际的课堂教学存在一定的距离,不能直接移植到课堂教学中。也就是说,教师的教学活动既要遵循课程标准的基本要求,又要结合教学实际进行调整和创新。所以,课程标准必须通过分解才能转化成为具体的学习目标。"对于教师而言,课程标准是上位目标,因此教师需要学会分解课程标准,即如何根据课程标准、教材、学生与资源等具体情况,将课程标准特别是内容标准部分分解成具体的、可操作的、可评价的学习目标。"[1]

因此,学习目标的制定必须以课程标准作为政策依据。一方面要紧紧围绕课程目标特别是学科课程目标进行深入的条文分析,另一方面更要把握课程标准的政策精神实质,创造性地转化为更丰富、更具体、更符合学校教学实际的学习目标。

其次,是学科教学指导意见。在我国学校教育中,由于课程标准是在国家层面上对教学活动提出的基本要求,很难充分照顾到各个地方、学校、教师和学生层面上的差异性和适应性问题,所以多数地方教研部门都会根据国家课程标准的要求,结合地方的教学实际情况,出台更加具有地方特点的学科教学指导意见或纲要之类的指导性文件。在一定意义上讲,这些指导性文件是对国家课程标准所作的地方化的政策解读,而且通常都是由当地对学科教学有深刻理解和丰富经验的优秀教研员和骨干教师承担编写任务,在专业性上能够保证某门学科的课程目标更加具体和可操作,更加突出地照顾到地方教学的差异性和适应性。

所以,学科教学指导意见应该成为教师制定学习目标的重要参考依据。特别是,教师要重视学科教学指导意见在解读课程标准时的指导思想和在目标表述上的变化,这

---

[1] 崔允漷.有效教学[M].上海:华东师范大学出版社.2009:111.

对于理解和贯彻课程目标的地方要求具有重要的意义。

第三,是教材及其配套的教学参考书。通常所说的教材即教科书,主要是由学科专家和优秀教师编写,并经过国家授权机构的审定,能够代表或反映国家课程标准的意图。"从本质上说,教材是课程资源的一部分,但它具有特殊性,它在很大程度上反映国家意志,反映国家对于基础教育的基本质量要求,为基础教育提供了一个落实课程标准的参照性标杆与尺度,是政策性很强的课程资源。目前,地方、学校和教师都无权拒绝选用教材。教材不是可有可无的课程资源,而是最基本的课程资源。"[①]

一般而言,一套通过审定的教材都会有相应的配套教学参考书供教师使用。事实上,对于教师而言,教材及其配套的教学参考书是教师日常教学中使用最多的学习目标制定依据。与课程标准和学科教学指导意见相比,教科书及配套的教学参考书更具操作性,更贴近教师的教学实际。当然,教材与配套教学参考书的使用,必须同课程标准的政策精神结合起来,才能更好地制定和实现合理的学习目标。

第四,是考纲或考试说明。考试的目的很大程度上是为了检验学习目标的达成度、检验课程目标在学习结果中的实际落实情况,所以教育考试机构特别是中考和高考机构通常都会依据课程标准、招生要求和教学实际情况,出台具体的考试说明或指南之类的政策文件,以便对考试命题进行规范,对教学活动进行引导,帮助学校、教师和学生更好地理解和掌握学习上的考试政策要求。其实,教学无需避讳考试,而且好的教学反映在考试成绩上至少应该是不差的。换句话说,制定学习目标的目的之一,就是要帮助学生获得更好的学业成就表现,包括提高考试分数。只不过,考试成绩不是制定学习目标的唯一目的,更不是制定学习目标的最终目的,而是表征和诊断学生学习状况的手段和工具罢了。

教师在制定学习目标时,要重视考试说明的文本表述,分析考试的内容、要求,特别是考试的重点和难点,把它们吸收到具体的课堂学习目标之中,并通过实际的教学有梯度地予以落实。与此同时,还要重视实际的考试动态,结合最近几年的正式考试卷,通过双向细目表等技术手段分析近年来的考试趋势,并有针对性地吸收到学习目标的制定过程中来。

（二）学习目标的学情依据

一是学生个人背景分析。学情的内涵十分丰富,但在一般意义上讲,主要包括学生的个人背景、已有知识基础和学段关联知识要求。正是在学生的个人背景、已有知识基

---

① 余文森等.关注资源、学科与课堂的统整[M].上海:华东师范大学出版社.2005:25—26.

础和学段关联知识要求的综合考虑下，教师才能对于学习目标做出恰当的难度预估，确保学习活动起点不高、终点不低。所以，学情是制定学习目标的重要依据。

学生的个人背景既有地域和学校的相似性，也有个体独特性，主要包括学生家庭的社会经济处境，所属生源群体特点，学习态度、性格和气质等个性心理，以及学习需要、动机、兴趣和理想等个性倾向性。这些因素成为制定学习目标不可忽视的现实基础。这些因素未必每次学情分析都得重新梳理一遍，但对它们的整体特征进行准确把握，特别是当对它们的一些重要变化及其对教学产生的影响，则有必要以适当的形式及时地反映在教学设计和教学过程之中。

二是学生已有知识基础。学生已有的知识基础主要包括已有知识的内容范围和掌握情况，它对于学习目标在内容的结构分布和要求的难易程度上具有限制作用。已有知识基础包括两个知识基础，一是与教学知识内容的学习方式基础，学生需要哪些必须具备的学习履历以及学习方式现状如何；二是教学知识内容的前备知识基础，学生需要哪些必不可少的前备知识、学生的现状如何，以及需要怎样处理等。

三是学段关联知识要求。不同的学段有不同的关联知识要求，它是影响学习内容和学习活动安排的前备知识和后续知识。明确具体学段的关联知识要求，有助于确定学习目标所涉及的知识内容在学科或单元学习中的定位。制定学习目标时，要结合关联知识情况，考虑纵向衔接和横向贯通的问题，注意学习内容和活动安排上的呼应与整合。特别需要考虑学生学习的最近发展区与后续知识内容学习相关联，教学知识内容需要为后续知识内容学习打下怎样的知识基础，以便与后续知识内容的学习建立更有意义的联系，既不能偏多，把后续知识一并学了，又不能偏少，造成后续知识内容学习时的基础缺失。

由于当代教育多样化、选择性和高质量的发展要求，教师在结合具体学情制定学习目标时，越来越需要重视在共同要求的学习目标基础上，增加个性化的学习目标。在这种情况下，学情依据对于学习目标的意义就更加突显出来了。

在教学实践中，教师在制定学习目标时，通常都能够认同进行学情分析的必要性，但对于究竟什么是学情，如何分析学情并纳入学习目标的问题，还需要更多的理论和实践研究成果支持。即使在同一所学校同一个年级，不同班级学生群体的具体学情也会存在差异。这种差异对制定学习目标有重要影响。

（三）学习目标的实践依据

一是教师长期积累的教学经验。学习目标的制定和完善，不仅需要充分的教学准备过程，需要进行政策分析和学情分析，而且还需要接受教学实践的检验和修正。在这个意义上讲,教学实践是学习目标制定的重要依据。从操作上看,学习目标的实践依据至少需要两个方面的步骤才能体现出来。

教师长期积累起来的教学经验是制定学习目标的重要依据,是学习目标的实践理性基础和宝贵财富。教师在制定学习目标时,要不断反思和融入自身的教学经验。教师需要把学习目标的政策要求、学情基础置于日积月累的教学经验当中,使之具体化和对象化,完成学习目标的具体表述。

二是教师具体的教学实践尝试。教师制定的学习目标在进行教学实践尝试之前都只是一种计划形态,只有经过实际的教学过程才能落到实处。教师在教学过程中要通过课堂观察、学习评估和课后反思等途径,判断学习目标是否科学合理,是否切实可行,并在实践理性的基础上,检验、调整和完善学习目标,为后续的教学过程提供指导。只有在这个时候,教师才算经历了一个相对完整的学习目标制定过程。而一个学科、一所学校的学习目标体系,则是在经历一个又一个具体的学习目标制定过程之后集合而成的教学研究成果。

二、学习目标多重依据的不同意义

(一) 政策要求突显统一性和规范性

实际上,学习目标的制定依据,除了政策要求、学情基础和教学实践三大构成要素外,教师还可能考虑到社会发展、时代进步和学科最新成果等众多复杂因素的影响。不过,这些要素作为制定学习目标的依据,对于教师而言可能要求过于苛刻了。比较可行的策略是,在鼓励教师考虑这些要素的同时,将它们及时转化为政策要求而发挥作用。从总体上讲,构成学习目标制定依据整体的主要还是政策要求、学情基础和教学实践。当然,三大要素各自的地位和作用还是有所区别的。

在理论意义上,政策要求是制定学习目标特别是分解和细化学习目标最重要的依据,其作用是解决学习目标的统一性和规范性问题。其中,课程标准是政策要求的主体部分,学科教学指导意见、教材及其配套的教学参考资料、考试说明等政策性文本都是对于课程标准所作的进一步解读或具体展开,它们分别各有侧重地在学习目标的确立、落实和达成度上发挥作用。课程标准体现学习目标的政策方向,学科教学指导意见、教材和配套资料、考试说明等则更加贴近教师教学实际,有助于教师制定切实可行的学习目标。

(二) 学情基础强调差异性和个性化

学情基础是制定学习目标特别是调整学习目标、建立校本化学习目标体系的重要依据，其作用是解决学习目标的差异性和个性化的问题。其中，学生已有知识基础是教学的起点，学习目标的制定不能够脱离这个基础，而应该属于学生已有知识基础的"最近发展区"范围。学生已有知识基础是作为"最近发展区"的学习目标的主要依据。所以，在教学实践中，有经验的教师常常提到"摘果子"理论，即学习目标应该是学生能够"跳一跳、摘得到"的学习要求。由于各个学校乃至班级学生的已有知识基础存在差异，所以真正切实可行的学习目标一定是校本化的、具有学校乃至班级个性特点的。那种千校一面、千人一面的学习目标是不可能体现和适应丰富多彩的教学实际的。学段关联知识要求，则是在具体的某个学习时段确立具体的分项学习目标的辅助性依据，是影响分项学习目标定位的重要方面，也是判断学生已有知识基础的重要参照。此外，学生的个人背景对于学习目标的制定存在一种弥散性的影响。

（三）教学实践检验操作性和持续性

教学实践是制定学习目标特别是检验和完善学习目标的重要依据，其作用是解决学习目标的操作性和持续性的问题。其中，教学经验体现的是教师在制定学习目标时的实践理性，而教学观察和教学反思则使这种教学实践理性过程化、动态化。在教学实践的关照下，学习目标才能不断地得到检验、修正和完善。

（四）学习目标的多重依据是一个有机整体

在学习目标的多重依据中，政策要求、学情基础和教学实践是一个联系紧密的有机整体，可以分析，但不能割裂，必须在分析的基础上进行整合。其中任何一个单项因素的缺失和落后，都会影响学习目标的科学性和合理性。反过来说，任何一个单项因素的突破和改进，又都可能带动学习目标促进教学的整体功能发挥。比如，政策依据特别是课程标准不可能完全脱离学情基础和教学实践而单独解决学习目标的统一性和规范性问题，而必须在学情基础和教学实践的配合下才能较好地发挥出统一性和规范性的功能。同样，学情基础强调差异性和个性化、教学实践检验操作性和持续性，也都是在学习目标的依据整体中才能实现各自的功能发挥。当然，在制定学习目标时，对于政策要求、学情基础和教学实践等多重依据中的任何一个方面的突破，都可能突显其他依据的重要意义并带动其他依据的研究和功能发挥进程。

学习目标不同依据的发展状态和相互之间不同的关系现状蕴含和孕育着不同的学习目标发展空间和组合模式，为教师和学校创造性地制定校本化的学习目标奠定了多样化的现实基础。而且，教师在制定学习目标的时候，可以选择适合于自己学校和学科的突破口，不应该也不必要强制性地要求所有学校和教师采用同一种模式来完成学习目标的制定。学习目标的各种依据并非齐头并进地功能最大化就能发挥出整体最佳的功能,而是各种依据之间以一种科学合理而又切实可行的结构关系组织起来,经过系统叠加和耦合之后,才能发挥出具有学校和学科个性特点的"1+1＞2"的整体最优功能。

因此,在具体的学校和班级的学科教学中,由于教师对于政策要求、学情基础和教学实践的理解和研究状态不同,可能会形塑出不同的学习目标制定风格和教学改进模式。

比如,全面构建学校或学科学习目标体系的整体推进模式,以单元学习目标为起点的累积渐进模式,以听评课等教研活动进行学习目标诊断和修正的评价改进模式等,都是行之有效的学习目标制定模式,都可能在不同学校或学科以及同一个学校或学科的不同阶段获得重点支持和发展。而且,在各个大的目标制定模式下又可以发展出各具特色和风格的亚模式和子模式群。虽然不同的模式解决教学问题的范围和重点是不同的,但它们最终又都是殊途同归,指向教学活动的有效开展和教学质量的稳定和提高。

三、学习目标叙写技术

(一) 学习目标的表述要求

课程目标也好,教学目标或学习目标也罢,它们虽然在范围和内涵上会有一定的区别,但表述和叙写技术上却是大致相同或一致的。

就表述技术而言,具体的课程目标、教学目标或学习目标,都涉及五大要素,包括行为主体、行为动词、行为对象、行为条件与表现程度。五大要素中最为重要的是行为动词和行为对象,其他要素在不产生歧义和误会的情况下往往是可以省略的。

其中,行为对象主要表述学习内容,行为动词主要表述学习过程、学习结果或学习表现。不同科目的学习内容差异很大,但其学习过程、结果或表现却有很大的共通性。

从学习过程或结果的角度来看,课程目标的表述方式大致上可以分为三种,即结果性目标表述方式、体验性目标表述方式与表现性目标表述方式,三种表述方式都通过目标水平、行为动词和行为对象来展开,它们共同表述对于课程内容的学习要求。

(二) 关于结果性目标表述

结果性目标表述方式所表述的是可以结果化的课程目标,指向学习者的学习结果。这种方式主要应用于各个科目中知识与技能领域的课程目标表述。知识领域的结果性目标水平主要包括了解、理解和应用,技能领域的结果性目标水平主要包括模仿、独立操作和迁移,不同目标水平通过相应的行为动词和行为对象进行表述(如表7-1所示)。

表 7-1 结果性目标表述

领域	目标水平	行为动词	行为对象
知识	了解	再认或回忆知识,识别、辨认事实或证据,举出例子,描述对象的基本特征等	说出、背诵、辨认、回忆、选出、举例、列举、复述、描述、认识、再认等	如(累计认识)常用汉字2 500个左右
	理解	把握内在逻辑联系,与已有知识建立联结,进行解释、推断、区分、扩展,提供证据,收集、整理信息等	解释、说明、阐明、比较、分类、归纳、概述、概括、判断、区别、提供、转换、猜测、预测、估计、推断、检索、收集、整理等	如(联系上下文理解)词句的意思
	应用	在新的情境中使用抽象的概念、原则,进行总结、推广,建立不同情境下的合理联系等	应用、使用、质疑、辩护、设计、解决、撰写、拟定、检验、计划、总结、推广、证明、评价等	如(运用)音序检字法和部首检字法查字典、词典
技能	模仿	在原型示范和具体指导下完成操作,对所提供的对象进行模拟、修改等	模拟、重复、再现、模仿、例证、临摹、扩展、缩写等	如(用毛笔临摹)正楷字帖
	独立操作	独立完成操作、进行调整与改进、尝试与已有技能建立联结等	形成、完成、表现、制定、解决、安装、绘制、测量、尝试、试验等	如(自己设计)一种方案,(测量)一些固体和液体的密度
	迁移	在新的情境下运用已有技能、理解同一技能在不同情境中的适用性等	联系、转换、灵活运用、举一反三、触类旁通等	如(用两个不同焦距的凸透镜制作)望远镜

(三) 关于体验性目标表述

体验性目标表述方式所表述的是难以结果化的课程目标,指向学习者的心理感受和情绪体验等变化过程。这种方式所采用的行为动词往往是历时性和过程性的,主要应用于过程与方法、情感态度价值观领域的课程目标表述。体验性目标主要包括经历(感受)、反应(认同)和领悟(内化)三个水平层次,分别运用相应的行为动词和行为对象予以表述(如表7-2所示)。

表 7-2 体验性目标表述

目标水平		行为动词	行为对象
经历(感受)	独立从事或合作参与相关活动、建立感性认识等	经历、感受、参加、参与、尝试、寻找、讨论、交流、合作、分享、参观、访问、考察、接触、体验等	如(与他人交流)自己的阅读感受
反应(认同)	在经历基础上表达感受、态度和价值判断，做出相应的反应等	遵守、拒绝、认可、认同、承认、接受、同意、欣赏、称赞、喜欢、讨厌、感兴趣、关心、关注、重视、采用、采纳、支持、尊重、爱护、珍惜、蔑视、怀疑、摒弃、抑制、克服、拥护、帮助等	如(关心)作品中人物的命运和喜怒哀乐
领悟(内化)	具有相对稳定的态度，表现出持续的行为，具有个性化的价值观念等	形成、养成、具有、热爱、树立、建立、坚持、保持、确立、追求等	如(热爱)我国优秀的民歌和民间乐曲

（四）关于表现性目标表述

表现性目标表述方式所表述的是与表现有关的开放性课程目标，指向学习者的模仿和创作等活动过程和结果。这种方式所采用的行为动词往往是学生的动作表现，主要应用于艺术、操作实践等领域的课程目标表述。表现性目标水平主要包括复制和创作，分别通过相应的行为动词和行为对象予以表述(如表 7-3 所示)。

表 7-3 表现性目标表述

目标水平		行为动词	行为对象
复制	按照教师提示重复某项活动，根据现有资源复制某项产品、作品或操作活动，按要求利用多项简单技能从事某项任务等	从事、做、说、画、写、表演、模仿、表达、演唱、展示、复述等	如(背唱)歌曲 4—6 首
创作	根据提示从事某种较复杂的创作、按自己思想和已有资源完成某项任务、利用多种技能创作某种产品等	设计、制作、描绘、涂染、折叠、编织、雕塑、拓印、收藏、表演、编演、编写、编曲、扮演、创作等	如(用各种手段绘制)童装、学生装或校服的设计效果图

四、课程、教学和学习目标体系

课程目标按照不同的标准，可以作出不同的分类。从整体和部分的关系角度看，在课程目标体系中，培养目标、阶段目标和科目目标是最为基本的组成部分。从培养目标到阶段目标再到科目目标,它们之间存在着宏观与微观、整体与部分、抽象与具体等密不可分的互动关系。

(一) 培养目标

培养目标是学生完成基础教育时应该达到的素质要求,是对学生发展形象的描绘,是基础教育课程目标的整体概括。在课程目标体系中,培养目标更为宏观,更具概括性,对于制定更为具体的阶段目标和科目目标具有重要指导意义。

基础教育课程改革纲要指出,新课程的培养目标应体现时代要求,要使学生具有爱国主义、集体主义精神,热爱社会主义,继承和发扬中华民族的优秀传统和革命传统;具有社会主义民主法治意识,遵守国家法律和社会公德;逐步形成正确的世界观、人生观、价值观;具有社会责任感,努力为人民服务;具有初步的创新精神、实践能力、科学和人文素养以及环境意识;具有适应终身学习的基础知识、基本技能和方法;具有健壮的体魄和良好的心理素质,养成健康的审美情趣和生活方式,成为有理想、有道德、有文化、有纪律的一代新人。

(二) 阶段目标

阶段目标是根据培养目标并结合具体教育阶段特点而制定的学生发展目标,是特定教育阶段课程的培养目标。基础教育课程改革通过《幼儿园教育指导纲要(试行)》、《义务教育课程设置实验方案》和《普通高中课程方案(实验)》三份课程政策文件分别确定了学前教育、义务教育和普通高中教育的阶段目标。

一是关于幼儿园教育阶段目标。幼儿园教育是基础教育的起始阶段,幼儿园教育阶段目标为基础教育课程的培养目标奠定初步的基础。2001年教育部印发《幼儿园教育指导纲要(试行)》规定,学前教育阶段儿童发展目标主要体现在健康、语言、社会、科学和艺术五个方面。

在健康方面:身体健康,在集体生活中情绪安定、愉快;生活、卫生习惯良好,有基本的生活自理能力;知道必要的安全保健常识,学习保护自己;喜欢参加体育活动,动作协调、灵活。

在语言方面:乐意与人交谈,讲话礼貌;注意倾听对方讲话,能理解日常用语;能清楚地说出自己想说的事;喜欢听故事、看图书;能听懂和会说普通话。

在社会方面:能主动地参与各项活动,有自信心;乐意与人交往,学习互助、合作和分享,有同情心;理解并遵守日常生活中基本的社会行为规则;能努力做好力所能及的事,不怕困难,有初步的责任感;爱父母长辈、老师和同伴,爱集体、爱家乡、爱祖国。

在科学方面:对周围的事物、现象感兴趣,有好奇心和求知欲;能运用各种感官,动手动脑，探究问题；能用适当的方式表达、交流探索的过程和结果；能从生活和游戏中感受事物的数量关系并体验到数学的重要和有趣；爱护动植物，关心周围环境，亲近大自然，珍惜自然资源，有初步的环保意识。

在艺术方面：能初步感受并喜爱环境、生活和艺术中的美；喜欢参加艺术活动，并能大胆地表现自己的情感和体验；能用自己喜欢的方式进行艺术表现活动。

二是关于义务教育阶段目标。在我国，义务教育阶段目标是基础教育课程培养目标的核心部分。根据2001年教育部颁布的《义务教育课程设置实验方案》规定，义务教育阶段目标为：

全面贯彻党的教育方针，体现时代要求，使学生具有爱国主义、集体主义精神，热爱社会主义，继承和发扬中华民族的优秀传统和革命传统；

具有社会主义民主法治意识，遵守国家法律和社会公德；

逐步形成正确的世界观、人生观、价值观；具有社会责任感，努力为人民服务；

具有初步的创新精神、实践能力、科学和人文素养以及环境意识；

具有适应终身学习的基础知识、基本技能和方法；

具有健壮的体魄和良好的心理素质，养成健康的审美情趣和生活方式，成为有理想、有道德、有文化、有纪律的一代新人。

《义务教育课程方案（2022年版）》在培养目标栏目下有一段总述性的文字，阐释了义务教育培养目标的总体要求："义务教育要在坚定理想信念、厚植爱国主义情怀、加强品德修养、增长知识见识、培养奋斗精神、增强综合素质上下功夫，使学生有理想、有本领、有担当，培养德智体美劳全面发展的社会主义建设者和接班人。"

其中，有理想的具体要求包括：热爱祖国，热爱人民，热爱中国共产党，学习伟大建党精神。努力学习和弘扬社会主义先进文化、革命文化和中华优秀传统文化，理解和践行社会主义核心价值观，逐步领会改革创新的时代精神。懂得坚持走中国特色社会主义道路的道理，初步树立共产主义远大理想和中国特色社会主义共同理想。明确人生发展方向，追求美好生活，能够将个人追求融入国家富强、民族复兴、人民幸福的伟大梦想之中。

有本领的具体要求包括：乐学善学，勤于思考，保持好奇心与求知欲，形成良好的学习习惯，初步掌握适应现代化社会所需要的知识与技能，具有学会学习的能力。乐于提问，敢于质疑，学会在真实情境中发现问题、解决问题，具有探究能力和创新精神。自理自立，热爱劳动，掌握基本的生活技能，具有良好的生活习惯。强身健体，健全人格，养成体育运动的习惯，掌握基本的健康知识和适合自身的运动技能，树立生命安全与健康意识,形成积极的心理品质,具有抗挫折能力与自我保护能力。向善尚美,富于想象,具有健康的审美情趣和初步的艺术鉴赏、表现能力。学会交往,善于沟通,具有基本的合作能力、团队精神。

有担当的具体要求包括:坚毅勇敢,自信自强,勤劳节俭,保持奋斗进取的精神状态。诚实守信,明辨是非,遵纪守法,具有社会主义民主观念与法治意识。孝亲敬长,团结友爱,热心公益,具有集体主义精神,积极为社会作力所能及的贡献。热爱自然,保护环境,爱护动物,珍爱生命,树立公共卫生意识与生态文明观念。具有维护民族团结,捍卫国家主权、尊严和利益的意识。关心时事,热爱和平,尊重和理解文化的多样性,初步具有国际视野和人类命运共同体意识。

三是普通高中教育阶段目标。普通高中教育阶段目标是我国基础教育课程培养目标的提高部分。2003年教育部印发《普通高中课程方案(实验)》规定,普通高中教育应全面落实《国务院关于基础教育改革与发展的决定》所确定的基础教育培养目标,并特别强调使学生:

初步形成正确的世界观、人生观、价值观;

热爱社会主义祖国,热爱中国共产党,自觉维护国家尊严和利益,继承中华民族的优秀传统,弘扬民族精神,有为民族振兴和社会进步作贡献的志向与愿望;

具有民主与法治意识,遵守国家法律和社会公德,维护社会正义,自觉行使公民的权利,履行公民的义务,对自己的行为负责,具有社会责任感;

具有终身学习的愿望和能力,掌握适应时代发展需要的基础知识和基本技能,学会收集、判断和处理信息,具有初步的科学与人文素养、环境意识、创新精神与实践能力;

具有强健的体魄、顽强的意志,形成积极健康的生活方式和审美情趣,初步具有独立生活的能力、职业意识、创业精神和人生规划能力;

正确认识自己,尊重他人,学会交流与合作,具有团队精神,理解文化的多样性,初步具有面向世界的开放意识。

《普通高中课程方案(2017年版2020年修订)》提出培养目标:普通高中课程在义务教育的基础上,进一步提升学生综合素质,着力发展学生核心素养,使学生成为有理想、有本领、有担当的时代新人。

1. 具有理想信念和社会责任感

初步形成正确的世界观、人生观和价值观。热爱祖国,拥护中国共产党。弘扬中华优秀传统文化,继承革命文化,发展社会主义先进文化,培育和践行社会主义核心价值观,增强文化自信,树立为中国特色社会主义、人民幸福、民族振兴和社会进步作贡献的远大志向。

遵纪守法，履行公民义务，行使公民权利，维护社会公平正义，具有法治意识、道德观念。热心公益、志愿服务，具有奉献精神。尊重自然，保护环境，具有生态文明意识。维护民族团结，树立总体国家安全观，捍卫国家主权、尊严和利益。

2. 具有科学文化素养和终身学习能力

掌握适应时代发展需要的基础知识和基本技能，丰富人文积淀，发展理性思维，不断提升人文素养和科学素养。敢于批判质疑，探索解决问题，勤于动手，善于反思，具有一定的创新精神和实践能力。

具有强烈的好奇心、积极的学习态度和浓厚的学习兴趣。能够自主学习，独立思考，形成良好的学习习惯和适合自身的学习方法。学会获取、判断和处理信息，具备信息化时代的学习与发展能力。

3. 具有自主发展能力和沟通合作能力

坚持锻炼身体，养成积极健康的行为习惯与生活方式，珍爱生命，强健体魄。自尊自信自爱，坚韧乐观，奋发向上，具有积极的心理品质。具有发现、鉴赏和创造美的能力，具有健康的审美情趣。学会独立生活，热爱劳动，具备社会适应能力。正确认识自我，具有一定的生涯规划能力。

文明礼貌，诚信友善，尊重他人，与人和谐相处。学会交流与合作，具有团队精神和一定的组织活动能力，具备全球化时代所需要的交往能力。尊重和理解文化的多样性，具有开放意识和国际视野。

（三）科目目标

科目目标是根据课程计划在某一学段开设的具体某门课程的培养目标，基础教育课程的培养目标和阶段目标主要是通过科目目标来实现的。

从课程政策的角度看，我国基础教育课程的科目目标大致分为指令性和指导性两类。其中，由课程标准规定的科目目标，如语文、数学、外语、科学、物理、化学、生物、历史、地理、历史与社会、品德与生活、品德与社会、思想品德、政治、音乐、美术、艺术、体育与健康、技术等有国家课程标准的科目目标，属于指令性科目目标；而由学校根据教育部发布的科目指导纲要或指南设计、选用的科目目标，如学校按《综合实践活动指导纲要》《地方与学校课程管理指南》等开设的研究性学习、社区服务与社会实践以及具体的地方课程、校本课程等科目的目标，就属于指导性科目目标。

此外，科目目标还可进一步分解为学段目标、学年目标、学期目标和单元教学或学习目标等。

五、体现改革精神的目标体系特点

（一）以学生发展为本

基础教育课程改革确立了新的课程目标体系，表现出一些新的时代特征。其中，以学生发展为本，从"双基"到"三维"再到"核心素养"，突出立德树人素质教育的重点要求，比较集中地反映出新课程的目标体系所发生的重要变化。

长期以来，我国中小学课程目标过于重视单一的社会本位取向，在很大程度上存在忽视儿童个性发展的倾向。基础教育课程改革针对这一状况，提出课程目标体系应重视学生个体的地位，把学生发展放在更加突出的位置，并对学生在与自我、自然和社会的交互作用中所必需的素养作出了更加充分和明确的表述，体现出以人为本、和谐发展的素质教育思路。在这些目标中，既有对学生社会性发展的要求，也有关于学生自我成长的要求，还有学生正确认识和处理人与自然关系的要求。

（二）从"双基"到"三维"再到"核心素养"

在中小学以往的课程目标中，素有强调"双基"目标即基础知识和基本技能的传统。这种传统在应试教育背景下逐渐异化为一种病态教学，基础知识蜕变为书本知识的死记硬背，基本技能蜕变为书面解题技能的机械训练，致使学生沦为知识的容器和奴隶。

为了改变这种局面，新课程对"双基"进行重新界定和扩展。一方面，更为全面和明确地表述为适应终身学习的基础知识、基本技能和方法，强调形成积极主动的学习态度，使获得基础知识与基本技能的过程同时成为学会学习和形成正确价值观的过程；另一方面，提出"三维"目标的概念，体现国家对不同阶段的学生在知识与技能、过程与方法、情感态度与价值观等方面的基本要求。为了进一步明确"三维"目标的具体要求，课程改革逐步推动三维目标具体组合结晶为基础教育、学段和学科意义上的学生发展核心素养，目标体系开始进入学科或学段核心素养时代。

（三）突出立德树人素质教育的重点要求

基础教育课程改革将以创新精神、实践能力和个性健全发展为重点的立德树人素质教育思想融入新的课程体系，使之成为新课程的重要目标。

其一是培养创新精神。在知识经济和全球化时代，创新成为民族进步和国家兴盛的不竭动力，而教育是知识创新、传播和应用的主要基地，也是培育创新精神和创新人才的重要摇篮。无论在培养高素质的劳动者和专业人才方面，还是在提高创新能力和提供知识、技术创新成果方面，教育都具有独特的重要意义。因此，基础教育课程改革把培养创新精神作为新课程的重要课程目标。

其二是培养实践能力。实践能力是与创新精神紧密相联的重要素质,主要是指学生参与实践活动的基本素养,包括社会活动、劳动技术、动手操作的能力以及在实践中发现并解决问题的能力等。长期以来,我国学校课程往往片面注重对于学生心智的训练,而忽视了对学生实践能力尤其是动手能力的培养。新课程将培养/提高实践能力作为重要目标,目的就是要改变手脑发展严重失衡的状况。

其三是个性健全发展。为了改变学校课程忽视学生个性和片面追求升学率带来的扭曲,新课程把学生个性健全发展作为课程目标的重要内容,特别强调把科学素养与人文素养以及健康的审美情趣和生活方式作为学生有个性的全面发展的重要内容,以期更好地实现立德树人根本任务。

第 8 讲

课程内容的概念重建与结构改革*

课程内容之所以需要进行结构改革,是因为新的时代对于中小学到底要教什么、学什么的问题提出了一系列新的挑战和要求。如果课程内容观念不突破,课标内容规定不改革,那么教材内容、教学内容乃至考试评价内容改革都会因为缺乏政策依据和标准参照而步履维艰,核心素养理念很难真正落地。为此,我们需要站在培养时代新人的高度,关注课程内容的概念重建,重视课程内容的育人价值,厘清核心素养与课程内容的关系,优化课程内容的结构层次和组织形态,积极推进素养为纲的课程内容结构改革。

一、关注课程内容的概念重建

改革开放以来,我国课程内容的概念理解大致经历三个阶段。一是"双基"为本的学科内容观,二是"三维"整合的教学内容观,三是"素养"为纲的育人内容观。其中,"素养"为纲的育人内容观才现雏形,很不成熟,当务之急是研究视角和认识基础的突破与充实。

从学生学习经验维度来看,可以把课程内容分为对象性内容、过程性内容和结果性内容。三者之间的互动叠加融合,可以为课程内容的概念重建开辟广阔的前景。

首先,课程内容包含对象性内容。它是精选的学科知识,是可以计划和预设的课程内容。学科知识对于人类而言是学科专家创造和总结的主观内容、内在内容、动态内

---

* 本讲内容由吴刚平、陈华撰写。

容,是已知系统。但对学生来说往往就变成客观内容、外在内容、静态内容,是未知系统。学生学不学,对象性内容都在那里,不以学生意志为转移。所以,人们常常误以为课程内容只能是这种冷冰冰的客观、外在、静态内容,教学就应该是讲练考、死记硬背、机械重复训练的知识传递型教学。

殊不知,从人类、学科专家、科任教师的已知系统转化成为学生的已知系统,教学除了对学生进行知识传递外,更重要的是帮助学生知识建构。前者实现的是单一功能,学生因为老师的直接告知由未知者变成已知者;而后者实现的是双重功能,学生因为亲历学习过程获得人类已知系统,同时发展面向未知的能力和信心。

其次,课程内容包含过程性内容。它是实施的课程内容,即学习者在学习对象性内容的过程中,还必须同时学会学习,学会如何同对象性内容打交道。这些方法和能力也成为内容本身,但如果没有学习过程,过程性内容就不可能真正出现。过程性内容具备更多的操作性、具身性和体验性,便于学生在学科知识与技能学习过程中同步完成过程与方法、情感态度价值观的学习和提升。

再次,课程内容包含结果性内容。这是学生在对象性内容与过程性内容叠加完成之后,实际学到的知识与技能、方法和能力、情意态度、正确价值观念和必备品格等。只有结果性内容才能真正反映课程内容的实际质量和水平,才能让课程内容的概念趋于全面完整和准确。

在现实性上,对象性内容可以一模一样,过程性内容和结果性内容却因人而异。教学往往更重视对象性内容,而忽视过程性内容和结果性内容。

但如果站在课程核心素养的立场,那么首先就必须在理论认识上将原有单一的对象性内容迭代,升级为对象性、过程性和结果性融为一体的新型课程内容概念。通过任务型项目化的内容汇聚机制和动力激发机制,让学科知识、学习过程和学习结果嵌套整合,更具操作性、具身性和体验性,整个教学转向知识建构型教学。

义务教育课程修订,超越学科知识本位和记忆训练本位的对象性内容观念局限,以学习为中心研制课程内容标准,不仅包括教什么、学什么的科目内容,还包括怎么教、怎么学的科目活动过程方式,以及为什么教、为什么学的教学目的价值,甚至还有教出什么来、学出什么来的学业结果质量水平。

科目课程标准大多都在"课程内容"栏目下,明确按照"内容要求""学业要求""教学提示"三个方面来展开和说明课程内容标准,据以尝试运用新的复合型课程内容概念来指导课程内容研制工作。

这样的课程内容观有利于从学科知识本位转向核心素养为纲,突出习得知识的学习方式和运用知识的能力与情意态度价值观,打破死记硬背和题海战术的知识技能训练魔咒,克服高分低能、情意态度扭曲、价值观缺失等乱象。学生可以在主题活动中,通过完成学习任务获取知识和解决问题,亲历实践、探究、体验、反思、合作、交流等深度学习过程,逐步发展和养成核心素养。

二、重视课程内容的育人价值

在中小学,课程内容的主体部分一直是学科知识。课程内容改革的焦点之一,就是如何以核心素养为纲,优化课程内容结构尤其是学科知识结构,落实减负、增效、提质的改革要求。要回答好这样的问题,首先就要重视课程内容的育人价值。

(一) 课程内容的载体开发价值

1. 载体意义和载体形式的统一

以学科知识为基础的课程内容是学校的育人载体,具有重要的育人价值。但要确切地理解课程内容的育人载体及其开发价值,就必须从纵深视角来弄清楚课程内容里层意义结构和表层形式结构的结构特点和互动关系。"知识依存于社会背景和种系经验,知识是由符号表征、逻辑形式和意义三个内在要素相互关联构成的整体。"[①]这里主要涉及课程内容的两个结构特点,一是处于课程内容里层结构的载体意义,即课程内容尤其是学科知识本身内蕴着以人的发展为核心的巨大可能性。二是处于课程内容表层结构的载体形式,即课程内容尤其是学科知识的育人内涵总是通过不同领域、门类、规模和数量的符号系统和逻辑形式等外在表征形式加以体现。

从里层结构和载体意义来看,以学科知识为基础的课程内容,是经过筛选的人类智慧结晶,在培养人的教育教学活动中,作为连接教师和学生的桥梁,承载着学生成长和发展的重要功能,具有促进学生思想、精神和能力发展的内在力量,是学科知识与学生发展之间的一种价值关系和意义关联。"作为人类认识成果的知识蕴含着对人的思想、情感、价值观乃至整个精神世界具有启迪作用的普适性的或'假定性的'意义。"[②]

从表层结构和载体形式来看,课程内容总是以特定领域的专门术语、概念、事实、公式、图谱、模型、常规、方法、方法论、原理、命题等符号系统和逻辑形式,来表征学生应该且可能达到的认识成就、能力高度、情意态度、身心和谐、精神境界等内蕴意义,是学生

---

① 郭元祥.知识的性质、结构与深度教学[J].课程·教材·教法,2009(11):17—23.
② 郭元祥.知识的性质、结构与深度教学[J].课程·教材·教法,2009(11):17—23.

获得成长和发展不可替代的中介和平台。

课程内容的里层载体意义和表层载体形式相互依存，彼此促进，共同构成课程内容尤其是学科知识的基本结构，具有自带光芒的载体开发价值。其中，学生需要和可能达到的认识成就、能力高度、情意态度、精神境界等内蕴性的里层载体意义，是学生健康成长和健全发展的具体内涵所在，承载了课程内容与人的意义关联，回答的是"育人的什么"的问题，是课程内容的本质和目的，是学科育人的本质属性。而彰显里层载体意义的特定领域、门类、数量和规模的符号系统和逻辑形式等表层载体形式则是课程内容的外在表征，是促进学生健康成长和健全发展的路径和平台，承载了课程内容与人的形式关联，回答的是"用什么育人"的问题，是课程内容的形式和手段，是学科育人的重要属性。

2. 以里层载体意义为核心推进课程内容结构化

课程内容结构化改革本质上是课程内容里层载体意义和表层载体形式的结构要素调整和结构关系优化的问题。只有弄清楚课程内容的基本结构特性，以里层载体意义为核心，而不是笼统地谈论课程内容结构化改革，才可能由表及里，真正触及课程内容的深层育人价值问题，才能超越课程内容表层结构和载体形式的要素调整，进入课程内容的里层结构和载体意义挖掘，体现课程内容与学生发展和社会发展的内在联系，中小学开展的深度教学才能找到课程内容上的依据。亦即深度教学并不是把学科内容的符号系统和逻辑形式弄得很难的艰深教学，这只是外围性质的表层教学，难却没有多大意义。深度教学是对学生健康成长和健全发展更有意义的教学，是触及和体现学科知识里层结构和载体意义的教学。

学科结构主义运动的代表人物布鲁纳曾主张，"任何学科的任何知识，都可以用智力上诚实的方式，教给任何阶段的任何儿童"。① 但是，他却未能充分重视"任何儿童"与"任何知识"之间内在的意义关联和价值关系，忽视儿童发展和社会发展需要，导致"教给任何儿童"的"任何知识"流于没有意义的为知识而知识。还有赞科夫的教学现代化改革，主张"高速度""高难度""理论指导"，要求"以尽可能大的教学效果来促进学生的一般发展"②，也是过于注重课程内容表层结构和载体形式改革，未能充分考虑儿童发展的真实需要特别是知识的里层结构与载体意义，一味追求"用什么育人"的表层载体形式现代化，而忘记了"育人的什么"的里层载体意义的本质内涵，结果也只能陷入改革难以为继的尴尬境地。

---

① 布鲁纳.教育过程[M].北京：文化教育出版社，1982：49.
② 赞科夫.教学与发展[M].杜殿坤等，译.北京：人民教育出版社，1985：41.

3. 在精选里层结构和载体意义基础上精简表层结构和载体形式

从课程内容载体意义和载体形式的关系视角看,教学就是课程内容由表及里的展开过程。载体形式为表,是教学的外在条件和手段。载体意义为里,是教学的内在本质和目的。"知识本身作为人类文明的结晶,传承的是人类的经验与智慧,因教育而选择出来的特定化的课程知识而言,是为了达到教育目的,实现教育功能而赋予其特定的价值特性,承担教育的教养功能。"①

为此,课程内容结构改革必须回到学生作为成长中的人这个根本目的,以里层载体意义为核心,在精选里层结构和载体意义基础上精简表层结构和载体形式,实现课程内容体系的多重结构优化。其中,有两个问题特别值得重视。

第一,精选课程内容的里层结构和载体意义。课程内容的里层结构和载体意义是课程内容育人价值的具体内涵所在,是对学生总体而言的,需要根据社会进步的需要和时代发展的要求,结合具体学生的不同学段、不同类别、不同特点等具体情况,确定先后、主次、轻重、缓急等不同结构属性的里层载体意义,具体界定学生作为成长中的人的发展特性和要求,包括学生在思想、文化、精神、品格等方面所要达到的高度。课程核心素养的凝练,在很大程度上承载的就是精选课程内容里层结构和载体意义的功能。要把"什么知识最有价值?"转换为"知识最重要的育人价值是什么?"并通过对这一问题的回答,建立学生成长和发展的意义结构系统和目的价值链,为课程内容的表层结构和载体形式改革提供依据。

第二,精简课程内容的表层结构和载体形式。要精选和精简与里层结构和载体意义相匹配的、最能承载课程内容育人功能的表层结构和载体形式。这就好比麦克·扬所说的"强有力的知识",即"强有力的知识之所以是强有力的,是因为它提供了关于自然世界和社会世界的最佳理解"。② 即使是强有力的知识,终究也是学不完的,而且也不是学得越多越早越好,而是越恰当越适切越好。所以,在现实性上要确保课程内容里层结构和载体意义对于特定领域、门类、数量和规模的符号系统与逻辑形式等课程内容表层结构和载体形式的引领和协调作用。绝不能让知识沦为压迫学生的工具,失去对于培养什么人、怎样培养人和为谁培养人等根本问题的价值关怀,导致课程内容在符号系统、逻辑形式的数量和规模等载体形式上无序扩张,成为学生身心发展的沉重包袱。学

---

① 肖川,曹广祥.课程知识的特征与生成过程[J].教育发展研究,2007(3A):47—50.
② Young, M. (2013). Powerful knowledge: An analytically useful concept or just a "sexy sounding term"? A response to John Beck's "powerful knowledge, esoteric knowledge, curriculum knowledge". Cambridge Journal of Education, 43(2), 195.

科知识必须根据学生发展和社会发展需要进行筛选、集约、重组和统合,纳入课程核心素养培育的内容整体结构,做到"少而精",避免机械重复、死记硬背和题海战术。要把"什么知识最有价值?"转换为"用什么知识育人最有效?"并通过对这一问题的回答,建立课程内容表层载体形式结构系统和育人手段价值链,为课程内容结构优化提供"强有力的知识"平台支撑。

(二) 课程内容的主体发展价值

课程内容的育人价值从可能变成现实,主要取决于学生主体借助于公共知识载体的互动过程质量和水平。所以,必须引入学生主体发展视角,探索课程内容的主体发展价值。"'公共知识'只是一种载体,通过'公共知识'的掌握,其根本目的是为学生的发展,使学生成为认知的主体、道德的主体、审美的主体、自由与责任的主体,使学生获得精神的自由和解放。"①也就是说,"教育学的知识立场的基点是人的生成与发展,它始终围绕着人的发展来处理知识问题。"②课程内容的主体发展价值可以在课程内容载体开发价值基础上,从功能、过程、结果三个方面进一步展开挖掘。

首先,主体发展功能更完整——从单一的认知发展到整体的人的发展。课程内容育人价值,人们最为重视的是认知价值,即"学习者在接受知识过程中,通过特定活动方式获得人类沉淀下来的历史经验、认识成果,并将这些认识成果内化为主体的认知图式,逐步形成认识事物的能力。"③而长期以来,"传统的观点把认知活动置于整个教学的中心地位,而其他的心理活动和实践活动则被放在次要的地位。尽管其在理论上也不否认情感、意志、人格等因素的发展价值,但这些因素只是一种依附,都是为了'配合'认知发展。"④但其实,课程内容的育人价值不仅包括人的认知发展,更包括完整的人的全面而有个性发展,在德智体美劳等方面既要五育并举,也要五育融合。课程内容的主体发展价值,需要从认知价值扩展为整体人的发展价值,不仅要促进学生具有较强的认知能力,更要帮助学生深刻领悟知识内蕴的生命意义和价值关怀,在真实的情境中灵活运用知识,感受知识的内在力量。

其次,主体发展过程更能动——从被动接受到主动参与。如果只强调课程内容的客观对象属性和公共知识属性,那么,科任老师就是知识权威和知识传递者,学生很容易处于知识接受者的被动学习地位。但是,"当教学被当作一种简单的知识传递时,它

---

① 肖川.知识观与教学[J].全球教育展望,2004(11):13—17.
② 郭元祥.知识的性质、结构与深度教学[J].课程·教材·教法,2009(11):17—23.
③ 肖川,曹广祥.课程知识的特征与生成过程[J].教育发展研究,2007(3A):47—50.
④ 肖川,曹广祥.课程知识的特征与生成过程[J].教育发展研究,2007(3A):47—50.

便不能引发学习,甚至还会阻碍学习。"①真正的学习,不是被动的接受学习,而是主动的探究学习。"人的学习是在具体的境脉与情境之中产生的,因此,只有学习者作为当事者'参与'知识得以现实地起作用的真实的社会实践之中时,'学习'才得以实现。"②从教师单向地解释课程内容、学习者记忆、理解课程内容的传递型教学,转型为促进学生的主体参与,在协同活动中活跃思维活动的能动学习,要求课程内容体现更多的结构属性,在学生学习与真实情境、真实问题等结构要素之间、在学科本质和学习经验之间建立意义关联和价值关系,恢复课程内容特别是学科知识的鲜活性。

再次,主体发展结果更丰富——从知识掌握到意义增值。课程内容由表及里地展开,学生不仅可以获得和内化表层形式的公共知识,还可以发展里层意义的个体知识,并且促进个体知识转向更多公共知识的创造。这时,课程内容已然超越传统学科知识理解和掌握的表层学习价值,丰富了主体发展结果的内涵和外延,在表层结构和载体形式、里层结构和载体意义之间,在种系经验和公共知识、主体经验和个体知识之间,在个人价值与社会价值之间,在过去、现在和未来之间,建立起更加广泛的意义关联和价值关怀,展现出更大的知识开放性、迁移性和心智灵活性,实现从知识掌握到意义增值的跃升。

三、厘清核心素养与课程内容的辩证关系

核心素养与课程内容如影随形,并对课程内容赋予全新意义,但却又不完全等同于课程内容本身,两者之间存在一种相互交叉、互为前提的辩证关系。厘清核心素养与课程内容之间的辩证关系,对于课程内容改革具有重要的意义。

（一）核心素养对于课程内容的指引和融汇

核心素养其实就是在回答教什么、学什么的课程内容问题,是最终要教出来、学出来的东西。只不过,核心素养没法直接教、直接学,只能是在课程内容的学习过程中逐步发展起来。

从课程内容由表层及里的展开过程来看,核心素养在其中起着前端指引、过程渗透、终端融汇的作用。首先,核心素养是课程内容的上位指导思想。一方面,核心素养指引课程内容的方向,形塑课程内容的结构特性,使得素养为纲的课程内容与学科知识

---

① 安德烈·焦尔当.学习的本质[M].杭零,译.上海:华东师范大学出版社,2015:16.
② 钟启泉."能动学习"与能动型教师[J].中国教育学刊,2020(8):82—101.

本位的课程内容区别开来。另一方面,课程内容指向核心素养,支撑核心素养,使得核心素养不至于成为空洞的抽象。其次,核心素养对课程内容具有弥漫性的影响。核心素养渗透在知识掌握和意义增值的过程中,强化课程内容的主体发展价值,而课程内容赋予核心素养阶段性的学生发展具体内涵。再次,核心素养是课程内容展开过程的终端融汇结果。以学科知识为基础的课程内容是前端形态,核心素养是学生在特定阶段课程内容学习过程完成时的融汇结果和综合性品质,是课程内容叠加而成的终端形态。

(二) 素养为纲课程内容的特征

素养为纲的课程内容承接了核心素养的基本特征,主要表现为综合性、具身性和发展性。

一是综合性。即课程内容摒弃学科本位的散点知识与技能训练俗套,在核心素养的综合视角下进行内容选择与安排。"核心素养既不是能力,也不是品格或观念,而应该是这些方面整合在一起的综合性品质。"[1]综合性拒斥的是碎片化点状内容,但并不是说课程内容就没有知识点,而是说知识点是置于知识网络或知识图谱中的节点,使知识点形成有结构性意义的知识整体。"素养本身不是行动,而是指向人类现实行动的内在心理品质,是个体在与现实世界的特定任务或需求互动过程中所蕴含的各种能力、个性特征、价值观念或动机意志等的整合性特征。因此,要用整合的视角来理解素养,而不能将素养理解为它所包含的一系列构成成分的罗列。这是理解当下所倡导的核心素养的关键所在。"[2]

二是具身性。课程内容不只是外在于学生的学科公共知识内容,而且更是外在的学科公共知识经过学生由外而内、由内而外地转化形成的个体知识和综合性品质,因而需要学生亲身参与和完成表层与里层、外在与内在、客观与主观、静态与动态、公共与个体、间接经验与直接经验等多重关系属性之间的往复转换,纳入内容聚合和动机激发机制,使学生与知识合身合体,成为知识的主体,实现意义关联和意义增值。以间接经验与直接经验的关系转换为例,"学生仅仅用直接方法去掌握知识,便不能发展系统化的认识,仅仅用间接方法去获取知识,便不能助长创造性的实践活动力。应使直接经验与间接经验和谐地交流,凭借直接经验去理解他人经验(间接经验的意义);凭借间接经验

---

[1] 杨向东.关于核心素养若干概念和命题的辨析[J].华东师范大学学报(教育科学版),2020(10):48—59.
[2] 杨向东.关于核心素养若干概念和命题的辨析[J].华东师范大学学报(教育科学版),2020(10):48—59.

去获取更广阔、更深层的直接经验。"①

三是发展性。课程内容由表及里的展开过程,从学科知识的表面现象、表层结构和载体形式开始,一步步深入到知识的内核意义,不断地与学生个体经验互动整合重组。学生在获取人类已有公共知识的同时,发展出面向未来探索未知的能力,实现公共知识的个体化发展,形成更具综合性的心智灵活性和可迁移性。在某一具体阶段叠加发展知识的个体意义,实现公共知识个体化的意义建构和意义增值,使得课程内容始于核心知识,经由有条件和意义的学习过程,成于修炼出来的结果结晶素养,为学生个体发展出更多更高意义的公共知识开辟发展前景。

四、丰富课程内容的结构层次

长期以来,课程内容是以学科知识为中心建立起来的一套概念系统。由于缺乏纵深结构意识,每次课程内容改革基本上都是对作为课程内容的表层结构和载体形式的学科知识进行调整和重组,较少涉及课程内容里层结构和载体意义增值的改革思路。这种以学科知识传递为核心的表层课程内容观,已远远无法满足学生发展和人才培养的需要,亟须进行概念重建,重视和优化课程内容的多重结构属性关系,发展出体现新时代要求的、结构层次丰富的新型课程内容观。

(一)课程内容结构化的意义

以往课程内容改革聚焦于学科领域与跨学科领域的结构关系调整,体现出的是一种横向维度的内容结构化改革思路,那么,课程内容改革应该还要增加一个纵向尤其是纵深维度的改革思路,为更有意义的深度教学创造条件。"在知识的内在结构中,符号是知识的外在表达形式,是知识的存在形式,即符号存在。离开了符号,任何人都不可能生产或创造知识,也不可能理解知识。而逻辑形式是知识构成的规则或法则,逻辑形式是人的认识成果系统化、结构化的纽带和桥梁,是认识的方法论系统,没有了特定的逻辑形式,同样不能构成知识。意义是知识的内核,是内隐于符号的规律系统和价值系统。只有把握住符号、逻辑形式、意义之间的内在关联,才能从整体上理解知识和掌握知识。"②

改革开放以来,我国课程内容的概念理解大致经历三个阶段。一是"双基"为本的

---

① 佐藤正夫.教学原理[M].钟启泉,译.北京:教育科学出版社,2001:248—249.
② 郭元祥.知识的性质、结构与深度教学[J].课程·教材·教法,2009(11):17—23.

学科内容观,二是"三维"整合的教学内容观,三是"素养"为纲的课程内容观。"双基"为本学科内容观重视学科基础知识和基本技能,恢复了知识教学的历史性重要地位,但课程意识淡薄,忽视学生主动学习和发展意义。"三维"整合教学内容观从知识技能为主扩展为与过程与方法、情感态度价值观三维整合的教学内容观,重视完整的人的发展,但要更多地依赖于教师个体的理解和发挥,缺少国家层面的统一价值导向和评判标准。于是,素养为纲的课程内容观开始受到更多重视。"从'双基'到三维目标再到核心素养,其变迁体现了从学科知识到学科本质到学科育人价值的转变,从而使学校教育教学不断地回归人、走向人、关注人,进而实现真正的以人为本,人成为教育教学真正的对象和目的。这是教育领域最深刻的变革。"①

然而,"素养"为纲的课程内容观才现雏形,很不成熟,当务之急是研究视角和认识基础的突破与充实。从学生学习经验维度来看,可以把课程内容分为对象性内容、过程性内容和结果性内容。三者之间的互动叠加融合,可以为课程内容的概念重建开辟广阔的前景。

(二) 素养为纲课程内容的结构层次

首先,课程内容包含对象性内容。对象性内容主要是精选的学科知识,是可以计划和预设的课程内容。学科知识是人类创造和总结的主观内容、内在内容、动态内容,是已知系统。但对学生来说往往就变成客观内容、外在内容、静态内容,是未知系统。学生学不学,对象性内容都在那里,不以学生意志为转移。所以,人们常常误以为课程内容只能是这种冷冰冰的客观、外在、静态内容,教学就应该是讲练考、死记硬背、机械重复训练的知识传递型教学。"对每一位教育者来说,把知识看作一种'事实',即把知识'作为事实'的存在来理解,容易把客观知识作为教育的唯一内容来看待,甚至把它放大为教育内容的全部。"②

殊不知,从人类、学科专家、科任教师的已知系统转化成为学生的已知系统,教学除了对学生进行知识传递外,更重要的是帮助学生知识建构和意义增长。"我们要发展的是一种生态性的知识。一切稳定下来的知识,即使是其中最有效的那些,时间一长也都会变成教条,会导致一定程度上的心智僵化。然而,当下的形势充满了不确定性,知识必须能够不断进行自我调适,以应对各种似是而非的、不完整的、不明确的和不可预测

---

① 余文森.从"双基"到三维目标再到核心素养——改革开放40年我国课程教学改革的三个阶段[J].课程·教材·教法,2019(9):40—47.
② 郭元祥.知识的性质、结构与深度教学[J].课程·教材·教法,2009(11):17—23.

的因素。"①知识传递实现的是单一功能,学生因为老师的直接告知由未知者被动地变成已知者;知识建构实现的是双重功能,学生因为亲历学习过程主动获得人类已知系统,同时发展面向未知的能力和信心。

其次,课程内容包含过程性内容。过程性内容是实施的课程内容,即学习者在学习对象性内容的过程中,还必须同时学会学习,学会如何同对象性内容打交道,这些方法和能力也成为内容本身。但如果没有学习过程,过程性内容就不可能真正出现。过程性内容具备更多的操作性、具身性和体验性,便于学生在学科知识与技能学习过程中,同步完成过程与方法、情感态度价值观的学习和提升。

以学科知识为基础的课程内容由表层结构和载体形式向里层结构和载体意义推进,由知识内容前端形态向素养内容终端形态展开,最重要的机制是学习过程。"学生要学习的学科知识、书本知识的确是间接经验,但这种间接经验具有意义重大的内部结构。它们既是客观的,更是主观的;既是外在的,更是内在的;既是静态的,更是动态的。完整和准确地理解学生学习的知识特别是学科知识属性,将为走出重教不重学的认识误区,走向重教更重学的教学实践奠定认识基础。"②只有经过有意义的学习过程,教、学、评的课程内容结构层次和意义才可能不断获得丰富和完善,由表及里、自始至终的深度学习、学科实践才可能真正发生。过程性内容能够让对象性内容在学生主体身上更有意义地展开。"没有知识的学科实践是浅层的、狭隘的,严格地说,在整个学校教育系统中是不存在的。"③只是深度学习和学科实践,需要创设知识学习条件,恢复知识内容活性,促进学生像专家一样思考和探究。

课程内容理所当然地包含要教、要学"学习方法","如果掌握不了学习的方法,知识就会变成标签、算法、规矩或是切分开的任务,学习者将无法把他必须学习的要点和更宽泛的原理联系起来"。④ 学生不仅要学会学科内容,还要学会学科实践活动,学会学习,学到知识和学习的内核意义。

再次,课程内容包含结果性内容。这是学生在对象性内容与过程性内容叠加完成之后,实际学到的知识与技能、方法和能力、情意态度、正确价值观念和必备品格等。"我们以往在对知识的认识上,存在着这样两个突出的局限和不足:一是'知识'就等同

---

① 安德烈·焦尔当.学习的本质[M].杭零,译.上海:华东师范大学出版社,2015:65.
② 吴刚平.课堂教学要超越讲授教学的认识局限[J].上海课程教学研究,2017(12):3—8.
③ 崔允漷,张紫红,郭洪瑞.溯源与解读:学科实践即学习方式变革的新方向[J].教育研究,2021(12):55—63.
④ 安德烈·焦尔当.学习的本质[M].杭零,译.上海:华东师范大学出版社,2015:113.

于公共知识,造成了个体知识的缺席;二是'知识'就等同于显性知识,造成了默会知识的缺席。这是我们的教学中不重视学生的参与、活动、体验、交往等建构知识的必要元素的观念上的原因。只强调对于书本上学习内容的掌握——熟悉、理解、记忆,因而不利于实现公共知识向个体知识特别是向智慧的转变。"①结果性内容可以弥补单一学科知识内容局限,让前端形态的学科知识内容可以与阶段性终端形态的核心素养实现有意义的联结。只有结果性内容才能真正反映课程内容的实际质量和水平,才能让课程内容的概念趋于全面完整和准确。

(三) 素养为纲课程内容的结构关系

在现实性上,对象性内容可以做到一模一样,过程性内容和结果性内容只能是因人而异。日常教学中,往往更重视对象性内容,而忽视过程性内容和结果性内容。这就必须在理论认识上将原有单一的对象性内容迭代,升级为对象性、过程性和结果性融为一体的新型课程内容概念。通过任务型项目化的内容汇聚机制和动力激发机制,让学科知识、学习过程和学习结果嵌套整合,更具操作性、具身性和体验性,整个教学转向知识建构型教学,突出学生与学科知识的意义关联和价值关系,实现教学活动的意义增值。

义务教育课程修订,超越学科知识本位和记忆训练本位的对象性内容观念局限,在科目课程标准"课程内容"栏目下,明确按照"内容要求""学业要求""教学提示"三个方面来展开和说明课程内容标准,一种新的复合型课程内容概念已呼之欲出。三个方面整合描述课程内容,不仅包括教什么、学什么的科目内容,还包括怎么教、怎么学的科目活动过程方式,以及为什么教、为什么学的教学目的价值,甚至还有教出什么来、学出什么来的学业结果质量水平。这是在课程制度意义上突显课程内容对象性、过程性和结果性的结构特点,为课程内容结构改革提供了明确的政策依据,开辟了广阔的实践前景。

因为我们以往在课标层面更关注对象性内容,重视学科知识点的罗列,而把过程性内容和结果性内容是当作教学问题来处理的。过程性内容、结果性内容由于政策上没有纳入课程标准的内容规定当中,实际上成为不教、不学、不考的内容,学生的主要精力一直被牵制在学科知识的表层和外围打转,重复训练,题海战术,缺少良好的学习过程体验和有意义的学习结果,学业负担却没有意义增值。

课程标准层面内容要求、学业要求和教学建议三合一的课程内容设计思路是一个积极信号,即对象性的内容要求、过程性的教学要求和结果性的学业要求,一起共同构

---

① 肖川.知识观与教学[J].全球教育展望,2004(11):13—17.

成课程内容的整体结构体系,成为课程政策要求的要教、要学、要考评的内容,这样才会推进课程内容结构化改革向纵深发展,从表层的对象性内容,转向里层的过程性内容和结果性内容。

这样的复合型课程内容观有利于从学科知识本位转向核心素养为纲,突出习得知识的学习方式和运用知识的能力与情意态度价值观,打破死记硬背和题海战术的知识技能训练魔咒,克服高分低能、情意态度扭曲、价值观缺失等乱象。学生可以在主题活动中,通过完成学习任务获取知识和解决问题,亲历实践、探究、体验、反思、合作、交流等深度学习过程,逐步发展和养成核心素养。

五、开发素养为纲的课程内容组织形态

素养为纲的课程内容结构改革要付诸教学实践,就必须落实为可操作的课程内容组织形态,尤其需要探索相应的学习内容聚合机制和学习动力激发机制,转化为有具体内涵的学科主题学习任务和跨学科主题学习任务。

(一)素养为纲课程内容组织形态的改革特点

与"双基"为本的学科内容和"三维"整合的教学内容不同,素养为纲的课程内容在组织形态上特别强调精选精简强有力的知识、创设真实学习条件、培育更有后劲的心智灵活性和可迁移性。

首先是精选精简强有力的知识。素养为纲的内容组织形态要成为一种核心知识聚合机制。即核心知识必须"少而精",做到综合化,才能为学生发展的意义关联和价值关系腾挪空间,才能真正成为强有力的知识。同时,还要成为一种学习动机激发机制。即在任务化、项目式、问题解决的主题活动结构中,嵌套强有力的知识图谱,学生为完成任务和解决问题而同步获得新知识,亲历学科实践,做中学,用中学,创中学,活学活用,知行合一,形成更加强有力的可迁移性和心智灵活性。

其次是创设真实学习条件。"要给学生提供机会去面对各种真实的任务和问题,让他们能够积极探索未知、敢于迎接挑战,在应对和解决各种复杂开放的现实问题或任务过程中逐渐发展创造性、批判性思维、沟通交流和团队协作,是当下课程改革要关注的关键点。"[①]就真实学习而言,素养为纲课程内容组织形态要创设的主要条件,包括"真

---

① 杨向东.关于核心素养若干概念和命题的辨析[J].华东师范大学学报(教育科学版),2020(10):48—59.

事""真做"和"真知"。真事,是学生可以通过运用核心知识解决问题而形成的作业、作品、文案、报告、文章、创意、设计、设想等物化学习成果,其中蕴含着核心知识图谱和问题解决的学习活动与学习经验。真做,即学生要有获取核心知识的亲身学习活动过程,围绕主题和主线展开自主、合作、探究学习,不断总结、炼制、反思和改进。真知,即学生要经由真事真做,学习核心知识的符号系统,获得核心知识的逻辑形式,进而实现核心知识的意义增值,创造个体知识和公共知识的价值统一。

再次是培育更有后劲的心智灵活性和可迁移性。素养为纲课程内容组织形态要压缩知识传递型的讲授教学空间,开辟更多知识建构的自主合作探究学习空间。"做中学和悟中学是学生完成知识学习由外而内、再由内而外地转化、表现、运用的主要机制。"①更为重要的是,在知识建构过程中促进意义增值,在内化已有公共知识的同时,获得面向未来与未知的信心和能力,发展更多的心智灵活性和可迁移性。

(二) 以科目主题学习任务群呈现课程内容形态

在课程内容形态改革方面,本次课程修订引入大观念、大任务或大主题驱动的问题式学习、项目学习、主题学习、任务学习等综合教学形式,重构课程内容,优化呈现方式,加强内在有机联系,旨在实现"少而精",做到"纲举目张",促进对象性内容、过程性内容和结果性内容的互动叠加融合和课程内容结构功能的迭代升级。

其一,以大概念大观念为主轴的课程内容结构化呈现。从课程内容的结构层次与组织形态来看,学科知识和科目活动的关系需要在课程核心素养的观照下不断加以优化。其中,不少科目课程标准的选择是,以大概念、大观念来统领学科知识和学科活动的互动叠加融合过程,帮助学生从零散的知识点、技能点训练转向结构化的正确观念、核心知识、关键能力和必备品格养成。

其二,以大主题大任务为主轴的课程内容结构化呈现。在课程内容组织形态和呈现方式上,还有不少科目课程结合本门课程内容的性质特点,选择以大主题、大任务为主轴,串接学科知识和学科活动的互动叠加融合过程,帮助学生形成课程核心素养。

事实上,各个科目课程标准,在课程内容结构化设计方面,都强调以课程核心素养为主轴,构建大观念、大概念或大任务、大主题等以问题解决为目标的课程内容结构单位和教学单元组织形态,以此作为学习内容聚合机制和学习动机激发机制,有效清理、归纳、整合科目知识点或主题活动内容,在学习内容安排层面落实减负提质增效。

---

① 吴刚平.课堂教学从记中学转向做中学与悟中学的认识基础[J].上海课程教学研究,2020(1):13—18.

（三）以跨学科主题学习任务群呈现课程内容形态

课程内容组织形态除了采用科目主题学习任务呈现以外，还有 10% 课时的课程内容安排采用跨学科主题学习任务呈现，有的科目课程标准安排了更多的跨学科主题学习任务。

一是立足于学科知识和科目活动的跨学科主题学习。即与学科知识和科目活动紧密相连，强调围绕科目课程目标，注意运用综合主题、大概念的探究任务和跨学科项目等，建构有组织结构和意义的学习内容。同时在内容建构中，注意运用课程地图嵌入涉及学科的核心知识与技能，融进跨学科的主题与实施过程，为素养生成奠定扎实的知识基础，保障跨学科学习的深度，避免整而不合、合而不深。通过整合＋问题解决的学习任务结构，赋予科目课程新内涵，实现从知识技能整合转向学习任务或学习过程整合，据以支撑跨学科深度学习方式和课程核心素养。

二是立足于整合学习任务的跨学科主题学习活动。课程内容形态也可以是跨学科、跨领域的整合学习任务，这对综合教学能力的要求更高，也更有教学价值。目前这类课程内容形态并不十分成熟，还需要进一步探索、总结和深化。比如化学课程标准设计的跨学科实践活动"基于碳中和理念设计低碳行动方案"，就是综合实践项目式主题学习活动，目的是加强综合性和实践性，通过案例和实践活动，促进学生建构大概念和解决问题的关键能力及必备品格和正确价值观念。

需要强调的是，本次课程内容修订不是弱化学科知识，而是以课程核心素养为引领，把学科核心知识融入学科或跨学科主题、观念或任务学习活动，形成横向关联互动、纵向进阶衔接的课程内容结构体系。同时，课程内容改革也强调信息技术加持和赋能，体现信息文明时代要求。

第 9 讲

课堂教学的行为指令与内容指令*

课堂教学的有效进行,离不开教师的教学指令。教师教学指令的完整、准确、恰当,在很大程度上制约着学生课堂学习过程的氛围、质量和水平。

然而,在实际的课堂教学中,教师教学指令的意义远未受到应有的重视,各种误用甚至滥用教学指令的现象大量存在。许多优秀教师在教学指令运用方面所摸索出来的成功经验,也未能及时有效地加以总结和提炼,以至于有关教学指令的研究成果不仅稀少,而且零散。

为此,需要就课堂教学的行为指令与内容指令展开探讨,目的是对教师教学指令的意义、功能和运用原理等作出一些澄清,以期引起理论研究者和一线教师的重视,进而尽可能地减少教学指令的不当运用及其导致的妨碍学生学习的负面效应,更好地发挥教学指令促进学生学习的正向功能。

一、课堂教学指令的意义

(一)教学指令的地位与作用

从根本上讲,学习是学生自己的事情。"只有学习者个人才能进行学习,别人不能取而代之。"[①]所以,教师进行的教学活动都只能是为了促进学生学习而付出的种种努力

---

* 本讲内容由吴刚平、何芳撰写。
① [法]安德烈·焦尔当.学习的本质[M].杭零,译.上海:华东师范大学出版社,2015:15.

罢了。虽然教师的教学活动终究不能代替学生的学习活动,但教师的教学活动是学生学习过程得以展开的主要条件,它甚至在某种意义上包含着学生的学习活动,与学生的学习活动一道构成教学活动的有机整体。诚如有学者指出,"不过学习过程很少是自发的。它在很大程度上取决于教师,但是以间接的方式"。①

显然,教师开启和介入学生学习过程的方式是多种多样的,但其中教师的教学指令无疑是最为重要且在日常课堂教学实践中采用最为频繁的方式之一。教学指令是教师将教师的教变成为学生的学的重要转化机制,是确定以学生学习为中心的教学模式的主要策略,具有其他教学行为因素无法替代的地位和作用。

如果说,"教学是教师引起、维持与促进学生学习的所有行为"②,那么,教师正是通过一系列的教学指令发挥着引起、维持和促进学生学习的重要作用。在课堂教学中,如果教师没有全面、准确、恰当地发挥出教学指令的作用,那么学生的学习活动将在很大程度上失去应有的方向、动力、秩序、内涵和自觉性。

教学指令引起、维持和促进学生学习活动的作用,其现实表现是多方面的,甚至是综合性的。但我们还是需要对教学指令的具体作用有所分析和认识,对此至少可以从以下四个方面作出梳理和阐释。

第一,教学指令帮助学生明确学习的方向和范围。即教师运用教学指令,把学生的注意力、时间、兴趣、问题和主要精力聚焦在主要的学习内容和活动上;预防、减少和消除无关活动和内容的干扰。

第二,教学指令启动、维持和调节学生学习行为的进程与变化。即教师运用教学指令对不同阶段和水平的学生学习行为分别进行提示、提醒、劝诫、鼓励、预防等,以便学生学习活动能够持续有效开展;并对学习过程进行自我调节或自我控制,一步一个台阶地进行知识内化的行动,实现学习内容和学习方法上的进步;发现、减少和纠正自己在学习程序、步骤和环节上存在或出现的错误和局限;不断进行多种水平层次的抽象化、概念化和模型化的尝试。"教师扮演着唤醒者的角色,不应等待学生到达了一定的水平之后再促进他们学习。教师可以确保提问、炼制、参与和意识觉醒的时间。他可以确保一个供学习者与环境、教育情境互动的空间,促进交流和对质。"③

第三,教学指令引领学生聚焦于具体的学习内容。即教师运用教学指令,帮助学生分别在各自适宜的基础上有重点地学习表层知识,为后续知识学习和概念理解作出准

---

① [法]安德烈·焦尔当.学习的本质[M].杭零,译.上海:华东师范大学出版社,2015:77.
② 崔允漷.有效教学[M].上海:华东师范大学出版社,2009:27.
③ [法]安德烈·焦尔当.学习的本质[M].杭零,译.上海:华东师范大学出版社,2015:153.

备和铺垫;学习深层知识,在观点与观点之间建立联系,并延伸和拓展到某些其他观点和视角;学习概念性思维,将表层知识和深层知识转变成能够生成新的表层理解和深层理解的猜想和概念;总结和深化新旧学习内容之间以及新旧学习经验之间的联系,不断优化自身知识结构。

第四,教学指令创设和保持学生学习活动的氛围和条件。即教师运用教学指令,帮助学生唤醒和激发学习的意向、动机和兴趣;建立和增加学习过程的积极情绪体验和态度倾向,减少和克服消极情绪体验和态度倾向;建立和拓展对于多种学习状态和风格的尊重与包容;积累和增强对于学习过程的重视,以及对于教师、同学和班级的信任;认同和丰富自主学习、合作交流、教师点拨的学习共同体文化;激发和创造学习的内在价值和持久需求。

当然,在强调教学指令的地位和作用时,应将教学指令与教师的其他教学行为因素置于一个有机的整体结构关系背景下予以考察。事实上,教学指令常常与教师的教学导入、内容讲解、操作示范、人际协调等教学行为以及热情、信任和尊重等教学态度交织相伴于教学过程之中,共同影响学生的学习进程。

(二) 课堂教学指令的实践误区

由于教学理论界很少专门就教学指令进行深入系统的研究,所以很难为一线教师教学指令的课堂实践提供有价值的研究成果支持。加上许多优秀教师在教学指令方面积累起来的宝贵经验和实践智慧并未及时进行总结、提炼和推广,更谈不上进行抽象化、概念化和模型化的加工与传播,所以也很难提供强有力的操作模式和实用案例示范。理论探索和实践研究的缺失,导致大量教学指令的课堂实践处于一种任意作为的自发状态,一些长期存在的认识和行动误区不仅得不到及时有效的清理和纠正,而且常常以各种花样翻新的形式不断地进行重复甚至强化。

首先,缺乏教学指令意识。许多课堂实践中,教师的教学经常沦为教师个人自言自语式的课堂独白或单向灌输,学生始终处于一种被动听讲的状态,变成死记硬背的"记中学"模型,真正的学习活动并没有发生,或者没有顺利而有效地发生。即使有少数学生进入了真正的学习状态,却并不是老师的教学行为自觉地培养出来的结果,也仅仅只是这些学生自发摸索出来的一条路子。

之所以这样,除了教师教学观念的陈旧落后以外,还有一个很重要的原因就是教师缺乏教学指令意识。正是因为教师意识不到教学指令实际上是一种把教师的教转化为学生的学的教学机制,所以总是宁肯自己苦口婆心、不厌其烦地讲授,也压根意识不到要动脑筋想办法去善用、巧用教学指令,发挥教学指令将教师的教转化为学生的学、并不断促进学生学习的"四两拨千斤"式的教学效用。因为教学指令意识缺失,所以教师既不重视教学指令的作用,也不反思讲授教学的低效问题和解决办法,甚至进入试图用越来越多的讲授去提升讲授教学质量的怪圈。

殊不知,教师直接讲学科,讲教材,讲内容,讲习题,这些都只是教师直接在对学生以外的"物"的教学因素进行作用,而教学指令恰恰是教师直接对学生这个"人"的教学因素进行作用,进而推动学生直接与那些"物"的教学因素进行作用。教师把对人的教学指令与对物的讲授教学混为一谈,就是教师教学指令意识缺失的明显例证。

其次,偏离教学指令的应有功能。对于相当一部分教师而言,教学指令意识是有的,不仅知道教学指令是教师教学行为的组成部分,而且在自己的课堂教学中也会经常运用教学指令,只是在运用过程中往往偏离教学指令应该有的基本功能。通俗地讲就是,该有的教学指令没有,不该有的教学指令却充斥于课堂之中。可操作的、正向教学指令一项没发出,难于操作的、没有实质意义的教学指令却大费口舌。

在实际的课堂教学中,偏离教学指令基本功能的情况大体上有四个方面。

偏离之一是教学指令偏离教学目标,变成无关紧要的教学唠叨。比如,许多教师的教学指令,说来说去就是那么几句话,诸如大家要好好学习啊,同学们要认真听讲啊,学习态度一定要端正啊等等之类。这样的话随口说,反复说,都是些不说白不说、说了也白说的口水话,激不起学生的学习行为和情绪反应。这样的教学指令,都属于教学目标指向不明确这一类情况。好好学习之类的教学指令,初一听好像都是正向的教学指令,仔细一琢磨却严重缺乏专业性,到底如何好好学习、好好学习什么、学到什么程度才算好好学习了,这些实质性意义统统没有,这样的教学指令学生是很难执行的,学生唯一能做的就是装作学习的样子罢了。

偏离之二是教学指令与学生的实际学习进展相脱节,变成无的放矢地发号施令。比如,一些教师的教学指令失之过早、过快或者过多、过强,不留自主学习余地,学生思考琢磨时间少,真正的学习来不及启动和展开,既学不深,更钻不透。另外一些教师则相反,教学指令失之过迟、过慢或过少、过弱,教学节奏拖沓,贻误促进学习的时机。还有些教师的教学指令与学生取得的学习收获以及遇到的学习困难和问题没有具体直接的关联,互不衔接。这些与学生实际学习进程不匹配的教学指令现象往往是教师缺乏现场教学评估意识和能力的表现。

偏离之三是教学指令为无意义的课堂生成所左右,变成南辕北辙的教学要求。比如,一些课堂上,个别或少数学生在学习进程中生成出一些新颖独到的创意、想法或者问题、困难等,结果教师的教学指令就完全中断多数学生正在进行的学习进程,紧跟着由个别或少数学生提出的想法和问题,把全班学生的学习引向与正在进行的学习任务无关或关系不大、或是次要的枝节性活动上去。殊不知,课堂动态生成是有条件的,不是脚踩西瓜皮式的任意生成。特别是在班级教学中,对于个别或少数学生的课堂生成,只有属于正在进行的课堂学习任务范围内且与学习目标方向相一致的情况,才是对全班学生学习有意义的,才可以进行全班性的教学指令转向。否则,教学指令只能肯定和鼓励动态生成的个别或少数学生,而且这只是个别的、局部的、短时间的教学措施,但却一定不能被这种对多数学生意义不大的动态生成牵着鼻子走。因为与学习任务关系不大的动态生成,老师发出一个错误的教学指令,就让整个课堂迷失了方向,绝大多数学生沦为陪读者,甚至滑入无所适从的茫然状态之中,这种情况实为教师无意义偏离教学目标的又一种表现,结果往往是以牺牲多数学生的正常学习进程为代价。

偏离之四是教学指令干扰和破坏学习的氛围与时空环境。在一些课堂中,教学指令缺乏平等、民主、理解、激励、包容、倾听、协商、关爱和善意的气息,带有浓厚的等级、专制、压迫、歧视、责怪、强势和偏见色彩,甚至沦为倾轧在学生身上的语言暴力。比如,再捣乱就滚出去,讲小话给我闭嘴,考这么点分数还好意思不赶紧学习,等等之类的教学指令,都会在很大程度上干扰和破坏学习的心理氛围与时空环境,影响学生学习的意愿和学习成效。我们必须注意,"教学的挑战在于永远不能把一项计划强加在学习者身上,而是要引导他们自觉加入。"①

再次,忽视教学指令的基本规律。还有相当一部分教师,不仅具备较强的教学指令意识,也能遵循教学指令的基本功能,甚至发出的也是应该发出的教学指令,但发出教学指令之后实际发挥作用的效率却不高,好事没办好。其中的主要原因在于,教师不重视教学指令的规律性,对教学指令知之不多和知之不深,不按规律办事。说到底,还是缺乏钻研精神,未能掌握或摸索总结出教学指令的基本原理。

事实上,教学指令是既有共性的规律和原理、同时也是情境性和现场感很强的教学言语活动,因此必须把教学的普遍原理和具体的课堂情境结合起来,和不同学段、不同学科、不同课型、不同学生的具体实际相切合。

比如,一般而言,从低年级到高年级,从生疏的内容到熟悉的内容,良好的教学指令都会有一些共性的特点,包括先慢后快,先详后略,先细后粗,先重教师引导后强调学生自主合作学习,先口头形式居多后书面形式居多,先面向学生群体居多后面向学生个体居多,先面向学习行为居多后面向学习内涵居多,先单项策略运用居多后组合性策略运用居多,诸如此类,都是值得探讨的重要原则。

---

① [法]安德烈·焦尔当.学习的本质[M].杭零译.上海:华东师范大学出版社,2015:77.

对于教师来讲,既要钻研教学指令的普遍原理,更要探索教学指令的具体适用条件和情境。如果不去摸索、总结并自觉运用这些规律性的东西,教学指令的运用就心里没底,也就难以发挥稳定的效用,偶尔有效果就只能是碰运气了。在现实的课堂教学中,这种现象绝非个别,而是非常普遍的。

(三) 教学指令的概念内涵

对于那些经验丰富的教师来说,他们不仅经常运用教学指令来促进学生的学习,而且运用得恰如其分。可是,一旦我们追问到底什么是教学指令时,也没有多少人能够给出确切的定义,甚至对于教学指令的具体做法和作用也是语焉不详,让人难明个中就里。

不过,那些课堂教学的实践经验还是为我们理解教学指令的概念提供了某种参照和启示。"我们每个人都至少在人生中遇到过一位知道如何让学生和知识建立联系或对这件事多少有所意识的老师,这种联系可以在课堂里发生,教师通过话语或行为让学生和某个内容产生关联,鼓励他进入学习过程。"①

由此,我们可以尝试给出一个描述性的定义,即教学指令是教师运用口头语言、书面语言和肢体语言等言语方式直接对学生提出学习要求并加以指导的教学言语活动。

值得注意的是,教学指令属于教学行为中的言语活动,并且只有那些直接作用于学生的学习要求以及指导学生作为主体去直接作用于学习内容的教师言语活动才属于教学指令。也就是说,教学指令直接作用于"人"的教学因素,而非直接作用于"物"的教学因素,即使涉及"物"的教学因素,也是通过指导学生并由学生去直接作用于"物"的教学因素。

例如,教师的讲授,就不是直接作用于学生这个"人"的教学因素的课堂言语活动,而是直接作用于教学内容这个"物"的教学因素的课堂言语活动,就不属于教学指令范畴,因为它无法直接实现促进学生学习的教学指令功能。"当教学被当作一种简单的知识传递时,它便不能引发学习,甚至还会阻碍学习。"②

从学习目标的角度看,教师的教学指令无非是指教师通过言语活动对学生的学习行为和学习内容提出要求并加以指导,以便更好地促进学生开展学习活动,并且学到应该学到的东西。诚如泰勒在谈到教育目标时所说,"陈述教育目标最有用的形式,是既指出应培养学生的哪种行为,又指出该行为可运用于哪些生活领域或内容中"。③ 在这个意义上讲,教师的教学指令就是针对学生的学习行为和学习内容提出的要求和指导。

---

① [法]安德烈·焦尔当.学习的本质[M].杭零,译.上海:华东师范大学出版社,2015:153.
② [法]安德烈·焦尔当.学习的本质[M].杭零,译.上海:华东师范大学出版社,2015:16.
③ [美]泰勒.课程与教学的基本原理(英汉对照版)[M].罗康,张阅,译.北京:中国轻工业出版社,2008:40.

据此，我们可以大致上把教学指令分为行为指令和内容指令两个大的类型。而且，从行为指令和内容指令两个方面来分析教师的教学指令，对于教师全面准确恰当地运用教学指令，探索、总结和提炼教学指令的实践经验，以及反思和改进教学指令存在的问题都具有重要的现实意义。

二、课堂教学的行为指令

（一）行为指令的类型划分

1. 行为指令的基本分析维度

顾名思义，行为指令是教师运用口头语言、书面语言和肢体语言等形式以便启动、维持、促进和深化学生学习行为的教学言语活动。课堂教学的行为指令虽然是由教师发出的，但指令所要求的行为却是要由学生去执行或完成的。教师的课堂教学行为指令为学生的学习行为提供直接的方向和范围。

所以，教师教学行为指令的重点应该是体现学生学习行为本身的性质和特点，而不是用教师教的行为去代替学生学的行为。这是准确理解和恰当运用行为指令最为基本的分析思路。教师可以基于这样的基本思路，研究制定学生学习行为的序列清单，循序渐进地引领学生的学习行为从表层学习走向深度学习。

根据学生学习行为的结构功能和实际的教学流程来看，教师课堂教学的行为指令的进一步分类大致可以采用三个维度，一是创设学习保障条件的行为指令，即学习保障行为指令；二是推动学习进程的行为指令，即学习进程行为指令；三是进行学习评价的行为指令，即学习评价行为指令。从这三个维度大致上可以涵盖学生课堂学习的全部行为，为教师教学行为指令的不同功能发挥提供基本思路。

2. 行为指令的类型结构关系

如上所述，行为指令主要涉及学生的学习保障行为、学习进程行为和学习评价行为，这三类学习行为构成了教师教学行为指令的主要结构形态。从学习保障行为指令看，教师主要是提出有关集中注意力、维持纪律、避免干扰、端正态度和营造氛围之类的行为要求。从学习进程行为指令看，教师主要是发出吸收输入型学习行为指令、内化操作型学习行为指令、展示输出型学习行为指令。从学习评价行为指令看，教师主要是发出学习问题诊断指令、学习进展反馈指令和学习状态改进指令。

在三类教学行为指令系统中，学习进程行为指令是教学行为指令的主体部分，居于教学行为指令的核心，也是教师全面、准确、恰当运用教学行为指令的重点和难点，学生学习的乐趣和收获主要是由这一进程决定的,所以教师对于学习进程行为指令的研究和运用水平至关重要。学习进程行为指令与学生学习活动直接相关,担负着主导性的指令功能,是学生学习活动的本体性措施,而学习保障行为指令与学习评价行为指令则都是学生学习活动的条件性措施。学习进程行为指令功能发挥得越到位,学习保障行为指令和学习评价行为指令的必要性就愈发降低。诚如有学者指出,"如果学生没有发生学习,那么意味着他们并不需要'更多'教学策略,而是需要'与之不同'的教学策略"。①

当然,在实际的课堂教学中,有经验的教师总是根据具体的学情,将学习保障行为指令、学习进程行为指令和学习评价行为指令交替运用,因时因境相机转换,形成不同的组合式教学行为指令,从而发挥出教学行为指令的最佳功能。这些教学行为指令多数情况下都是通过口头语言和书面语言形式发出的,但也可以通过肢体语言形式加以传达,而且肢体语言形式和行为示范很可能具有更加奇妙的效用。有时候,"老师讲了多少话并不重要,他的倾听和在场鼓励、促进着学生的表达,他的干预帮助学生发现错误和局限"。②

(二) 不同类型行为指令的特点

1. 学习条件行为指令的特点

学习保障行为指令是课堂教学的重要条件性要求,是涉及学生集中注意力、维持纪律、避免干扰、端正态度和营造氛围之类的行为要求。从行为指令的影响来看,学习保障行为指令可以进一步细分为积极保障行为指令与消极保障行为指令;从学生行为能见度特别是行为操作与心智操作来看,学习保障行为指令又可以进一步细分为外部保障行为指令与内部保障行为指令。

据此,我们可以绘制出一个有关学习保障行为指令的二维分析表格(如表9-1所示)。

表9-1 学习保障指令分析简表

维度		行为能见度	
		行为操作	心智操作
学习影响	积极	积极行为操作指令,如请坐端正;请举手发言;请保持安静等	积极心智操作指令,如请开动脑筋;请集中注意力;请认真思考等
	消极	消极行为操作指令,如默写时不要翻书看;在其他同学发言时请不要插嘴等	消极心智操作指令,如请不要胡思乱想;请抛弃这个错误的概念等

---

① [新西兰]哈蒂.可见的学习:最大程度地促进学习(教师版)[M].金莺莲,洪超,裴新宁,译.北京:教育科学出版社,2015:95.
② [法]安德烈·焦尔当.学习的本质[M].杭零,译.上海:华东师范大学出版社,2015:153.

其中,积极保障行为指令主要是用于倡导和强化那些对于学生学习具有正面影响的条件性行为,这些行为是教师应该肯定、激励和推动学生去做的,对于学生学习有积极正面的影响;消极保障行为指令主要是用于警告和阻止那些对于学生学习具有负面影响的条件性行为,这些行为是教师否定、反对和阻止学生去做的,对于学生学习具有消极负面的影响。外部保障行为指令主要是用于倡导学生投入学习活动的肢体行为,或防止学生妨碍学习活动的肢体行为;内部保障行为指令主要用于倡导学生投入学习活动的心智操作,或防止学生妨碍学习活动的心智操作。其实,"年轻人会很乐意接受约束和要求,只要这些东西在他们看来是有意义的"。① 所以,能否运用好这些学习保障行为指令,主要是看它能否真正保障学生学习的良好氛围和条件。

2. 学习进程行为指令的特点

学习进程行为指令主要是教师对于学生的学习过程提出的行为要求。从信息加工的基本流程来看,可以把学习进程行为指令分为吸收输入型学习行为指令、内化操作型学习行为指令、展示输出型学习行为指令。

吸收输入型学习行为指令,主要是对于预习、观察、听讲和交流分享等学习活动环节提出的行为要求,旨在吸收一门课程中必须学习的学科事实、概念、原理和价值等。比如预习环节的行为要求就可以包括学科阅读、观察、参考、分析、比较、演绎、归纳、涵泳、整饬思想语言等更为细致的学习行为,甚至光是阅读就可以细分为包括浏览、略读、跳读和精读等多种方式和环节在内的学习行为。

内化操作型学习行为指令,主要是对于自主心智操作学习过程提出的行为要求,旨在将吸收输入的外在于学生的学习内容内化为学生自己主观的知识系统。这种内化的行为过程是真正的学习发生的核心,是学习质量和水平的决定性因素,所以内化操作型学习行为指令对学生学习的指导意义特别重要。比如,心智操作学习过程包括思考、尝试、分析、综合、归纳、总结、提炼、概括、解释、推理、运用、拓展和迁移等一系列自主学习的内化行为要求,以及体验、反思、比较、权衡、取舍、借鉴、建构等自主体悟过程要求,尤其强调抽象化、概念化和模型化的学习行为要求。

展示输出型学习行为指令,主要是对于内化操作型学习的结果进行汇报展示和交流分享活动提出的行为要求,旨在将学生自己内化的主观知识系统结构化、条理化和公开化,并在和其他人内化的主观知识系统的互动交流与相互比较中获得优化和改进的空间。比如,展示输出型学习行为就可以进一步细分为汇报、展示、交流、讨论、问对、争

---

① [法]安德烈·焦尔当.学习的本质[M].杭零,译.上海:华东师范大学出版社,2015:154—155.

辩、解释、答疑、论证、对质、调整、糅合、解构、改造、重组和提升等多种学习行为要求。

3. 诊断反馈型学习行为指令的特点

诊断反馈型学习行为指令主要是教师对学生发出的学习评价行为要求。"学习者时刻需要评判,他也希望对自己履行计划的进程有个时间表概念。评估并不意味着要进行惩罚。评估随着计划的明晰而启动,计划在得到评估后会继续实施。在学习者的学习进程中不断发挥中介作用比事先对学习者发表言论更能帮助他克服困难。"①从评价流程来看,可以把诊断反馈型学习行为指令进一步细分为学习问题诊断指令、学习进展反馈指令和学习状态改进指令。

学习问题诊断指令,主要是对于学习进程中的困惑、疑问、盲点、误区、差距等进行分析而提出的行为要求,旨在明确后续学习改进的方向和重点。"要吸引学习者就要唤起他们的问题,只有借助这些问题,教师才能与学习者建立关联,把他们引向其他维度。"②比如,教师对学生提出同桌或小组之间交互检查作业的正误、优劣、多少等行为要求,就属于典型的学习问题诊断指令。

学习进展反馈指令,主要是对于学习进展包括基础知识、基本技能的掌握情况特别是问题诊断的结果报告出来供交流、点评和分享而提出的行为指令,目的是要确定学习目标的达成情况以及是否对学习进程作出调整。比如,要求学生练习全对的举手、做错一道题目的请举手、没听清楚的请示意一下、没有看明白的请写成纸条递给老师、请告诉老师你还有什么问题要提出来等之类的行为指令都属于学习进展反馈指令。

学习状态改进指令,主要是对于诊断和反馈的学习问题设法加以解决的策略提出行为要求,旨在重新选择学习进程、弥补学习缺陷、深化巩固学习成绩。比如,请将错题订正过来、请把你觉得自己写得好的段落摘录出来、请把题意再重新审读一遍等之类的行为指令都属于学习状态改进指令。

三、课堂教学的内容指令

(一) 内容指令的类型划分

1. 内容指令的基本分析维度

内容指令是指教师运用口头语言、书面语言和行为演示等形式赋予学生学习行为

---

① [法]安德烈·焦尔当.学习的本质[M].杭零,译.上海:华东师范大学出版社,2015:155.
② [法]安德烈·焦尔当.学习的本质[M].杭零,译.上海:华东师范大学出版社,2015:156.

以实质性内涵的教学言语活动。教师通过内容指令帮助学生解决学什么、怎么学、学出什么来的学习目标问题,一步步引导学生从表层学习发展到深度学习和概念性思维,不断形成和优化学生自己内在的学科知识结构。教师的教学内容指令所提示和指导的是学生学习行为的条件和对象。

所以,教师教学内容指令的重点应该是如何提示和深化学生需要学习和掌握的具体学科内容和学科方法。这里需要特别指出的是,不能把内容指令与内容讲解混为一谈。两者最重要的区别是,内容指令直接针对的是学生,而内容讲解直接针对的是内容,内容指令是为帮助学生更好地学到应该学到的内容而开展的教学言语活动。

在实际的课堂教学中,由于许多教师对于学科内容的讲解比较熟悉,对内容指令既不重视也不熟悉,常常用内容讲解取代内容指令,导致教师内容讲解的言语活动过多,而指导学生内容学习的言语活动即内容指令缺失,从而降低了学生学习的积极性和参与度,结果往往是教师的"讲"取代了学生的"学"。"现在大多数教学都是教师话语占主导,但是这样的话语往往带来最低的学生参与度。"[1]同时,过多的内容讲解挤占了学生自主学习特别是独立思考的时间和空间。"教师讲得太多容易带来一个问题,即让学生认为教师是学科内容的主人,是学习速度和顺序的掌控者,这就减少了学生展现他们自己的先前学业成就、理解、序列和提问的机会。"[2]

如果教师的内容指令运用恰当,那么课堂教学就不需要那么多的内容讲解,就可以用少而精的内容指令去促进学生对于学科内容和方法的直接学习,从而发挥内容指令"撬动地球的支点"作用。"不管什么年级,如果教学具有挑战性和相关性,并在学业成绩上提出严格要求,那么所有学生都会有更高的参与度,教师话语也会相应减少——而最大的受益者要数那些处于边缘、可能掉队的学生。"[3]

根据学生学习行为的内涵构成来看,可以从学习的行为条件和行为对象两个维度将教师课堂教学的内容指令分成行为条件内容指令和行为对象内容指令。从这两个维度大致能够体现学生学习行为的主要内涵性要求,为教师不同内容指令的功能发挥提供基本思路。

---

[1] [新西兰]哈蒂.可见的学习:最大程度地促进学习(教师版)[M].金莺莲,洪超,裴新宁,译.北京:教育科学出版社,2015:81.
[2] [新西兰]哈蒂.可见的学习:最大程度地促进学习(教师版)[M].金莺莲,洪超,裴新宁,译.北京:教育科学出版社,2015:83.
[3] [新西兰]哈蒂.可见的学习:最大程度地促进学习(教师版)[M].金莺莲,洪超,裴新宁,译.北京:教育科学出版社,2015:81.

2. 内容指令的类型结构关系

由行为条件内容指令和行为对象内容指令构成的内容指令系统,比较完整地界定了学生学习行为的内涵性要求。行为条件内容指令,通过明确行为条件界定学习行为内涵,旨在回答如何学习的问题,即学习方法问题;行为对象内容指令,通过明确行为对象界定行为内涵,明确学生学习要吸收什么、内化什么、展示什么的问题,即学习内容问题;两者形成一种动态互补言语活动结构,为学生的学习提供有实质内涵的方法支架,将如何学习的问题具体落实到学习什么的问题上,两者的有机结合促成学生真正可操作且有实效的学习行为。

(二)不同类型内容指令的特点

1. 行为条件内容指令的特点

行为条件内容指令主要是对学习行为进行附加条件的提示和引导,确保学习行为能够不断精深和熟练。行为条件内容指令可以根据教学的需要,提出一系列内涵性的行为条件要求,包括在什么条件下,运用什么方法、手段、工具、形式、方式、途径和措施;经过什么步骤、阶段和时期;按照什么顺序、速度、频率和时限;置于什么情境、时空和氛围;达到什么程度和水平等等之类的行为条件要求,都可以有所侧重和选择地加以运用。

比如,教师要指导学生预习,就必须发出明确有关预习的行为条件内容指令,包括预习什么材料,限制多长时间,选择什么角度,注意哪些问题,使用什么工具书,参考什么资料,依据什么判断标准,与已经学过的哪些知识有什么联系和区别,如何提出自己的疑问与评论,诸如此类的条件,其目的并不是直接给予学生一个固定的正确结论,而是帮助学生发现和通向正确的结论。

叶圣陶先生在谈到语文预习指导时就曾指出,"生字生语必须依据本文,寻求那个字语的确切意义;又必须依据写本文相类或不相类的若干例子,发现那个字语的正当用法。至于生字生语的挑选,为了防止学生或许会有遗漏,不妨由教师先行尽量提示,指明这一些字语是必须弄清楚的。这样,学生预习才不至于是徒劳,写下来的笔记也不至于是循例的具文"。[①] 他又说,"要学生记笔记自然是好的,但是仅仅交得出一本笔记,这只是形式上的事情,要希望收到实效,还不得不督促学生务须精心撰写。所谓精心撰写也不须求其过高过深只要写下来的东西是他们自己参考与思考得来的结果,就好了"。[②]

---

① 叶圣陶.叶圣陶语文教育论集[M].中国教育科学研究院,编.北京:教育科学出版社,2015:6.
② 叶圣陶.叶圣陶语文教育论集[M].中国教育科学研究院,编.北京:教育科学出版社,2015:8.

又比如,对于学习形式,是自主学习还是小组合作学习,就必须根据教学需要进行明确界定。"如果学生在掌握了足够多的表层知识之后再参与讨论,与同伴共同学习(通常以结构化的形式),那么此时的合作学习最为有效。合作学习在学习概念、言语问题解决、分类、空间问题解决、保持和记忆、猜想-判断-预测等方面最为有用。"①

2. 行为对象内容指令的特点

行为对象内容指令主要是对学习行为进行具体内容的提示和引导,确保学习行为能够不断获得更有意义的知识系统。行为对象内容指令可以根据教学的需要,提出一系列内涵性的行为对象要求,包括基础知识和基本技能,有意义的过程和方法,以及健全的情感、态度和价值观等行为对象要求,都可以因境因时而予以提出和运用。

对于学生学习而言,教师行为对象内容指令的现实意义是不言而喻的。"学习新事物的时候(不管是困难的还是容易的),我们需要更多的技能和内容;随着我们不断向前进展,我们需要更多的联系、关系和图式来组织这些技能和内容;然后我们需要更多的自我调节或自我控制来决定接下来怎样继续学习这些内容和观点。"②

反过来讲,缺少行为对象内容指令支持的课堂学习活动,往往会变成为活动而活动的形式。研究表明,"太多的开放性活动(发现学习、网络搜索、准备幻灯片展示)使教师难以将学生的注意力引向真正重要的内容——因为学生在参与这些活动的时候喜欢探究细枝末节的不相干或不重要的问题"。③

所以,"在正式教学之前,多花点时间,从如何获取表层知识和深层理解的平衡这一角度,搞清楚成功的内涵是什么;教师一定要向学生十分清楚地表明两者的比例,并借助大量的形成性评价来了解学生在表层和深层水平上的学习情况,保证课堂中的测验和学生(或教师)提出的问题与所期望的表层、深层和概念性学习三者的平衡是相称的"。④

在运用行为对象内容指令的时候,应该高度重视具体问题的提示和学习方法的指导。"以下措施对学生有正向效应:阅读文本时提出连带问题;在学习结束而不是学习

---

① [新西兰]哈蒂.可见的学习:最大程度地促进学习(教师版)[M].金莺莲,洪超,裴新宁,译.北京:教育科学出版社,2015:89.
② [新西兰]哈蒂.可见的学习:最大程度地促进学习(教师版)[M].金莺莲,洪超,裴新宁,译.北京:教育科学出版社,2015:96.
③ [新西兰]哈蒂.可见的学习:最大程度地促进学习(教师版)[M].金莺莲,洪超,裴新宁,译.北京:教育科学出版社,2015:100.
④ [新西兰]哈蒂.可见的学习:最大程度地促进学习(教师版)[M].金莺莲,洪超,裴新宁,译.北京:教育科学出版社,2015:87—88.

开始时提出问题;教导学生如何在学习中提出问题;要求学生参加练习测验;鼓励学生在阅读文本时大声向自己做出解释。"①以阅读方法指导为例,"学生若从一两种书的阅读得到了方法,走对了门径,就可以自己去阅读其他的若干种了。因此,对于阅读这两类书的指导与讨论应该偏重在方法方面。文字的形、声、训的研究,古代文语例的剖析,古代环境与思想的观测,文学原理的理解,文学史的认识,文学作品的鉴赏,以及工具书的使用,参考书的搜集,诸如此类的方法,是非指导与讨论不可的"。②

如果涉及诊断反馈型学习行为,教师的行为对象内容指令对于学生的学习行为内涵就变得非常重要了。"作业的重点应该放在教师希望学生去思考什么(而不展示'他们知道什么')。学生擅长忽视教师的口头所言('我非常看重事物的联系、深刻的观点和你的想法'),也非常善于看到教师的真实行为(纠正语法、点评引用情况、正确与否或者事实是否欠缺)。因此教师必须在形成评价问题或提示之前,为每一项作业设计一个评分量规,并将其介绍给学生,以便学生了解教师真正看重的是什么。这样的形成性反馈可以强化'大观念'和重要理解,有助于使学生对学习的投入更有价值。"③也就是说,具体的行为对象内容指令可以确保教学行为指令沿着正确的方向和内涵前进。

四、行为指令与内容指令的关系形态

(一)行为指令与内容指令的匹配关系

一般来说,教师的教学指令需要根据教学需要有侧重地选择行为指令和内容指令分别运用、交替运用或同时运用。无论是单独运用,还是交替运用或同时运用,都必须明确行为指令与内容指令的匹配关系,正是这种匹配关系实现了学习行为的类别化和学习内容和学习要求的具体化,从而帮助学生的学习活动具有明确而合理的学习行为的方向、顺序、流程、内涵和深度,促进学生的有效学习,让学生学到真本事、真东西。

可是,实际的课程教学中,对于教学指令的运用常常出现偏颇。要么,只有行为指令没有内容指令,导致学生学习活动形式化倾向严重,始终停留于表层学习阶段,成为

---

① [新西兰]哈蒂.可见的学习:最大程度地促进学习(教师版)[M].金莺莲,洪超,裴新宁,译.北京:教育科学出版社,2015:85.
② 叶圣陶.叶圣陶语文教育论集[M].中国教育科学研究院,编.北京:教育科学出版社,2015:75—76.
③ [新西兰]哈蒂.可见的学习:最大程度地促进学习(教师版)[M].金莺莲,洪超,裴新宁译.北京:教育科学出版社,2015:100.

一种敷衍了事的走过场;要么,把内容讲解与内容指令相混淆,甚至用内容讲解代替内容指令,导致以教师的教代替学生的学,课堂成了教师自我展示输出学习心得的秀场。

那些表面上热热闹闹实际上收获很小的课堂,就是属于只有行为指令没有内容指令的情况;而那些一讲到底、满堂灌的课堂,就属于以内容讲解代替内容指令的情况。

一方面,"我们必须承认,仅以行动为基础的教学法往往是没有什么效果的。行动无疑是个必经阶段,但我们不能把它看作万灵药,哪怕是对于低幼儿童。这种方法很快就会显现出它的局限"。① 但另一方面,"唯一重要的事在于引发个体的深层兴趣,把他推向根本性问题,而不是满足于维持一种只在活动期间占据其思维的浅层兴趣"。②

也就是说,教学指令不能为行为而行为,也不能让行为停留在一个表面化的、宽泛的抽象层面,必须有内涵、有内容、有实质性行为条件要求,有贴近学生实际并通向学科概念、原理的具体问题。"教师必须把自己当作学习者的'旅伴'。最好的情况是,他能陪伴学习者,和学习者一起进步,毫不吝啬地给予建议和鼓励,灵活地向学习者指出哪里可以找到信息,帮助学习者借助图表或模型将观点形式化。"③

(二) 行为指令与内容指令的组合形态

从教学指令功能和流程的角度,可以形成行为指令与内容指令的组合形态分析表格。借助于行为指令与内容指令组合形态分析表,我们对于两者的组合关系特征作出一个基本的刻画,就能比较容易和准确地判断教师教学指令的优缺点。这样的思路也可以用于听评课的课堂观察当中(如表9-2所示)。

表9-2 行为指令与内容指令组合形态分析简表

类别		行为指令		
		学习保障	学习进程	学习评价
内容指令	行为条件			
	行为对象			

以学习保障行为指令与行为条件的内容指令组合形态为例,"请认真思考"这样的教学指令,属于保障行为指令中的积极心智操作指令,但如果从行为条件内容指令的角度来看,光有"认真"这样的宽泛的条件性要求,还不足以指导学生的"思考"行为,还应该发出诸如从哪个角度、依据什么原理、用什么方法、参考什么材料等更多内涵的行为

---

① [法]安德烈·焦尔当.学习的本质[M].杭零译.上海:华东师范大学出版社,2015:81.
② [法]安德烈·焦尔当.学习的本质[M].杭零译.上海:华东师范大学出版社,2015:81.
③ [法]安德烈·焦尔当.学习的本质[M].杭零译.上海:华东师范大学出版社,2015:154.

条件内容指令,这样的"思考"才算是有了明确的方向,如果能再加上"思考"的行为对象内容指令即学习问题,如"光合作用的概念",那么教师的教学指令就更加准确和有效了。反过来,道理也是一样的。处理"光合作用的概念"这样的教学指令,属于内容指令中的行为对象指令,如果没有相应的行为指令进行匹配和组合,那么我们希望学生如何处理"光合作用的概念"就变得模糊不清,学生学习行为的方向就很难真正确定,内容指令对于学生学习的指导意义也就大大降低。

根据行为指令与内容指令主次、轻重关系的不同,两者形成的组合关系肯定是多种多样的,需要教师进行综合评估并有所选择地加以运用。在教学实践中摸索和形成的许多课堂教学模式,在行为指令的角度来理解是非常容易的事情,基本上就是几个环节构成的教学流程。但是,在内容指令的角度来理解却是非常有挑战性的。其实,对于多数教师而言,教学指令的专业性主要体现在恰如其分地侧重于内容指令的教学指令组合。当然,对于多数学生来说,表层学习阶段往往更多地需要借助于行为指令,而深层学习和概念性思维学习阶段则更多地需要借助于内容指令,这也是教师确定教学指令组合关系形态的重要思路。

第 10 讲

课程资源的开发与利用

基础教育课程改革要求突破教材的概念局限，寻求更加广泛的课程资源的支持与保障。课程资源的提出与深化研究对于创造性地实施新课程具有重要意义，特别是为不断改进现实中的教育教学行为提供了新的思路。因此，我们必须十分重视课程资源的开发和利用，不断强化课程资源的意识和开发利用能力。

一、从"教材"扩展为"课程资源"的意义

（一）课程改革要求突破"教材"的概念局限

总体上讲，在新一轮基础教育课程改革以前，教学大纲和教材是唯一的，教学的目标就是让学生获取知识，教师"教教材"就能达到获取知识的目标。所以，无论在政策上还是在实践中只需有教材的概念就够用了。

提出课程资源的概念是与基础教育课程改革密切相关的。课程改革以后，教学大纲变成了课程标准，教材变成了在课程标准下的"一标多本"，成了课程资源的一个部分。新的课程目标除了知识与技能外，过程与方法，情感、态度、价值观的培养等特别是学科核心素养或课程核心素养，也成了课程目标的重要诉求。教学的过程不仅是获得知识和技能的过程，同时也是形成积极主动的学习态度、学习能力和正确价值观的过程，是不断形成和提高核心素养的过程。这样的目标，光靠教材的概念很难涵盖，仅有"教教材"的做法很难达到。

课程目标的变化导致对教育教学的理解需要不断丰富，也导致我们在教材体制、教

育教学方式、对教师的要求以及课程评价与管理等多方面的认识和行动都需要发生相应的改变。教学不能只是盯着一本教材,而是要看课程目标本身需要选用哪些适合于学生的课程资源,光凭"一套教材、一本教参"包打天下肯定不行了。课程资源的概念反映了课程改革对教育教学的新的理解和认识,以及课程目标的新的要求,必然对课程实施的行动产生重要影响。

以前我们认为有知识就是人才,而现在人们发现,不光要有知识,同时还要爱学习、会学习,有正确的价值观,就是说这个时代人才标准的重心发生了变化。表面上看是课程与教学发生了变化,而更深层次的原因是社会、时代对人的发展以及对人才的要求发生了变化,对基础教育中的"基础"提出了新的要求。这使得人们对教育的要求也发生着变化,迫使教育界必须采用新的符合时代发展要求的教育理念来指导教育教学行为。课程改革要求我们在认识和行动上突破"教材"的概念局限,寻求更为广阔的课程资源的支持和保障。

(二)课程资源的观念为改进教学行为提供了新的思路

课程资源的提出和深化直接导致我们对教学方式与学习方式的认识发生改变。对学生来说,有了课程资源的观念以后,学生学习的内容变得丰富多彩,不仅来自教材,也来自与老师和同学的交往、各种媒体及日常生活,即凡是能让学生获得知识、信息、经验、感受等的载体与渠道都可以是学习的资源。学生不只是学习单一的知识和技能,还要通过教学对话等分享经验、感受、情感、态度和价值观。分享对学生学习的意义非常大。与过去那种只关心知识点、重点、难点的学习过程相比,学生的经验、感受、见解、智慧、问题、困惑等都成了重要的课程资源,学生的问题与困惑受到重视,教学由教师控制课堂的预设过程变成了师生共同建设、共同发展的过程,原来的线性模式变成了一个动态生成的过程,课堂变得富有生机和活力。

从功能特点看,课程资源可以分为素材性资源和条件性资源;从空间分布看,可以分为校内资源和校外资源。

素材性课程资源是指教学的素材或直接来源,是学生学习、获取或内化的对象。素材性课程资源又分为可预设和不可预设的,可预设的如教材,不可预设的就是动态生成的资源。动态生成的课程资源是在师生交往过程中形成的,以往我们很不重视这一块,师生之间缺少真诚的交往,所以才使得教学过程变得很乏味。比如,原来许多教师上课不许学生看书,也不许学生预习,因为如果那样,教师就不知该讲什么了,或者讲的也没有人听,在这样的教学过程中,学生以及他们的问题和困惑都不会受到重视。而如果我们用动态生成性课程资源的视角来看教学过程,教学就会充满生机,教材也就变得活起来了，教师和学生都面临挑战，也会因此而有更多的收获和成就感。因为如果学生的问题和困惑、情感与体验等都变成课程资源时，就会由原来被忽视或轻视变成受重视，从知识的被动接受者转变成学习的主人就有了可能。对于教师来说，教学过程也不再是一个照本宣科的过程，而是变成了不光是使用教材，同时也是开发和利用课程资源的过程，学生的问题、困惑、感受、见解等不再是教学的"绊脚石"，而是教学的"生长点"了；教学的过程就是一个不断消除困惑、增长见识和分享智慧的过程，教师的创造性和主动性也被调动起来，整体上教学过程变得富有生机与活力，课堂教学的质量特别是学生在课堂教学中的生活质量大大提高了。

我们研究那些优秀教师的教学时发现，真正优秀的教师都是非常重视动态生成课程资源的。表面上看，你用这个教材我也用这个教材，我理解的知识点、重点与你理解的知识点、重点都差不多，甚至是统一好了的，而教学效果却两样。差别在哪里呢？非常重要的一点就是对教学过程中动态生成课程资源的重视与运用的程度不同，真正的差别在过程之中。如何把握与捕捉那些来自学生、来自教学过程中的问题与困惑，让那些有意义的问题进入课堂、加以扩展，这对教师的要求比纯粹的只教知识高多了。现实的基本情况是，多数教师都具备这样的能力或潜质，却没有这样的意识，或者也没有这样的政策和舆论导向。而有了课程资源这个视野，他就可以理直气壮地去尝试，去摸索，就有可能从根本上不断地完善和改进自己的教育教学工作。

条件性课程资源是实施课程最基本的保证，如场地、物资、设施、设备等，没有这些基本条件，课程是无法展开的。它不是形成课程本身的直接来源，但却决定着课程实施的范围和水平，有时对课程的实施还是特定的、不可替代的，比如某些实验设备和用品对于完成某种实验教学就是特定的、不可替代的条件性课程资源。

（三）课程资源对创造性地实施新课程具有重要意义

课程资源的研究为创造性地实施国家课程，合理开发地方课程和校本课程，增加课程的适应性，开辟了广阔的理论视野和技术前景。从教材到课程资源的变化，增强了国家课程的适应性和课程管理的弹性化。课程资源的提出也导致了对整个教育教学过程的理解发生了深刻变化，更加重视学生的发展，突出以学生发展为本的思想，所有的教学问题都在回到学生这个基点，研究学生需要什么、适合什么。现在，新课程的实施出现的一些困惑，明显地与缺乏课程资源的意识和技术有关。

比如，有的地方和学校把地方课程和校本课程建设仅仅理解为编教材，甚至热衷于编写和出版所谓"校本教材"，缺少基本的课程资源的意识和思路，偏离了课程政策的方向。又如有的老师说，课文编得太短，我十五分钟就讲完了，怎么办？这也是缺乏课程资源意识的表现,不知道去补充与丰富;还有的老师说课文这么多,课时不够,这也是课程资源意识不明确的表现。实际上,教师完全可以根据课程标准的基本要求和学生的实际,有选择地安排教学内容,可以去选择、去整合。

当然,这个判断的前提是课程标准和教材对于教学的基本要求应该作出具体而明确的界定,泛泛地要求老师去"用教材教",操作性不强,对于大多数老师来讲恐怕是过于苛刻的要求。所以,无论是课程管理、教材编制、课程评价还是教学方式的变革,都应该融入课程资源的意识、观念和策略,更好地为促进学生的健康成长和健全发展服务。

(四) 教材是基本而特殊的课程资源

与以往把教材作为唯一的课程资源相比,现在我们对教材的态度确实发生了很大的变化。我们把教材看作是课程资源的一种,是最基本的课程资源。教材的编写应当符合课程标准的要求,精选对学生终身发展必备的基础知识与技能,同时也要从学生的兴趣出发,尝试以多样、有趣、富有探索性的材料和方式展示教育内容,并且能够提出观察、实验、操作、调查、讨论等方面的建议,以便更好地帮助学生形成和发展搜集和处理信息的能力、获取新知识的能力、分析和解决问题的能力以及交流与合作的能力。在课程政策上鼓励学校选用通过审定的教材,鼓励教师从"教教材"向"用教材教"扩展,教师可以对教材进行深度开发,可以调整、筛选与补充。

但是,这并不意味着学校和教师可以完全放弃或拒绝选用教材,这在课程政策上是不允许的。从本质上说,教材是课程资源的一部分,但它具有特殊性。教材是国家事权,是国家知识管理体系的重要组成部分。它在很大程度上反映国家意志,反映国家对于基础教育的基本质量要求,为基础教育提供了一个落实课程标准的参照性标杆与尺度,是政策性很强的课程资源。

目前,地方、学校和教师都无权拒绝选用教材。教材不是可有可无的课程资源,而是最基本的课程资源,它具有很强的政策性。尤其是在义务教育阶段语文、道德与法治、历史,以及高中教育阶段语文、思想政治及历史三科教材全国统一的政策背景下,更是如此。

(五) 课程资源建设要保持动态平衡

目前,在条件性课程资源与素材性课程资源之间存在着很大的不平衡,很多学校一说课程资源就指向条件性资源。条件性课程资源确实很重要,但有些学校不恰当地把条件性资源提得太高了。也有学校完全不计课程成本,把学校建得比星级宾馆好,把学校变成贵族化的超豪华场所。这样过分强调条件性资源,已经失去了教育意义,甚至走向了教育的反面。

对于一所学校来说,基本条件具备以后,真正决定学校办学水平的是素材性课程资源,其中最主要的是兼具素材与条件双重属性的教师。对学校和学生来说,教师是第一位的。另一方面不同类别的课程资源内部也不平衡,比如以往我们太注重教材,把知识当成客观真理,而对其他的课程资源不重视。再比如,有的学校建起了标准的实验楼,可是基本的实验却不能做,甚至有些必做的实验也只是在黑板上画出来的。这也是一种不平衡。学校的各种课程资源之间以及它们的内部都要做到动态平衡,这样才能更好地促进学生有个性的全面发展。

地区性的课程资源不平衡,可能首先体现在条件性的课程资源上。但即使是条件相对落后的边远贫困地区,素材性资源也是丰富多彩的,更为缺乏的是对课程资源的识别、开发与运用的意识与能力。比如识字,用电脑、用黑板、用地面,都可能达到同样的教学效果。一些学校虽然没有图书馆,但教师有丰富的知识积累和深刻的人生经验,学生的经验和背景存在很大的差异性和多样性等等,它们都是重要的课程资源。有了这个思路之后,就不会一味地说我没有条件该怎么办。其实,所有的课程资源开发和利用都要基于现有条件,要尽量寻找替代办法,尤其是动态生成的课程资源,要高度重视。与条件相比,观念更重要、方法更重要,我们研究课程资源的开发与利用,很大的精力就是要在动态生成性资源上有所作为。为什么你上的课受学生欢迎而我上的课却不受欢迎?课程资源的意识和能力恐怕是越来越重要的原因了。要引导教师来关注动态生成的课程资源,不断总结、反思与改进自己的教学。

(六) 应不断加强学校课程资源的能力建设

要不断加强学校课程资源的能力建设,教师除了研究教材外还要研究学生。现实中的课程与教学问题,大多都根源于缺少对于学生的研究与了解,学校课程资源的能力建设没有实质性的依托,缺乏坚实的教学基础。比如,一位优秀的数学老师与数学家的区别,不在于他自己懂得多么高深的数学,而更多地在于他懂得以适合于学生的方式引导学生学会和喜欢哪怕是非常基础的数学。

要提高开发和运用课程资源的意识与能力,就必须研究那些符合学生兴趣、需要和认知特点的教学活动方式、教学手段和教学用具,确定学生现有发展基础以及相应的教学材料和要求,照顾到不同学生的不同水平,教师甚至可以收集那些学生常犯的错误资料,作为反馈性的教学材料;学生的经验、感受、创意、见解、问题、困惑等应该及时捕捉、归纳与总结,使之成为教学过程的生长点;要注意开发和利用乡土资源,安排学生从事课外实践活动,引导学生将书本知识转化为实践能力;总结和反思教学经验也是开发与利用课程资源的重要渠道,教师本身要成为一座课程资源宝库,就需要不断学习、总结与思考;要广泛利用校内外场馆资源,学校图书馆、各种专用教室、运动场馆等,校外的科技馆、博物馆、爱国主义教育基地等都有开发和利用的价值;网络也为课程资源的广泛开发与共享提供了条件,教师要充分运用网络来开发课程资源,同时也要鼓励学生合理选择与有效利用网络资源,增加和丰富自己的学习经验。

在不断强化课程资源的意识和能力的同时,还要为提高广大教师课程资源的决策权力和能力提供宽松的舆论环境和强有力的政策支持。

二、开发和利用课程资源要有基本的分析框架

(一) 划分课程资源的类型

对课程资源建设要做到"心中有数",就必须建立课程资源的分析框架,以便对课程资源的类型进行划分,确定课程资源的筛选原则以及规划课程资源的开发和利用渠道。

广义的课程资源指有利于实现课程目标的各种因素,狭义的课程资源仅指教学内容的直接来源。根据中小学的实际情况以及课程改革的发展趋势,我们可以选择一个折中一点的课程资源概念,即课程资源是指形成课程的因素来源与实施课程的必要而直接的条件。

要正确理解课程资源,必须对课程资源有比较清晰的分类。课程资源的分类多种多样,但无论采用哪种角度划分课程资源的类型,都要注意两个基本原则。一是逻辑上要清晰,划分的课程资源类型不能自相矛盾和过多交叉重叠,或者遗漏;二是要有利于分析和解决学校实践中存在的主要问题,即要有利于我们看清中小学课程资源开发和利用中的主要问题,并找到相应的解决途径和办法。只要把握住这两个基本原则,课程资源的分类就是比较合理的,我们就可以据此建立起比较切实有效的分析框架。

可以考虑选择几个基本的角度来划分课程资源的类型,并用以指导学校的课程资源建设。比如,按功能特点来划分,可以分为素材性课程资源与条件性课程资源。按空间分布和支配权限来划分,可以分为校内课程资源与校外课程资源。此外,还可以根据许多不同的角度来划分,例如社会资源与自然资源,物质资源与信息资源,人力资源、物力资源与财力资源,纸质资源与电子声像资源,时间资源与空间资源等等。

按照课程资源的功能特点,可以把课程资源划分为素材性资源和条件性资源两大类。其中,素材性资源的特点是作用于课程,并且能够成为课程的素材或来源,它是学生学习和收获的对象。比如,知识、技能、经验、活动方式与方法、情感态度和价值观以及培养目标等方面的因素,就属于素材性课程资源。条件性资源的特点是作用于课程

却并不是形成课程本身的直接来源，并不是学生学习和收获的直接对象，但它在很大程度上决定着课程的实施范围和水平。比如，直接决定课程实施范围和水平的人力、物力和财力，时间、场地、媒介、设备、设施和环境等因素，就属于条件性课程资源。当然，把课程资源划分为素材性资源和条件性资源更多地是为了说明问题的方便，两者并没有绝然的界线。现实中的许多课程资源往往既包含着课程的素材，也包含着课程的条件，比如图书馆、博物馆、实验室、互联网络、人力和环境等资源就是如此。

按照课程资源空间分布的不同，大致可以把课程资源分为校内课程资源和校外课程资源。凡是学校范围之内的课程资源，就是校内课程资源，超出学校范围的课程资源就是校外课程资源。其中，校内课程资源可以包括素材性课程资源和条件性课程资源，校外课程资源也同样包括素材性课程资源和条件性课程资源。

由于划分标准的不同，课程资源还可以划分出许多不同的类型，在此很难一一涉及。不过，按照功能特点和空间分布对课程资源进行分类，可以帮助我们建立起中小学课程资源的基本分析框架。

（二）确定课程资源的筛选原则

从当前我国课程改革的发展趋势来看，凡是有助于创造出学生主动学习和和谐发展的资源都应该加以开发和利用。但究竟哪些资源才是具有开发和利用价值的课程资源，还必须通过筛选机制过滤才能确定。

从课程理论的角度讲，至少要经过三个筛子的过滤筛选才能确定课程资源的开发价值。第一个筛子是教育哲学，即课程资源要有利于实现教育的理想和办学的宗旨，反映社会的发展需要和进步方向。第二个筛子是学习理论，即课程资源要与学生学习的内部条件相一致，符合学生身心发展的特点，满足学生的兴趣爱好和发展需求。第三个筛子是教学理论，即课程资源要与教师教育教学修养的现实水平相适应。所以，开发课程资源，特别是开发素材性课程资源，必须反映教育的理想和目的、社会发展需要、学生发展需求、学习内容的整合逻辑和师生的心理逻辑。

在对课程资源进行筛选时还必须注意坚持优先性、适应性和科学性的原则要求：

第一，坚持优先性原则。学生需要学习的东西很多，远非学校教育所能包揽，因而必须在可能的课程资源范围内和在充分考虑课程成本的前提下突出重点，精选那些对学生终身发展具有决定意义的素材性课程资源，使之优先得到运用。比如，中小学特别是中小学教育要承担自己的责任，要帮助学生学会能够建设性地参与社会生活的各种本领，那么它就必须对于有效地参与社会生活所应该具备的知识、技能和素质以及社会为个人施展才能所提供的种种机会进行综合的了解，做出恰当的判断，筛选出重点内容并优先运用于课程。同时,那些必要而直接的条件性课程资源应该优先予以保证。

第二,坚持适应性原则。课程的设计和课程资源的开发利用不仅要考虑一般学生对象的共性情况,也要考虑特定学生对象的具体特殊情况。如果要为特定教育对象确定恰当的目标,那么仅仅考虑他们已经学过的内容还不够,还需要考虑他们现有的知识、技能和素质以及能够提供的条件性课程资源背景。除了考虑学生群体的情况外,还要考虑教师群体的情况。并且,对于课程资源的优先性和适应性问题,应该广泛地听取广大教师和学生的意见和建议,反映他们的要求和呼声。只有这样,课程资源才能得到更加充分合理的开发与利用。

第三,坚持科学性原则。课程资源的开发和利用,必须有一个科学的态度。一方面,课程资源特别是那些涉及客观知识的素材性课程资源的选择,要注意它的真实性和可靠性。另一方面,又要注意打破对于包括教科书在内的课程资源的迷信,不能把教科书之类的课程资源当作"圣经"来对待,我们甚至要宽容和培养学生对于课程资源的质疑精神。比如,长期以来,课程资源的选择往往习惯于用是否对我们"有利"来衡量它们的价值,而不是将事实的真伪和可靠性放在首位。于是,表面上对我们"有利"的信息会不胫而走,甚至一再夸大。反之则讳莫如深,不闻不问。而评价是否"有利"的标准却既不科学,也不讲究实效,以致常常适得其反。像"太空见长城"这样的谬误在教科书中的流传及其引起的争议,就应该引起人们多方面的反思。

(三)规划课程资源的开发和利用渠道

从学校层面来讲,课程资源的开发和利用,除了充分利用中小学的课程标准和教科书以及精选相应的教学辅助材料之外,还应该进一步规划和开通课程资源的开发和利用渠道。比如,可以大致参考以下五个方面的基本途径[1],来思考课程资源建设的大致方向。

第一,关注社会生活。要不断跟踪和预测社会需要的发展动向,以便确定和选择有效参与社会生活和把握社会发展和个人发展机遇而应具备的知识、技能和素质。

第二,关注学生生活。要审查学生在日常活动中以及为实现自己目标的过程中能够从中获益的各种课程资源,包括知识与技能、生活经验与教学经验、教与学的方式和方法、情感态度和价值观等方面的各种课程素材,以及开发和利用相应的实施条件等。

---

[1] 江山野主编译:《简明国际教育百科全书·课程》[M].北京:教育科学出版社,1991:112—115.

第三,研究和确定学生的素质现状。要了解他们已经具备或尚需具备哪些知识、技能和素养,以确定制定学校课程教学计划的基础。

第四,鉴别和利用校外课程资源。这些资源包括自然与人文环境,以及各种机构、各种生产和服务行业的专门人才等资源,不但可以而且应该有选择地加以利用,使之成为学生学习和发展的财富。

第五,建立课程资源管理数据库。要拓宽校内外课程资源及其研究成果的分享渠道,提高使用效率。可以根据实际情况,编制各种各样的《课程资源登记表》,把课程资源的类型、所有者、获取方式、开发动态和使用事项等登记造表,分类存档,归口管理,一方面便于查找、调用、更新和补充,另一方面据此可以不断提高课程资源的开发和利用水平,更好地创造和积累课程资源建设的经验,实现课程资源更大范围的交流和分享。

除此之外,课程资源的开发和利用还要考虑各地和各学校的实际情况。要广开思路,多渠道发掘校内外的更加具有针对性和适应性的素材性课程资源和条件性课程资源,从而更好地发挥各种课程资源的作用。

三、建立课程资源的协调与共享机制

(一)充分挖掘和有效利用校内课程资源

校内外的课程资源对于中小学的课程实施都有重要价值,但它们在性质上还是有区别的。就利用的经常性和便捷性而言,校内课程资源的开发和利用应该占据主要地位,校内课程资源是学校课程资源建设的基础和重点,是学校课程实施质量的主要保证。校外丰富多彩的课程资源对于充分实现课程目标具有重要价值,是学校课程资源的重要补充,起着重要的辅助作用。只是在相当长的一段时期内,校外课程资源的开发和利用没有得到应有的重视,所以今后应该予以足够的重视,使校内外的课程资源之间保持一种动态的平衡。但是,这并不意味着在整个基础教育范围内从根本上改变校内为主、校外为辅的课程资源开发与利用的基本策略。为此,必须通过科学的课程管理建立起课程资源的协调与共享机制,提高课程实施的效益和水平。

在校内课程资源中,课程标准和教材是课程资源最基本的组成部分,是课程的基本素材和课程实施的基本条件之一。教师对于其他课程资源的开发和利用,要建立在课程标准和教材的充分利用基础之上,并且要积极主动地从"教教材"向"用教材教"扩展,使标准和教材成为支持教学的课程资源,而不是束缚教学的绳索。

与纸质印刷时代的要求相适应,教材一直是我国学校教育的主要课程资源。随着时代的发展和社会的进步,教材的形式和内容也会不断地发生变化,但从普遍的情况来看,教材仍然是最基本的课程资源。由于教材多样化的逐步实现,中小学面临一个重要的教材选用问题。学校选用什么样的教材,除了课程政策上的考虑之外,还应该对教材本身的内在品质及其对学校师生的适应性问题进行深入的研究。应该看到,教材是教学内容的重要载体,教材的开发和利用不仅要呈现学科知识,还应该考虑到如何有利于引导学生利用已有的知识与经验,主动地探索知识的发生与发展,同时也应有利于教师创造性地开展教学活动,有利于培养学生的创新精神和实践能力、收集和处理信息的能力、获取新知识的能力、发现和解决问题的能力以及交流与合作的能力,发展对自然和社会的责任感。所以,所选用的教材应符合课程标准的要求,遵循学生的心理发展特点,精选对于学生终身学习必备的基础知识与技能,从学生兴趣与经验出发,及时体现社会、经济、科技的发展,尝试以多样、有趣、富有探索性的素材展示教育内容,并且能够提出观察、实验、操作、调查、讨论等方面的建议。

一方面,我们要确认教材是最基本的课程资源,重视教材建设,充分发挥教材在教学中的重要作用。但另一方面,又必须认识到教材不是唯一的课程资源。我们要改变教材作为唯一课程资源的观念,合理构建课程资源的结构和功能。

学校的校长、教师和学生应该积极主动地参与中小学的教材开发和建设,反映和表达自己的需要和呼声。广大教师和学生在教学互动的过程中动态生成的知识、技能、方式、方法、情感、态度和价值观等方面的成果,是校内课程资源的重要组成部分,而且是更加鲜活和细致的素材性课程资源。对于这类课程资源的开发和利用,在很大程度上决定着学校的教学质量和办学水平。

学校要对学校内部的课程资源进行整合,提高使用效率。要充分发挥学校图书馆、实验室、专用教室及各类教学设施和实践基地的作用。图书馆、阅览室等肩负着特殊的责任,应该帮助学生有效地接触体现在学者、科学家及艺术家作品中的人类遗产。这些作品的意义在于它们的资源价值,在于学生能从中吸取终身受益的教诲。学校在图书馆、实验室和其他专用设施、设备等的服务时间、服务方式和使用效率上,需要不断的调整和完善,以适应中小学学生日益个性化的学习需要。各门课程之间要尽可能形成共用的专用教室、计算机房、实践基地等,做到物尽其用和一物多用。

学校要树立课程成本的观念,提高课程资源的利用效益,提倡因地制宜、因陋就简和师生共同创造性地开发和利用各种课程资源,鼓励学生之间、师生之间交流各种学习资源。学校不能不顾学校和学生的经济负担能力而一味追求条件性课程资源的现代化，更不能让现有课程资源大量地闲置和浪费。

（二）重视校外课程资源的作用，建立校内外课程资源的协调和共享机制

学校要根据教学实际情况和学生发展的具体需要，广泛利用校外的图书馆、博物馆、展览馆、科技馆、青少年活动中心、电影院、工厂、农村、部队、政府机关、企事业单位、职业学校、成人教育机构、高等院校和科研院所等各种社会资源以及丰富的自然资源；积极利用和开发信息化的课程资源，有效发挥各种公众网络的资源价值。网络不仅是课程资源共享的手段，而且它本身就是一座具有巨大发展潜力的课程资源库，应该成为课程资源开发、利用和交流、共享的重要平台。农村地区的中小学还可以根据农村建设和发展的实际开发各种独特的课程资源。

从中小学课程资源的现实情况来看，建立校内与校外课程资源的协调和共享机制具有非常重要的意义。一方面学校要善于合理发掘和运用社区及其他兄弟学校的课程资源，另一方面学校内部的课程资源也可以向社区和其他学校辐射。比如，可以在特色课程、专业教师以及场地设施等课程资源方面广泛地开展合作，互通有无，优势互补。真正的课程资源共享还必须建立相应的经验交流和合作研讨机制，定期和不定期地开展教学经验交流和办学思想研讨等活动。

各级行政部门有责任加强管理，在政策上建立健全校内外课程资源的相互转换机制，强化各种公共资源间的相互联系与共享。比如在各种基地建设和共享方面，像爱国主义教育基地、综合实践活动基地和教师校本培训基地之类，政府就可以发挥不可替代的独特作用。

各类示范性中小学以及各类优秀教师应该在校内外课程资源的协调和共享机制建设方面做出更多的贡献。从技术层面来讲，网络技术的发展开始逐渐打破校内与校外课程资源的划分界线，从而在很大程度使得课程资源特别是素材性课程资源的广泛交流和共享成为可能，校内课程资源和校外课程资源相互转化的可能性和优越性越来越大了。

四、开发和利用课程资源要逐步深入

（一）课程资源的建设必须纳入课程改革计划

中小学在办学条件和师资水平上存在着很大的差异，因此中小学课程资源的开发和利用要从实际出发，突出重点，并且逐步引向深入。

任何课程改革政策的推行必须有课程资源的支持。如果制定政策时没有考虑实施

政策所需的资源,而且如果没有必要的资源,学校、教师和学生就会处于要求得不到满足的局面。因此,课程资源的建设必须纳入课程改革计划,必须在政策上保证各种课程资源及其责任主体能够得到落实。这是各国课程改革所面临的一个重要课题,即使在美国这样经济发达的国家,也同样会面对这样的问题。① 反过来说,一项课程改革计划要得到很好的落实,要么课程资源得到保证,要么改革的目标不能定得过高,两者要相互协调。

各级政府在教育政策上必须保证为基础教育分配足够的基本资源,使其达到实施国家课程标准的起码要求,包括提供足够的教师、时间、材料和设备、适当而安全的场所和社区。课程改革计划还必须充分考虑到课程资源消耗、补充、维护和更新所需要的投入,要进行课程成本管理。

学校系统也需要开发一种能够鉴别典型教学材料、保管并让教师及时利用的机制,确保教师在需要时可以获得必要的教学材料。教师有责任在时间、空间和学习材料等方面为学生创造良好的教学环境,并且在资源的安排与利用上要起主导作用。但是学校的行政管理人员、学生、家长,以及社区成员也都必须担负起他们应该担负的那份责任,确保资源能够得到有效的利用。

为学生们提供多种机会让他们参加一些他们感兴趣的研究,这些活动是学生学习的一个有机组成部分。在考虑如何安排可利用的时间时,有经验的教师会意识到,学生们要有时间去试验自己的新想法,需要有因出现错误而耽误的时间,需要有时间沉思默想,还要有时间用来开展相互交流讨论。所以,要提倡把应该属于学生的时间还给学生。教师在作诸如此类的抉择的同时,既要考虑到学生的安全、资源的适当用途和可获得性,也要让学生们能够积极参与探究性学习,让学生有机会通过多种渠道获取、评估和使用他们所需要的各种信息。

总之,上述课程资源的开发和利用必须纳入课程改革计划,得到课程政策上的保证和支持。否则,课程资源的建设将举步维艰。

(二) 在条件性课程资源与素材性课程资源之间保持动态平衡

对于条件性课程资源而言,必须首先保证的是中小学实施课程最基本的时间和空间,比如基本的安全而必需的场地、物资和设备等,这是保证中小学课程实施的前提条件,没有这样的前提条件,就谈不上中小学课程的实施问题。在具备了这些基本的前提

---

① [美]国家研究理事会.美国国家科学教育标准[M].戢守志,等,译.北京:科学技术文献出版社,1999:276.

条件之后，条件性课程资源的建设则要量力而行，不可盲目拔高要求。条件性课程资源的过度建设，不仅会增加不必要的课程成本，而且会破坏条件性课程资源与素材性课程资源的动态平衡，忽视甚至埋没大量素材性课程资源。当前，那种为追求一时的政绩和表面效应而过分热衷于条件性课程资源建设、忽略更为长远的素材性课程资源建设的做法，应该引起我们的高度警惕。须知，现代化的教育是由具有现代教育观念的教师队伍来支撑的，而决不是徒有形式的现代化物质外壳。与条件性课程资源的开发和利用相比，素材性课程资源的开发和利用对于教育质量的提高更具决定意义，有更大的丰富性、灵活性和创造空间。

从目前我国中小学的一般情况来看，课程资源的总体状况是经济发达的东南部地区比经济欠发达的中西部地区优越，城市比农村优越，重点中小学比一般中小学优越。但就同一地区和学校而言，课程资源分布失衡的情况也相当普遍。因为人们往往容易把关注的重心过分集中在条件性课程资源的建设上，而恰恰忽略了对于教育质量更具决定意义的素材性课程资源的建设，教育现代化的物质外壳与丰富内涵之间严重分离了。

所以，一个重要的课题是保持条件性课程资源与素材性课程资源之间的动态平衡，不仅要重视条件性课程资源的建设，更要加强素材性课程资源的建设，全面体现教育现代化的丰富内涵。

从理论上讲，即使条件相对落后的西部地区、农村地区，课程资源特别是素材性课程资源也是丰富多彩的，但缺乏的是对于课程资源的识别、开发和运用的意识与能力。目前，带有共同性的问题是对于课程资源的地位和作用重视不够，一方面是课程资源特别是条件性课程资源的严重不足，另一方面却是由于课程资源意识的淡薄而导致大量课程资源特别是素材性资源被埋没，不能及时地加工、转化和进入实际的课程和教学之中，造成许多有价值的课程资源的闲置与浪费。一些学校甚至把教科书当成唯一的课程资源，对于课程资源的理解十分狭隘。

许多不同的材料，如果以条件性课程资源的眼光来看可能存在天壤之别，而如果以素材性课程资源的眼光来看，它们的教育价值则是同质的，关键在于我们怎么运用它们。特别是，在教师和学生的教学互动中创造出的各种活动形式及其所生成的各种信息，将是充满无限生机的课程资源。当然，这种说法绝不能成为我们拒绝改善条件性课程资源状况的理由，而应该成为我们开发和利用素材性课程资源的动力。各类重点中学、实验小学或示范性中小学的建设，应该特别注意保持条件性课程资源与素材性课程资源之间的动态平衡，尤其是在素材性课程资源建设方面应该做出更多的努力和探索，全面体现教育现代化的丰富内涵,起到应有的示范作用。

（三）要深入研究教学过程中动态生成的课程资源

长期以来,由于课程设计上的封闭性,教师缺少课程资源的合法决策权力,因而也就缺少相应的能力,教师和学生的生活、经验、问题、困惑、理解、智慧、意愿、情感、态度、价值观等丰富的素材性课程资源通通被排斥在教学过程之外,原本十分丰富的教学过程缩减成为单一的传授书本知识和解题技能的过程,一种狭义的"双基"成为教和学的客观对象与目标,教师、学生在课程和教学中的积极性、主动性和创造性被束缚了,在教学互动中动态生成的课程资源被忽视甚至被压制了。

事实上,教师和学生在课程与教学中的主体地位的丧失,不仅否定了教学过程中知识的主观属性,也否定了教学过程作为师生共同的生活过程和人生过程的现实性,而且最终把教学过程窄化为"教教材、学教材、考教材",甚至滑入"考什么,教什么;教什么,学什么"的怪圈。

应该看到,书本知识是重要的课程资源,具有客观属性,是教师教学和学生学习的对象,对此我们仍然必须重视。但同时,知识也具有主观属性,是人类主观认识的成果,因而也可以是师生在教学过程中共同建构起来的。仅仅把知识当作纯粹的客观对象来学习的时候,很容易把学生学习的知识演变为固定不变的唯一结论或真理,导致教学过程成为一个简单的传授标准答案的过程,广大中小学教师在教学过程中的处境十分尴尬,绝大多数学生在教学过程中只能处于一个被动接受的地位,教学过程失去了应有的生机和活力。对于这种状况,从事实际教学工作的广大中小学教师是再熟悉不过的了。例如,许多老师在课堂上无法对学生自己的理解给予肯定,因为书上不是这样说的。所以,老师不但不能理直气壮地肯定学生的理解,相反还得不断运用教学"技巧"和教学"机智",想办法如何一步步地"启发"学生得出"正确"的认识——书上的结论。许多科目的教学都存在这样的现象——让学生生吞活剥地去接受书本提供的所谓客观知识结论,只不过表现形式多种多样罢了。这样的教学片段看似平常,实则隐含着一个重要的课程设计思想——教师只是课程的执行者,教学过程即传授客观知识的过程。在这样的课程设计思想指导下,教学也好,考试也罢,都走向一个唯一的模式——追求标准答案,不管这个答案本身是否真的有"客观标准",也不管追求这个标准答案的过程本身是否有教育价值。

表面上看来,绝大多数学生最后都"懂得"了书上的道理,而实际上这个教学过程的教育意义是值得怀疑的。因为,在这种课程设计思想指导下的教学过程中,学生不能独立思考,不能有自己的见解,如果他/她独立思考了,有自己独立的见解,他/她就是错的。老师也是同样的命运!

应该说,学生的经验、感受、见解、问题、困惑等是宝贵的课程资源,教师应该有权决定允许它合法地进入课程,特别是进入教学过程。否则,学生就被排斥在课程与教学之外了,他们如何能够成为学习的主人? 如何能够感受到学习的丰富意义? 同样的道理,如果老师自己的经验、理解、智慧、困惑、问题等素材性课程资源不能合法地进入教学过程,他们自身也就被排斥在课程和教学之外了,他们就只能是一个"传声筒"。这样,教学过程就演变成为一个纯粹的客观学习过程,老师教着、学生学着他们都不信奉的"客观知识",这个过程除了与考试有关外,与他们的生活、与他们的人生无关! 教师的教学工作似乎成了一个纯粹的"技术活儿",教师专业发展的重心似乎就是教学技巧! 这就是为什么在现实当中普遍存在着这样的现象,上课和下课两副"面孔"、两个"腔调",而且彼此心照不宣,教学过程成了游离于老师和学生真实人生之外的"虚拟生活"!

事实上,一个教学过程,一旦缺少了真诚的交流,缺少了相互的理解与感动,也就丧失了它应有的生机和活力,更为糟糕的可能是甚至丧失它应有的教育价值,成为浪费时间和生命的过程。即使从价值引导的角度看,教学应该关注的是,让学生知道书本上的知识以及对于知识的理解与感受只是一部分人的理解与感受,每个人都可以有自己的理解与感受。

但是,有一点必须十分强调,表达自己的理解与感受,是建立在倾听和尊重他人包括课本上提供的知识基础之上的。学生在表达自己的理解与感受时,要同时学会倾听、尊重和分享别人的理解与感受,善于从别人的认识成果中获取启示。只有这样,学生才能够作为教学过程的参与者,他们表达自己的认识和感受才变得有意义起来,同样老师也才能够作为教学过程的参与者表达自己的认识和感受。在表达各自的认识和感受的基础上,老师与学生共同解读书本知识,教师、学生与作者之间形成一种相互对话的关系,彼此倾听和分享对方的认识成果,从而加深对周围世界的认识与理解,丰富自己的内心世界。老师和学生都会在这样的教学过程中获得成长和发展,感受自己存在的意义。这时,诚如叶澜教授在 2000 年第 6 期《教育参考》发表的《人生杂感——随笔四则》一文所说,"教学在互动中生成,在沟通中推进。与传统的教学机制相比,最大的差异就是:把学生不只是看作教学的对象,同时还是教学的资源;把教师不只是看作知识信息的传递者,同时还是课堂上不同信息的接受者、倾听者、处理者;不只是把教学看作是预设计划的执行,同时更是师生、生生相互作用的过程。"

所以,一个有意义的教学过程,除了具有学习客观知识的特点之外,还应该成为广大师生共同建构知识和人生的生活和创造过程。只有当广大师生的生活、经验、智慧、理解、问题、困惑、情感、态度、价值观等素材性课程资源能够真实地进入课程、进入教学过程的时候,教师和学生才会真实地感受到教学过程是他们的人生过程,是他们生命的有机组成部分,教学才有可能真正地促进学生的健康成长和健全发展,才有可能不断地提高教师的专业发展水平,才有可能普遍地恢复它应有的生机和活力。而做到这一点的前提条件恰恰是教师拥有课程资源的决策权力和能力,这也是教师专业发展的重要议题。

中小学课程资源的开发和利用,只有深入到课堂教学层面,认真研究课堂教学过程中动态生成的这一类素材性课程资源的时候,课程资源建设才能从表浅走向深刻,课程资源的丰富内涵才能够真正体现出来。

五、开发和利用课程资源要以教师队伍建设为突破口

(一)教师队伍建设是开发和利用课程资源的主要突破口和生长点

无论是素材性课程资源还是条件性课程资源,对于课程目标的实现都是非常重要的。但是在课程资源普遍紧张的情况下,我们必须确认那些居于主导地位、对于课程资源结构功能的发挥具有决定意义的课程资源,并以此作为开发和利用中小学课程资源的突破口和生长点。

在所有课程资源中,教师是起着主导和决定性作用的因素。因为教师不仅决定着课程资源的鉴别、开发、积累和利用,是素材性课程资源的重要载体,而且教师自身就是课程实施的首要的基本的条件性资源。从这个意义上讲,教师是最为重要的课程资源,教师的素质状况决定了课程资源的识别范围、开发与利用程度以及发挥效益的水平。事实上,随着课程教材改革和学校内部教育教学改革的深化,教师是教育改革关键性因素的观点,越来越引起人们的关注。许多教师甚至在自身以外的课程资源极其紧缺的情况下,"化腐朽为神奇",实现了课程资源价值的"超水平"发挥。

因此,在课程资源建设的过程中,要始终把教师队伍建设放在首位,提高教师的课程资源意识和开发运用能力,特别是要提高教师识别、捕捉、积累、利用和开发在课堂教学中动态生成的课程资源的能力,通过教师自身这一最重要的课程资源的突破来带动其他课程资源的优化发展。教师队伍建设是开发和利用课程资源最长期和最核心的工作,也是反映学校教育质量和办学水平的最主要的环节,是开发和利用课程资源的主要突破口和生长点。毫无疑问,学生的发展必须依靠训练有素的专业教师,教师必须做好准备以便能给在能力、需要、经验和学习方法等方面各有不同的学生提供优质的教学。

同时,教师应该获得充分的专业发展机会,提高有效教学的能力。用于这种发展的资金和专业时间,应该成为教育预算的一个重要部分,这方面的投入对于学校和学生的发展是具有决定性意义的。

当然,重视专业教师资源并不意味着轻视其他人员的作用。相反,一所学校教师的资源优势能否恰当地形成和有效地发挥作用,与以校长为核心的学校领导班子的课程资源意识和能力息息相关。因为教师专业素质的提高是一个长期的持续发展的过程,所以学校领导特别是校长在教师队伍建设问题上应该树立高度的历史责任感。除学校行政人员和教学同仁外,其他支持人员包括资料管理员、实验室技师或维修人员等,他们也发挥着课程资源的作用。同样,学生的经验、智慧、问题和困惑等一旦进入教学过程,他们也就成为课程的重要建构者,发挥着课程资源的作用。

(二) 多渠道开发和利用课程资源

从课程资源的角度看,学校要为教师提供多样化的渠道和平台,引导教师通过多种途径开发和利用课程资源,不断提高专业发展水平。

1. 探讨符合学生兴趣爱好的教学活动方式、教学手段和教学用具。研究青少年的普遍兴趣以及能给他们带来欢乐的种种活动,既有利于发现多姿多彩的不同奖赏方式,帮助学生树立刻苦学习和取得良好学业的信心,也可以启发教师打开记忆的宝库,从自己以往与学生交往的经验中挖掘出大量有益的参考资料。教学方式特别是学习方式本身就是重要的课程资源。就学习动力而言,研究普通青少年的种种活动与兴趣,尤其是调查特定课程受教对象的兴趣和活动是大有益处的,从中可以归纳出能够唤起学生强烈求知欲的各种教学方式、手段、工具、设施、方案、问题,以及如何布置作业、安排课堂内外学习等诸多要素,帮助学生更好地达成课程目标。各种教学用具是重要的课程资源。要根据教学的需要和学校以及学生的实际情况,创造性地开发和利用各种教具和学具,为提高教学质量和教学水平服务。教学用具的开发和使用要因地制宜,简便实用,与学校和学生的发展水平相适应。

2. 研究和确定学生的发展基础以及相应的教学材料和要求。各门课程的选材都应该取舍得当,为此不但需要了解受教学生目前已经具备了哪些知识、技能和素质,而且还应该兼顾他们之中的差异,设计大量方案,组织多种活动,准备相应的教学材料。因此,掌握学生现有知识、技能和素质的水平以利因材施教,收集适应技能高低和知识多寡不同的各种活动和材料,是各门课程选材的必要依据。比如,学生的水平难以整齐划一,为了满足所有学生的要求,阅览室和其他阅读材料汇编就应该备有从不同层次介绍同一主题的资料。同样,向学生布置作业,也应根据实际情况,从众多的方案和活动中选取与他们的知识、技能水平相当的项目指定他们去完成。各种练习材料,其具体的内容往往需要课程设计者根据循序渐进的原则加以提取和编排。

很多技能都具有通用价值,教师可以将这些技能做一番调查整理,形成一个对于各门学科和多种课外情境都有参考价值的技能清单,作为对于学生学习的素质要求。至于态度、兴趣和接受能力等,虽然也有通则,但这方面的研究很难提供有益的通用标准素质清单。所以必须结合实际情况,在调查研究的基础上选定作为课程组织成分之一的素质标准。

为学生提供的反馈材料,特别是向学生指出学习中的差错并分析原因的反馈材料,可以很好地帮助学生找出课程学习中的重点和难点。教师甚至可以自己尝试收集学生常犯错误的资料,设计和整理成各种特定技能和知识领域的核查表,从而及时提供反馈性的教学材料。

学生的经验、感受、创意、见解、问题、困惑等是重要的素材性课程资源,具有很强的动态生成性,教师应该及时地捕捉、归纳和总结,使之成为教学过程的重要生长点。

3. 开发和利用乡土资源,安排学生从事课外实践活动。乡土资源主要指学校所在社区的自然生态和文化生态方面的资源,包括乡土地理、风俗习惯、传统文化、生产和生活经验等。这些资源可以有选择地进入地方课程、校本课程乃至国家课程的实施过程中,成为师生共同建构知识的平台。教师可以结合乡土资源,安排课外实践,引导学生将自己学到的知识、技能和素质恰如其分地运用于实践。一般说来,教师对校内环境及所在社区的某些方面都有所了解,应该加以很好地开发和利用。至于学生平时的课外活动以及有些什么其他学以致用的机会,则恐怕要靠学生自己介绍,这时学生的生活经验可以发挥更大的作用。所以老师应该注意发掘学生生活经验方面的资源,引导学生将书本知识转化为实践能力。

4. 总结和反思教学经验。教学工作本身是很复杂的,因而需要不断地学习,不断地总结与思考。教学的新知识、新技能和新策略有多种多样的来源——来源于研究,来源于新教材和新手段,来源于先进教学法的报道,来源于同事,来源于督导人员,来源于对教学的自我总结,来源于对课堂学习情况的思考等等。教师们要不断地考虑如何来充实自己的教与学的知识库,并且为增加这方面的知识做出不懈的努力,通过自我总结和积极借助他人的反馈来分析自己的学习需要和学习风格,不断提高自己的专业发展能力。教师应该善于运用教学日志、研究小组和个人教学心得集锦夹、同事指导和建议等自我评价和合作总结的手段、方法和策略,提高自我总结和教学反思的水平。

总结和反思教学实践经验有许多的方法和技巧,工作日志、录音带或录像带、教学视频,以及个人教学档案袋等自我总结的方法和策略,不仅可以使教师给自己的教学实况留下记录,也可以使教师对自己的教学发展路径作长期的跟踪,还可以对自己的进步作长期的分析进而找出有待进一步学习和改进的地方。其他方法和技巧包括对教师进行有组织安排的和无需组织安排的相互观摩、研讨和帮助,教师还要有机会组织研究小组,开展经验交流,加入各种专业活动网络等,从而更好地了解教学研究的动态,逐步使自己成为教学知识的生产源。

5. 根据现有条件和实际情况,广泛利用校内外场馆资源。比如,图书馆、阅览室等是重要的课程资源,要有步骤地帮助学生建立图书情报检索方面的常识,培养学生获取信息的基本技能,更加主动和便捷地利用图书馆的资源。科技馆的充分利用有利于拓宽学生的科学视野,加强学生对学习科目如科学、自然、地理等课程的直观和形象的理解,为正式的课程教学提供强有力的支持。我国是一个历史和文化积累非常深厚的国家,有着丰富的历史底蕴和资源。全国各地的各种博物馆就是这种历史文化宝库的重要组成部分,具有重要的课程资源开发价值。在开发的形式选择上,一方面加强学校与博物馆的联系,另一方面也可以将博物馆与学校相应的课程如历史与社会等结合起来,或者通过网络和光盘等形式传播博物馆资源。此外,各种有利于学生身心发展的运动场馆、专用教室、设备和设施、实践基地、科研院所、工厂、农村等,都是可供开发和利用的课程资源。

鉴于目前场馆资源的建设现状,在开发和利用场馆资源的过程中还可以考虑选择较为典型的场馆资源作为样本,运用现代信息和媒体技术,如制作成光盘或通过上网等途径实现这些资源的广泛交流和共享。

6. 发挥网络资源和智能教学技术的作用。现代信息技术的发展正在突破各种资源的时空限制,使得课程资源的广泛交流与共享成为可能。为此,教师一方面要充分利用各种网络资源和信息技术设备设施以及智能教学技术资源等为教育教学工作服务,同时也要积极参与网络资源的建设,运用网络技术贡献自己的教育教学经验和成果,使之成为网络资源的一部分,与广大同行交流和分享;另一方面,还要鼓励学生学会合理选择和有效利用网络资源,从而增加和丰富自己的学习生活经验。

第 11 讲

跨学科主题学习的意义与设计思路

2022年版的《义务教育课程方案和课程标准》的一个亮点,是各门课程设立跨学科主题学习活动。这是体现课程综合化和实践性要求的重要政策措施。对于广大中小学一线教育工作者来说,开展跨学科主题学习活动是个新课题。当务之急,要对跨学科主题学习活动的课程板块意义、开发策略和单元设计问题,做进一步探讨,凝聚更多共识。

一、跨学科主题学习的课程板块意义

作为各门课程的重要板块,跨学科主题学习活动既有重视学生综合素质培养的考虑,同时也有带动课程综合化实施的意味。

(一)跨学科主题学习是培养学生综合素质的重要载体

跨学科主题学习是指为培养跨学科素养而整合两种以上学科内容开展学习的主题教学活动安排,具有综合性、实践性、探究性、开放性、操作性等特点。从《义务教育课程方案(2022年版)》的规定来看,新的义务教育培养目标要求"在增强综合素质上下工夫",把"加强课程综合,注重关联"定为基本原则,要求"统筹设计综合课程和跨学科主题学习","开展跨学科主题教学,强化课程协同育人功能",并进一步要求"各门课程用不少于10%的课时设计跨学科主题学习"。① 这就意味着,跨学科主题学习是加强课程

---

① 中华人民共和国教育部制定.义务教育课程方案(2022年版)[S].北京:北京师范大学出版社,2022:11.

综合和课程协同育人的课程板块,是培养学生综合素质的重要载体。

(二) 跨学科主题学习强调知识整合、问题解决和价值关切

长期以来,"在这种旨在标准化考试的课堂中,每门学科之间并无交集——学生在科学课学习科学知识,在数学课学习数学知识。但是现实世界可不是做数学题。现实世界的不同之处就在于,你要把所有的知识技能都放在一起来解决一个问题"。[①] 也就是说,学生必须获得更多跨学科主题学习经验,发展综合运用知识技能解决更多现实问题的心智灵活性,培养跨学科核心素养,才能应对更为复杂的现实世界中的问题。

值得注意的是,在很大程度上,跨学科主题学习不能脱离学科而单独存在,而应以任教学科课程内容尤其是学科核心知识和思想方法为主干,运用和整合其他学科的相关知识和方法,围绕一个中心主题、任务、项目或问题,开展综合性学习活动,发展学生的跨学科核心素养。

因此,跨学科主题学习更需要强调课程内容与学生经验、社会生活的联系,强化学科之间的课程整合。尤其是要从简单的跨学科知识技能拼盘,转向问题解决的跨学科知识技能整合和价值关切,重视培养学生在真实情境中综合运用相关学科知识解决现实问题的能力,培养学生整体的世界观,促进完整的人的发展。

(三) 跨学科主题学习可以带动课程综合化实施

从 2001 年开始设置综合实践活动课程以来,课程综合化实施取得重要进展,涌现出一批培养学生综合素质的实践成果。但同时,也存在诸如综合素质培养主要靠综合实践活动课程、跟学科教师关系不大等认识误区,以及综合实践活动师资不足、人事编制少和职称晋升机制不畅等现实困境。现在新方案规定,每门课程都设立跨学科主题学习活动。这就意味着每门课和每位科任老师都要培养学生综合素质,就能形成培养学生综合素质的普遍基础和整体氛围,进而加强学科间相互关联,强化实践性要求,带动课程综合化实施。

二、跨学科主题学习的操作策略

要确保跨学科主题学习既符合课程政策要求,又能够落到实处,主要有两个基本的操作策略,一是跨学科主题学习任务化,二是跨学科主题学习与学科主题学习交融互渗。

---

① 杜文彬,刘登珲.美国整合式 STEM 教育的发展历程与实施策略[J].全球教育展望,2019 (10):3—12.

（一）跨学科主题学习任务化

学习任务是指在规定学习时间内完成某种设定主题要求的作品、作业、方案、设计、项目、实事等事项。一般是一个核心任务和若干分项任务所构成的学习任务群。任务化的要义是让跨学科主题学习"学什么""怎么学"的问题能够坐实，使教师对教学过程有确信感，便于操作。

为此，跨学科主题学习要实现两个综合。一是综合学习内容。即以学习内容为聚合机制，突破分科教学的学科壁垒，基于问题解决需要，结合学生年龄特点和不同学科性质，合并、重构学生知识技能，整合运用多种思想方法、探究方式和价值观念等，嵌套跨学科知识图谱，形成综合内容组织和学习活动单位，开发基于跨学科核心素养的大观念、大主题和大任务的主题学习内容，使其"少而精"。二是综合学习方式。即以学习任务为动机激发机制，转变老师讲、学生听的惯用教学形态，探索任务型、项目化、主题式和问题解决等综合教学方式，更多地体现做中学、悟中学、用中学、创中学，在学习方式层面落实育人方式改革要求。"跨学科学习是一种融知识综合与问题解决于一体的深度学习方式，是素养时代课程整合的重要实施路径。"①

当前，尤其要站在培养有理想、有本领、有担当时代新人的高度，选取两门及以上学科的节点性大观念、综合性主题和主干知识内容，进行问题式或项目式学习任务设计，根据问题解决和探究学习过程的需要，重塑学科知识和技能结构，引导学生自主学习、合作学习、探究学习，改善学生的学习体验，促进深度学习，提高综合运用多种学科知识分析问题和解决问题的能力，发展学生的跨学科核心素养。

（二）跨学科主题学习与学科主题学习交融互渗

由于在每门科目课程中都有跨学科主题学习活动安排，那么，它就与学科主题学习活动一起构成一门学科课程的整体结构，共同支撑着学科综合素质的培养。每门学科课程是在课时确定的情况下，学习活动结构既包括学科主题学习活动，也包括跨学科主题学习活动，两种学习活动可以穿插安排，使它们能够交融互渗，彼此支撑和促进。

一方面，"以素养领域活动或任务为载体发展学生学科核心素养的同时，也有可能内在地承载着多个跨学科核心素养的培养。两者之间不应是简单的抽象与一般的关系，更应该理解为是一种相互交融的关系，应该结合具体的情境、领域、任务或活动具体分析。"②另一方面，跨学科主题学习不是对学科主题学习的否定，而是需要以学科核心

---

① 安桂清.论义务教育课程的综合性与实践性[J].全球教育展望，2022(5)：14—26.
② 杨向东.关于核心素养若干概念和命题的辨析[J].华东师范大学学报（教育科学版），2020(10)：48—59.

知识概念为依托,开展综合程度更高的深度学习,避免跨学科主题学习流于"跨而拼凑""跨而不深"等浅层学习层面。

作为课程板块,跨学科主题学习,除了与学科主题学习交融互渗,还需要考虑跨学科的协同组团式教学安排,不同科目的任课教师可以分工合作,协同教学,避免跨学科主题的重复或雷同。

三、基于主干学科的跨学科主题学习单元设计思路

基于学科的跨学科主题学习单元的设计,可能因为主题性质和类别的不同而存在差异,但主题单元设计的技术和思路却基本相同,都是以某一学科或科目核心知识为主干科目,融入相关科目或学科知识内容,进行单元设计。单元的基本环节主要包括六个步骤:确立学习主题——明晰学习目标——提出评价要求——安排学习任务——展开学习过程——促进学习小结。

一是确立学习主题。跨学科主题学习,可以直接选用课程标准或教材设计的主题,也可以创设更加符合学情的主题。无论是选用还是创设主题,都要结合学生经验、社会生活、学科基础等情况进行综合考虑,确认主题的性质、类别、层次等,便于以主题为中心,梳理主导学科和相关学科的核心知识图谱和问题链条,列出学习资源清单。

二是明晰学习目标。即围绕跨学科主题学习内容,以学生为主体,以知识与技能、过程与方法、情感态度价值观"三维"目标整合的形式,明确表述目标要求,即通过哪些途径、任务或方式,获得哪些综合性的学习经历与体验、核心知识和思想方法,建立怎样的情感态度和价值观等综合素质。

三是提出评价要求。跨学科主题学习的评价要尽量前置,紧随学习目标,以便发挥评价的导向作用。评价要求与目标要求相一致,但不必面面俱到,主要运用表现性评价等方式,重点评价学生的学科核心知识的综合学习和综合运用表现,目的是指向学生的跨学科核心素养。

四是安排学习任务。运用主题任务化的策略,设计满足跨学科主题学习特定要求的作品、作业、方案、设计、项目等事项和具体完成的条件,形成核心任务和若干分项任务。以飞行主题为例,可明确"自然飞行"为中心主题,设计"自然飞行探究学习"的核心任务,以及若干分项任务,比如:(1)制作PPT,列举至少三个自然飞行物,说明它们是如何飞行的?(2)运用资料图片或动画,演示说明三种不同鸟类的飞行模式或飞行原理,或记录展示鸟类飞行的运动轨迹。(3)对比鸟类与人造飞行器的飞行特点。

五是展开学习过程。把主题任务纳入学习环节和流程，在规定时间范围内依序推进，将问题链条、知识图谱、资源清单等学习支持条件穿插其中，并根据需要开展自主学习、小组交流讨论和汇报展示等活动。在此期间，教师要善于从主干学科核心知识和思想方法出发，运用问题链条构筑学习支架，驱动学生进行跨学科主题学习。

还是以飞行主题为例，基于道德与法治学科的问题链条，包括飞行活动、机场噪音、风筝、火箭的早期飞行、飞艇与喷气式飞机的社会价值，以及与飞行有关的职业等；基于数学学科的问题链条，包括飞机平衡降落角度、机场模型和机票价格等；基于科学的问题链条，包括鸟类飞行模式、航空动力、昆虫飞行、太空飞行、不明飞行物等；基于语文学科的问题链条，包括嫦娥奔月、万户火箭、冯如造飞机、莱特兄弟、蜘蛛侠等飞行人物作品；基于艺术科目的问题链条，包括中国风筝、达芬奇飞行设计、飞行电影等。

在这一过程中，教师需要适时提出并引导学生思考与飞行相关的问题，结合设定的课时和资源清单，按照由浅入深、由易到难的顺序，创设便于学生学习的教学问题，形成新的结构化的教学问题链条。比如，教师可以设计3周共6课时的飞行主题学习单元的教学问题：(1)哪些东西会飞(不仅包括动物或一些人造物，也包括飞逝的时间等)？(2)自然界的飞行物是怎样飞行的，它们为什么要飞？(3)飞行给人类造成了什么影响？(4)未来的飞行会是什么样的？这些教学问题，可以帮助教师进一步具体规定飞行主题单元的学习内容与学习顺序。

六是促进学习小结。学习小结是学生跨学科知识结构化的重要环节和路径。教师需要提供学习小结的支架。比如，从主题内容与形式、思想方法、学习体验、人际交流、情意观念、精神境界、综合素质等方面，采用书面小结或口头小结、个人小结或小组小结等形式，帮助学生学会小结反思，不断提升学生跨学科主题学习的能力和水平。

四、超越主干学科的跨学科主题学习单元设计

除了基于学科的跨学科主题学习单元设计外，还可以超越主干学科逻辑，采用更加综合的关系思维遴选跨学科主题，进行跨学科主题学习单元设计。例如，美国卡拉·乔恩生(Carla C. Johnson)教授团队开发的整合式STEM教育实施策略，就是超越学科的跨学科主题学习单元设计思路。[1]

---

[1] Carla C. Johnson, Erin E. Peters-Burton, and Tamara J. Moore. A Framework for Integrated STEM Education [M]. New York: Routledge, 2016: 41-50.

（一）梳理超越学科的跨学科主题

如果要超越学科视野，探寻更宽广的跨学科主题，那么从学生作为成长中的人及其与自然、社会和自我的关系出发，获得有意义的跨学科学习主题，是一条值得参考借鉴的路径。乔恩生教授团队正是超越中小学各个学科的具体内容，回到个体与社会、自我和自然互动过程中的最基本关系，梳理出五大观念主题，据以设计出跨学科主题学习活动序列。其中，他们梳理出的最关键的五大观念主题是：(1)原因与结果（cause and effect）；(2)创新与进步（innovation and progress）；(3)表征世界（present world）；(4)可持续系统（sustainable system）；(5)人类经验优化（optimizing the human experience）。

（二）设计超越学科的跨学科主题学习任务

乔恩生教授团队在五大观念主题基础上，以主题—话题—主导学科—任务为基本架构，设计出超越学科的跨学科主题学习活动模型。这种超越学科的跨学科主题学习任务，"以主题为锚点，不同学科知识通过真实情境下的任务学习而被打乱重组，学生学习到的不仅是术语、公式等具体但碎片化的学科知识，更是对于现象本体的、方法的以及价值的综观，是在问题解决中形成的知识间的联结网络，以及独立吸收、提取并灵活运用知识的能力。"①这种跨学科主题学习活动，虽然超越学科，但却并不否定学科，而且还把主导学科知识清单嵌套整合在主题学习任务中，强调在完成主题活动任务过程中学习主导学科内容性知识。在这个过程中，教师以问题式学习为主要手段，适时提出问题或挑战，引导学生开展头脑风暴，相机提供各种资源支持，跟进判断学生知识基础并调整教学方案，学生在教师支持下制定问题解决方案或完成作业产品。

以一年级的"原因与结果"主题学习活动为例，可以说明大观念主题学习活动设计的基本思路和学习任务结构。在这个主题下的学习任务要点是，议题—声波的影响；任务—建立光波与声波展示模型；主导学科—科学；核心概念—认识"波"（包括光波和声波的概念、波的反射、身体器官（如眼睛、耳朵和皮肤）对波的反应等）。任务挑战是：学生团队开发一个模型来演示人类如何体验光与声波并与之相互作用。还有关联其他学科概念：数学——数学应用；语文——文本资料阅读理解。

此外，还有各种前学科、非学科的跨学科主题学习活动，在学段过渡和学段发展中，也是值得探索的跨学科课程整合实施策略。

---

① 杜文彬,刘登珲.美国整合式 STEM 教育的发展历程与实施策略[J].全球教育展望,2019(10):3—12.

第 12 讲

评价即学习的改革动向

从评价与学习的关系来看,传统的课堂评价形式主要是对学习的评价(Assessment of Learning,也译为"学习的评价"),是对学生学习结果的评价,旨在检验课程学习目标的达成情况,向学生家长、教学管理人员等群体报告其学业表现,并不是直接指向通过评价来提高学生的学习成绩。

许多研究证明,评价尤其是课堂评价对学习具有重要的促进作用。英国学者布莱克和威廉(Black & William 1998)综合了250多项关于评价和学习的研究,发现在课堂中有意使用评价来促进学习时能够提高学生的成绩,而花费大量的时间在对学习结果的评价上却并不一定能提高学习成绩。另外,当教师利用课堂评价意识到学生带入学习任务的知识、技能和信念,以先验知识作为新的教学起点,并随着教学的进行监测学生不断变化的观念时,课堂评价就会促进学习。① 在此基础上,研究者们提出"为了学习的评价"(Assessment for Learning,也译为"学习性评价")理念,并持续探索课堂评价改革。除英国外,新西兰②、澳大利亚、加拿大等国家的研究者群体也都开始重视这种评价在课程与教学改革中的作用,积极推进为了学习的评价实践。

为了进一步强化评价对学习的促进作用,加拿大教育学者厄尔(Earl, 2003)在其著作《评价即学习:运用课堂评价使学生学习最大化》(*Assessment as Learning*:*Using*

---

① Black, P. & William, D. Inside the Black Box: Raising Standards through Classroom Assessment [J]. Phi Delta Kappan, 1998(2): 139-144+146-148.
② Clarke, S. Unlocking Formative Assessment (New Zealand Edition) [M]. Auckland: Hodder Education, 2003.

Classroom Assessment to Maximize Student Learning)一书中,首次明确提出并系统论述"评价即学习"(Assessment as Learning,简称 AaL,也译为"作为学习的评价"或"学习式评价")的概念,旨在强调学生的自我评价对推进自身学习的价值。①

从对学习的评价,到为了学习的评价,再到评价即学习,体现的是评价权力与主体的转移和过渡,即从学校管理者到教师再到学生的评价主体转移。② 这是课程评价改革的重要动向,值得高度重视。

一、课程评价的内涵转变

(一) 评价即学习侧重于知识掌握过程和元认知发展

评价即学习是从对学习的评价中衍生和发展起来的,具有其自身的独特性,理解其内涵是教师顺利规划和运用此种评价的重要前提。评价即学习基于这样一种假设:自我评价是问题的中心,它强调将评价作为发展和支持学生学习的一个过程。其最终目的是让学生获得技能和思维习惯,并随着独立性的提高获得元认知意识。

什么是元认知?简单地说,就是学生能够设定个人学习目标、监控自己的学习进展、确定下一步的学习步骤、反思自己的思维和学习策略。相对于获取知识而言,元认知是更为基础、更为内在和更具后劲的学习过程和能力。

具体而言,这种监控性元认知包括:(1)学习这些概念和技能的目的是什么?(2)我对这个主题了解多少?(3)我知道哪些策略能够帮助我学习这些知识?(4)我是否理解这些概念?(5)提高学习质量的标准是什么?(6)我是否完成我为自己设立的目标?③

厄尔之所以引入"评价即学习"这一新概念,就是为了加强和扩展形成性评价对学习的重要性,强调学生作为评价和学习之间的关键纽带作用。"评价的最终目的是让学生评价他们自己"④,在课程学习过程中,学生在教师的指引下追踪自己的学习进展,用批判性的眼光看待自己的表现,并制定相应的改进策略,做出建构性的决定。当他们将

---

① Earl,L. M. Assessment as Learning:Using Classroom Assessment to Maximize Student Learning(First Edition)[M]. Thousand Oak,CA:Corwin Press,2003.
② Earl,L. M. Assessment as Learning:Using Classroom Assessment to Maximize Student Learning(First Edition)[M]. Thousand Oak,CA:Corwin Press,2003:21-28.
③ Schraw,G. Promoting General Metacognitive Awareness[M]. Instructional Science,1998:113-125.
④ Costa,A. L. Reassessing Assessment[J]. Educational Leadership,1989(7):2.

需要知道的和具有挑战性的假设内化为个人的思维习惯时,他们便逐渐成为形成性的独立学习者,此时的评价不再仅仅是对学习结果的评价,而是把整个学习过程作为评价的过程,评价与学习相互交融在一起,评价成为学生学习过程的有机组成部分。学生作为自己的评价者,收集代表自身学习进展的各类证据,得到的评价结果更多的是用于为学生个人或小组制定下一阶段的学习计划提供参考。

(二) 对学习的评价侧重于学习结果和目标达成情况

对学习的评价是当前在学校评价中最主要的评价形式,也是一种较为传统的评价形式,是发生在某一课程学习阶段(如一个教学单元、一个学期等)结束之后,由外界(如教师、教育管理人员等)对学生学习结果的评价。它的最终目的是为了确认学生学到了什么,验证他们是否达到了课程学习结果或课程计划的目标,或者为了证明其对知识的掌握程度以为未来的计划和安排做决定,它并不太关注学生学习的过程,而是更加关注学生对概念、思想等的掌握程度。其特点是具有公开性,表现为评价结果不仅指向学生,还包括为学生的父母、其他教育管理者提供学生进步和成就的总结报告,有时也可能是为教育机构或用人单位提供关于学生成就的证据。[①]

在学校,大部分课堂评价活动都是对学习的评价,尤其在中学阶段会更明显,教师通过掌控考卷的编制和评分等权力,利用考试手段来确定学生学习的数量和准确性,并做出评分或评级的决定。尽管因有助于做出影响学生未来的决定,对学习的评价已被公众广泛接受,但考试与分数仍然备受争议。考试内容局限于狭隘的知识,而评分和评级只是符号化的代表,并不能囊括学生掌握的众多知识和技能,过于强调分数和等级的重要性,便容易导致把学生分成三六九等和竞相攀比等影响学生学习积极性的现象,关注重心在于比较学生之间分数和等级的高低和知识掌握程度的大小,确定学生个人在集体中的相对位置,而忽略了向学生提供具有发展性的指导和建议等这些更有教育意义的事项。

随着教育越来越成为学生未来成功的重要因素,人们开始不仅关注分数如何计算,更关注分数背后反映的学生学习情况。当然,值得注意的是,对学习的评价对于在学生成长过程中的一些关头和转折点十分关键,但重要的是在操作过程中应尽量保证评价的准确性和公平性。

---

① Mutcha, C. Assessment for, of and as Learning: Developing a Sustainable Assessment Culture in New Zealand Schools [J]. Policy Futures in Education, 2012(4):374-385.

二、课程评价的理论基础转变

(一)评价即学习以建构主义学习理论为基础

评价即学习是以建构主义学习理论为基础的,建构主义学习理论对知识和学习提出了新的理解。知识与学习紧密相关,对知识的不同理解也反映在学习观上。建构主义学习理论反对过去将知识看作是客观的、固定的和一成不变的知识观,认为知识并不是存在于外部世界的某种东西的模写,知识具有主观性,由学习者个人主动建构而成。学习者并不是一张白纸,他们具有一定的知识经验积累,对知识拥有各自独特的见解,他们在教学中不是被动地接受教师的教学灌输,而是通过将新知识与头脑中原有的知识相联系,将旧知识运用于新知识的学习中,从而建构起属于个人的知识,可见每个人掌握的知识程度和水平受限于原有的知识经验,也受限于学习者将新知识与先验知识进行联系的倾向性。

建构主义学习理论带来了知识观与学习观的深刻变革,也促进了课程与教学领域中课堂评价的重大变化,它为我们提出了如何促进"每一个学习者的学习"的课题,也就是寻求这样的"学习":基于体验与活动的、关注学习者内在的兴趣爱好的学习,以及关注学习者的整体成长与发展为轴心的每一个学习者的学习。① 让学生充分参与学习过程,这个过程是师生积极对话、共同合作、相互支持的过程,学生通过教师搭建的支架辅以学习,逐步实现最近发展区的发展,反过来推动教师的教学进展。要促进每位学生学习经验的发展,就必须追踪和记录学生学习的轨迹,由此区分和判断何种经验对于学生学习有益,这就对传统的只关注学习结果呈现的分数和等级的评价形式提出了挑战。

20 世纪 80 年代以来,在关注以核心标准和外部测试为主要特征的教育评价的同时,越来越多的教育学者关注到评价过程的重要性,以及通过让学生参与评价过程改变学生学习的作用。评价即学习正是这种评价发展趋势下的产物,它以关于学习如何发生的研究为基础,强调学习不是由经验渊博的人向缺乏经验的人进行知识传递的过程,而是学生主动参与创造自己对知识和学习的理解过程,是学生积极开展认知重组的过程。学生对自己的学习进行反思和调整,以便实现更深层次的深度学习。

(二)对学习的评价以行为主义学习理论为基础

对学习的评价深受行为主义学习理论和心理测量学的影响。行为主义是 20 世纪

---

① 钟启泉.建构主义"学习观"与"档案袋评价"[J].课程·教材·教法,2004(10):20—24.

60、70年代在心理学领域占据主导地位的理论流派,其基本观点是:学习是刺激与反应之间的联结。行为主义认为,知识是各种特定反应的组合,通过不同的方法施加刺激可以使学习者产生预期的反应,而这些反应可以通过课程计划和评价标准中明确的行为目标来表现。布鲁姆的目标分类学正是基于这一思想形成的,如若学习者达到了预先设置的行为目标,则可以进入下一阶段的学习,否则继续先前的学习,直到满足要求为止。

在这一知识观的指导下,行为主义主张,学习者的学习可以通过有准备的行为加以塑造,其目的是实现学习迁移,即学习者能够将所学知识运用到其他情境中。知识具有预先固定性,是通过教师设计的一些程序对学生施加一定的刺激而得到的结果。教师是教学过程的设计者和组织者,学生在教师的教学安排下被动地接受其传授的知识经验,而知识掌握的程度则取决于机械性地反复练习和教师提供的总结性反馈。

行为主义学习理论强调知识和学习的计划性、固定性、程序性和科学性,对于教育领域中评价的发展具有重要影响。对学习的评价就是在这样的思想影响下形成的,它正是基于这样一种理念:学生的学习结果可以通过明确的、可观测的、可测量的统一目标和要求来规定。因此,对学习的评价重视阶段性学习的最终反馈,将学习结果与预先设立的目标进行比对,由此决定未来的规划,重视测验和考试也是行为主义指导下学生评价的表现。

三、课程评价的师生角色转变

(一) 学生角色从评价对象变为自评主体

在传统的对学习的评价中,学生发挥的作用很小,他们在其中的角色仅仅是被评价的对象,具体表现为学生通过一个阶段的学习产生学习结果,通过考试等形式被教师赋予分数或等级,它们被用于检验学习结果与课程预期之间的匹配程度。

评价即学习强调,学生个体的自主性和价值的发挥,强调学生不再只是第二位的存在,不仅仅是被评价的对象,更是自评主体。斯蒂金斯(Stiggins)提出,"只有开放评价的过程,让学生完全参与进来,课堂评价才能最大限度地发挥它的效益",学生在评价过程中扮演重要角色,要让他们认识成功的标准,参与目标的制定,知道"好学生"意味着什么,需要做到哪些。[①] 学生是课堂评价的主体,他们在教师的帮助下,通过设立学习目

---

① [美]Stiggins, R.促进学习的学生参与式课堂评价[M].国家基础教育课程改革"促进教师发展与学生成长的评价研究"项目组,译.北京:中国轻工业出版社,2005:4.

标、开发评价标准、进行自我评价,在持续性的反馈中发现自身学习存在的优点与不足,学会监控和管理自身学习,成为一名独立的学习者。

(二) 教师从评价实施者变成合作评价人

教师作为知识的传授者、课堂教学的实施者,在对学习的评价过程中承担评价主体的角色,处于主导地位。作为施评者,教师的主要任务是赋予学生在课程学习之后通过测验、考试等形式的考核获得的分数或等级,以验证学生的学习效果在多大程度上满足了课程预期或在标准化测试中所处的位置。教师掌握评价的权力,与学生在评价之间并不是平等的关系,缺乏与学生之间的沟通与合作。

在评价即学习中,教师不再是评价的唯一实施者,评价也不再仅仅是教师的责任,它更加强调学生成为评价的实施者,学生和教师共同承担评价的责任。教师通过设计教学活动让所有学生参与其中,思考和监控自身学习的教学,帮助学生成为独立的学习者,而教师的角色则成为学生学习评价的合作者和指导者。

(三) 师生目的从判定学习结果转向促进学习

在对学习的评价中,学生只是被评价对象,缺乏自主性,教师评价的重点是课程目标的达成程度和学生考试成绩、等级的高低,重在判定学习结果。也就是说,在对学习的评价中,由于评价目的对于学习改进的偏离,它往往过多地关注学习结果和评价结果,突出分数和等级的重要性,在很大程度上并不能促进学生学习。为保证评价顺利进行以及对学生学习结果评价的公平性和准确性,教师自身需要从各种各样的学习情境和应用中获取关于学生学习的证据,以此为基础来报告学生的学习情况。

评价即学习以让学生成长为独立的学习者为根本目的,无论是教师还是学生,在评价过程中始终关注的重点都是促进学习。具体而言,教师可以通过以下途径推动学生成为独立学习者,促进学生学习:

(1) 示范和教授自我评价技能;

(2) 指导学生设立目标并监督他们朝目标进展;

(3) 提供反映出课程结果的优秀实践和高质量工作的范例和模型;

(4) 与学生一起开发优秀实践的清晰标准;

(5) 指导学生建立内化反馈或自我监控机制,以验证或质疑自己的思维,并逐渐习惯在学习新事物遇到不可避免的模糊和不确定性;

(6) 提供定期的有挑战性的练习机会,以使学生成为自信的、有能力的自我评价者;

(7) 监控学生的元认知过程,管理学生的学习,并提供描述性反馈;

(8) 创造一个安全的环境,使学生能够安全地尝试并随时得到支持。①

总之,在评价即学习中,学生是评价对象,也是评价主体,教师是评价实施者和学生的合作评价人,师生评价的目的都是促进学习。

四、课程评价的设计技术转变

(一) 评价基本结构转变

学习不是一个线性的过程,评价也不是学习的终点,教学并不是夹在课程与评价之间的三明治。事实上,课程、教学、学习和评价四者是反复甚至有时是循环的过程,但这并不意味着它们之间是相互孤立、互不联系的。相反,它们之间的相互联系才是关键。② 学习目的与评价、课程紧密相连,因此无法将两者孤立开来单独规划。也就是说,课堂评价的规划与学习目的密不可分,且作为课程规划的重要环节而存在,在评价的规划与操作过程中必须充分结合学生的学习情况。

尽管两种评价都指向学习,但评价即学习和对学习的评价却存在许多不同之处,最终评价目的的差异决定了两者在评价的内涵、内容、主体、方法、结果以及结果使用等方面都不同的具体规定特性,因此在操作时考虑的步骤也各有特点(如表12-1所示)。

表12-1 评价即学习和对学习评价的基本结构比较

项目	评价即学习	对学习的评价
评价的功能	评价作为学习过程	评价是检验学习结果的工具
评价的实施者	教师、学生、学生同伴	教育管理人员、学校领导、教师
评价的主体	学生	教师
评价的内容	学生掌握知识及元认知情况	学生对知识的掌握情况
评价的方法	档案袋、日志记录等过程性方法	测验、考试等评分工具
评价的时间	贯穿整个学习过程	阶段性课程学习结束后
评价结果的呈现	描述性反馈	分数、等级等符号性反馈
评价结果的使用	反思、监控学习的证据	支持专业性判断的证据

---

① Earl, L.M. & Katz. Learning in a Data Rich World [M]. Thousand Oak, CA: Corwin Press, 2006.
② Earl, L. M. Assessment as Learning: Using Classroom Assessment to Maximize Student Learning (Second Edition) [M]. Thousand Oak, CA: Corwin Press, 2013:91.

（二）评价的关注重心转变

教师作为课堂教学的实施者与主导者，需要全面规划评价，从多方面考虑如何设计和实施评价，以达到评价的目的。马尼托巴省教育（Manitoba Education，2003）提出，教师在规划、开发和使用评价方法时，需要思考课程和其学生情况，使评价目的、方法及工具与其教学策略的选择保持一致。

具体而言，教师要明确五个问题：(1)我为什么评价？(2)我评价什么？(3)我用的评价方法是什么？(4)在评价过程中我如何确保公平？(5)我如何使用评价信息？[①]

评价的目的不同，教师在规划评价时每一环节的考虑的内容也有所差异，评价即学习和对学习的评价在五个方面也有其不同之处（如表12-2所示）。

表12-2 评价即学习与对学习的评价规划纲要比较

步骤	评价即学习	对学习的评价
我为什么评价？	为了指导并为每位学生提供机会，每位学生监控和批判性地反思自己的学习并确定下一步的步骤	展示或告知家长或其他人关于每位学生对课程学习结果的熟练程度
我要评价什么？	每位学生对自己学习的思考，用于支持或质疑何种学习的策略以及用于调节和改进自身学习的机制	学生能够在多大程度上应用与课程结果有关的核心概念、知识、技能和态度
我用的评价方法是什么？	用来获取关于学生学习和他们的元认知过程的详细信息的各种方法，如观察、对话、学生的日志记录等	体现学生的学习产品和证明的各种方法，如测验、考试、档案袋、展览、报告等
我如何确保评价的质量？	学生自我反思、自我监控和自我调节的准确性与一致性；学生进行思考和质疑自己的想法；学生记录自己的学习情况	判断的准确性、一致性和公平性；清晰、详细的学习期望；公平、准确的总结性报告
我如何使用评价的信息？	为每位学生提供准确的描述性反馈，帮助学生养成独立的学习习惯；让每位学生专注于任务和学习（而不是得到正确答案）；为每位学生提供调节、反思和表达学习想法的机会；为教师和学生提供讨论替代性学习方案的条件；学生报告自己的学习情况	指出每位学生的学习水平；为讨论学生的安排和发展提供基础；报告公平的、能够用于决定学生下一阶段学习的准确、详细的信息

[①] Manitoba Education and Youth. Senior 2 Science：A Foundation for Implementation［EB/OL］. http://www.edu.gov.mb.ca/ks4/cur/science/found/s2/，2003/2019-5-18.

（三）评价转变例释

评价即学习操作案例：A老师开始与学生一起解决各门学科领域的复杂问题，教师知道独立成功解决问题的关键是坚持，也知道学生必须学会明确地思考他们解决问题的方法并且能尝试一系列可能性。教师根据五个基本问题进行评价的规划：(1)评价的目的：想帮助学生发展问题解决意识以及坚持的水平，以使他们能够在各种情境中提高学习。(2)评价的内容：评价学生监控他们自己思维过程的能力以及在解决复杂问题时坚持的策略。(3)评价的方法：学生需要频繁的机会来思考和监控自己在面对复杂问题时的坚持水平，他们还需要工具来表达自己的努力。方法需要引出学生学习和元认知过程的证据。而A老师则需要观察学生的学习、分享他们的思考，以及与他们谈论他们的学习。(4)确保评价的质量：需要确保学生在解决问题时能够辨认坚持的表现，并且他们能够对自己的坚持做出合理的一致的判断。还需要确保学生在解决复杂的问题时，保持对他们坚持的自我评价的相关记录，这一记录需要随着时间的推移加以保存，以显示变化。(5)评价信息的使用：通过理解和重视学生的思维，A老师能够支撑他们的成长，为进一步形成思维习惯提供指导，以促进学生在任何学习情境中的坚持性。学生将能够利用对自己坚持性的意识和技能来提高各种情境中的学习。

与此形成对比的是，对学习的评价操作案例：B老师对评价学生掌握在加拿大努纳武特地区环境中生存所需的现代和传统技能感兴趣，他对学生的评价规划如下：(1)评价目的：了解每位学生掌握的生存技能以及他们是否愿意在自然环境中生存。(2)评价内容：评价每位学生对传统和现代生存技能的表现。(3)评价方法：需要这样一种方法，即学生能够展示自己学习的传统生存技能，选择的方法还需要能够让教师自己确定哪些技能学生没有掌握。(4)确保评价质量：首先需要明晰的标准，即学生是否成功地展现了该项技能。要给学生提供充分的机会，让他们在不同情况、不同时间展示这些技能。(5)评价信息的使用：在了解了每位学生掌握的技能之后，将这些信息报告给学生和他们的父母，利用这些信息来确定每位学生的学习路径。

随着认知科学的发展，教育越来越关注学生在学习中的成长，课堂评价也越来越关注学生学习证据的重要作用。以对学习的评价为主的学生评价过于注重学习结果，只适合某一特定时间点的需求，而将学生的学习过程作为评价的过程和内容，将评价的过程作为促进学生学习的重要途径，亦即评价即学习，必将是课堂评价的发展趋势。

不过，对教师而言，这又是一种新的挑战，需要出台更多政策和提供更多研究成果，以便更好地支持教师的教学评价实践。

第 13 讲

三级课程管理政策与实务

三级课程管理是中小学课程管理的基本政策，对于贯彻党的全面发展教育方针，落实立德树人根本任务，培养有理想、有本领、有担当时代新人，具有重要意义。当前，一个重要课题就是要加强统筹协调，优化三级管理，确保有效实施国家课程，规范开设地方课程，合理开发校本课程。

一、课程实施与三级课程管理

（一）课程实施与教学的分别

在我们的日常话语当中，往往把课程实施与教学混用在一起，以至于人们常常将课程实施与教学等同起来。应该讲，这种混用是有一定道理的，因为教学是课程实施的最主要的终端环节，也是最经常、最直接的课程实施活动，它是学校的中心工作，在此之前的课程实施活动主要是为它做准备的，所以我们就常常忽略了它们之间的区别，说到课程实施的时候真实的指向往往就是教学本身。

但是，如果真要深究的话，无论在逻辑上还是实践中，课程实施与教学是有区别的。其中，主要的区别至少有两个方面：

首先，课程实施更多地带有课程行政的意涵，而教学更多地带有教师专业的特性。

课程实施之前必须经过课程规划和设计，一旦课程计划和课程标准确定下来，就必然涉及到课程实施的问题，即需要把课程计划落实到学校教育的实践层面。这时，相应的实施系统就要运转起来。这种运转带有明显的课程行政的性质，即采用自上而下的行政模式,从上游的决策开始到下游一级一级地执行,最终落实到学校。

这些自上而下的活动,包括教育行政系统的推动、课程资源(包括教材、设备等)系统的支持、教学研究的开展、学校教育教学的安排、评价与督导的跟进等等之类的活动,都属于课程实施的范畴。这些课程实施活动不仅对具体学校的工作产生影响,更重要的是涉及整个教育系统的正常运转,包括国家层面的以及地方或地区层面的学校教育系统的正常运转。

而教学则有所不同,它是由受过专门训练并取得教师资格的专业人员来完成的,所以教学活动带有明显的教师的专业特性。教学的有效性问题必须通过教师的专业发展能力来保证,很难用行政推动的方式来解决。行政推动可以对教学产生影响,但这种影响始终是外围的,是外因,真正对教学质量起决定作用的还是教师自身的专业活动,这才是事物发展的内在动力,是内因。尽管从课程行政的角度看,教学属于课程实施的一个环节,甚至是最重要的环节,但正是由于教学的教师专业特性,我们才主张不能把教学与课程实施相混淆,要把课程实施与教学适度地区别开来。

其次,教学虽然是课程实施的主要环节,却无法代替课程实施的其他环节。

我们说教学是课程实施的主要环节,是因为教学无论就其涉及人员的数量与规模,还是对从业人员普遍的专业要求等都是其他实施环节难以相比的,特别是教学这一环节与课程目标的指向对象——学生的实际距离最为贴近,课程实施能否真正有效,在最终意义上取决于教学是否真正有效,取决于课程目标能否真正在学生身上得到很好的体现。

尽管如此,教学仍然不能取代课程实施的其他环节,不能完全等同于课程实施。教学不但无法代替学校以外的其他实施环节,即使在学校内部,它也不能涵盖课程实施的全部,例如学校里综合实践活动中的社区服务活动、升国旗活动、班团队活动以及学校课程资源建设、校本课程建设等都是课程实施活动,但却很难归为教学的范畴。

所以,尽管教学是学校课程实施的主要环节,但我们仍然不能将教学与课程实施混为一谈。

顺便说一下,课程实施与课程管理也存在明显的区别。课程实施指导的是课程规划落到实处的过程,而课程管理则是为了让课程更加顺畅地落到实处而采取的伴生性行为措施的过程。两者虽然是共时态发生的,但却显然不是一回事。

(二) 三级课程管理的政策内涵

三级课程管理政策的正式提出是在 1999 年,《中共中央国务院关于深化教育改革全面推进素质教育的决定》提出要"调整和改革课程体系、结构、内容,建立新的课程体系,试行国家课程、地方课程和学校课程"。

经过两年的试行,2001年颁布的《国务院关于基础教育改革与发展的决定》进一步提出"实行国家、地方、学校三级课程管理",把"试行"改成"实行",而且从原来的"国家课程、地方课程和学校课程"转换成"三级课程管理"。2001年颁布的《基础教育课程改革纲要(试行)》对"三级课程管理"政策的表述是"改变课程管理过于集中的状况,实行国家、地方、学校三级课程管理,增强课程对地方、学校及学生的适应性"。

从那以后,课程改革历经十多年的实践,课程方案也经过一些调整,但三级课程管理政策的基本思路并未改变。

三级课程管理的主要目的是提高基础教育课程的适应性,使之能更好地适应不同的地区、学校和学生。更直白一点地说,要提高课程对不同地区、学校的适应性,就必须走国家、地方和学校共同建设课程的路子,必须是国家、地方、学校共同建设课程,这是"三级课程管理"政策的主要思路。所谓共同建设课程就是大家一起想办法,让学校课程更加适应学校发展、学生发展和时代发展的需要。因此,课程管理的权限应根据各级不同的责任与需要作科学合理的划分。各地要在达到国家规定课程的基本要求下,规划并开发好地方课程,发展学校课程。

随着教师设计课程能力的提高,学校课程的发展将有更加多样和广阔的前景。这里所说的"学校课程"与"校本课程"是同一个概念。这里之所以倾向于使用校本课程,而未使用学校课程的说法,是因为学校课程的概念往往容易被理解为在学校里实施的全部课程,包括国家课程、地方课程和校本课程。为了便于更好地区分,我们更倾向于采用校本课程来特指学校自主决定的那一部分课程。这种处理得到决策部门和教育实践界的广泛认可和采用。《义务教育课程方案(2022年版)》明确将义务教育课程分为国家课程、地方课程和校本课程三类。

国家、地方、学校共同建设课程,就有一个职责的划分问题。国家的职责是制定中小学课程发展总体规划,确定国家课程门类和课时,制定国家课程标准,宏观指导中小学课程实施。教育部是代表国家的职能部门,主要做总体规划,出台国家课程标准,审定和公布符合国家课程标准的教材。在保证实施国家课程的基础上,鼓励地方开发适应本地区的地方课程,学校可开发和选用适合本校特点的课程。

走国家、地方、学校共同建设的路子,主要是基于国情的考虑。我国幅员辽阔,人口众多,地区差异大,很难用完全统一的课程统起来。课程改革的基本思路就是国家逐渐把不应该统也统不好的那部分下放到地方和学校,给地方和学校留有更多的自主进行课程决策的余地,目的就是增强课程对地方和学校的适应性。国家的主要职责是涉及共同的国民素养的那部分课程,除此以外更多的要下放给地方和学校。按这样一种思路,国家就要从总体上探索课程持续发展的机制,要组织专家、学者和经验丰富的中小学教师参与基础教育课程改革,广泛听取和反映社会对于课程改革的意见和建议。

校本课程开发是基础教育课程改革的重要组成部分,要把它放在三级课程管理的政策框架下来考察,才能更好地看到问题的实质。

二、国家课程校本化实施与综合实践活动课程开设

(一)国家课程校本化实施

对于学校而言,要落实国家课程,就必须探索国家课程校本化实施的策略。当然,首先必须明确国家课程校本化实施的指向。

根据对课程实施的分析,我们知道课程实施具有课程行政的意涵,它不仅涉及具体学校的教育工作,而且涉及整个教育系统的运转。所以,课程实施既有国家层面的课程实施,也有地方或地区层面的课程实施,也有学校层面的课程实施。

学校层面的课程实施存在两种取向的课程实施模式,一种是忠实取向,一种是创生取向。而事实上,即使在中央集权课程开发机制下的课程实践中两种取向都是存在的,只不过忠实取向更多一些或者更加合法,而创生取向则比较不被提倡或者其合法性并未得到确认,而且这两种取向常常是融合在一起的,一方面有忠实取向的成分,另一方面也有创生取向的成分。

在高度稳定的计划经济时代,我国实行刚性课程框架,忠实取向的课程实施占主导地位,而创生取向的课程实施不被重视或不具备课程政策上的合法性。如果说这种局面对于当时我国基础教育的发展还是适应的话,那么进入新世纪,面对我国社会主义市场经济突飞猛进的发展形势,社会和个人对于人才素质的多样化和个性化需要日益突出,课程适应性问题的矛盾就越来越尖锐了。

为了更好地增强课程对于地方、学校和学生的适应性,新一轮基础教育课程改革确定了三级课程管理政策,提出国家、地方和学校共同建设课程的思路。这样,学校层面的课程实施就不仅仅是一个执行的过程,同时还是一个更为重要的创造和丰富的过程。因此,创生取向的课程实施模式受到了重视,走向合法化了。所以,我们把学校根据实际情况创造性地执行国家课程的过程称为国家课程的校本化实施,这一方面是对课程实施的概念进行逻辑分析后得出的结论,而且也是对于长期以来的课程事实进行梳理后得出的结论。在新一轮基础教育课程改革中,除了传统学科课程需要校本化实施之

外,那些如综合实践活动之类的国家课程则更是需要进行校本化的实施。

通过以上分析,我们知道,学校进行国家课程的校本化实施,指向的是学校根据学校自身的实际情况创造性执行国家课程,更好地实现国家课程的目标。这包括学校根据学校的特点和条件,就课程资源、单元进度、授课顺序、教学方法等课程议题进行自主决策。其中,对于学校而言,当前一个最为重要的议题是加强学校课程资源的建设,让更具适应性和发展性的课程资源进入课程教学过程。

(二) 综合实践活动课程开设

1. 综合实践活动的课程性质

基础教育课程改革全面展开以来,广大中小学在实施综合实践活动课程的过程中积累了很多经验,也遇到不少问题,但都传达出这样的信息,即学校要提高综合实践活动课程的实施质量和水平,就必须进一步在认识上明确以及在措施上体现综合实践活动的课程定位,包括它的课程性质、课程目标、内容指向和评价导向等,并且在具体实施过程中进行有效的资源整合,不断地摸索和总结综合实践活动课程的实施经验。

关于综合实践活动的课程性质,教育部颁布的《义务教育课程设置实验方案》和《普通高中课程方案(实验)》都有明确的规定。因此,对于综合实践活动的课程性质可以作出一些基本的概括:即综合实践活动是国家规定、地方指导和校本开发的综合性活动课程。

首先,综合实践活动是国家规定的必修课程。

在基础教育课程改革初期,按照《基础教育课程改革纲要(试行)》的要求,"从小学到高中设置综合实践活动并作为必修课程,其内容主要包括:信息技术教育、研究性学习、社区服务与社会实践以及劳动与技术教育。"虽然在九年义务教育阶段和高中教育阶段,综合实践活动在内涵上存在一定差异,但综合实践活动是从小学到高中都要开设的必修课程,是基础教育课程体系的重要组成部分,具有强制性,体现国家意志。

《义务教育课程设置实验方案》规定,综合实践活动的开设年段为3~9年级,所占课时比例为九年总课时的6%~8%。在《普通高中课程方案(实验)》中,综合实践活动则是作为一个学习领域,规定了23个必修学分,分别用于研究性学习活动、社区服务和社会实践三个内容指向。

到2017年教育部颁布《中小学综合实践活动课程指导纲要》,则进一步明确综合实践活动课程是从小学到高中都必须开设的必修课程,属于国家课程范畴。《义务教育课程方案(2022年版)》规定,"综合实践活动侧重跨学科研究性学习、社会实践。""劳动、综合实践活动每周均不少于1课时。"

其次,综合实践活动是综合性的活动课程。

综合实践活动的内容指向是与语文、数学、外语等科目并行设置的、相对独立的综合性活动课程。它虽然与其他科目和学科有某种相关性或联系,但它的价值并不是其他课程所能完全体现的,因为其他任何相关课程都是在一定知识体系或学科体系下来实现有关课程价值的,而综合实践活动最突出的特征之一恰恰在于它超越分科的知识体系和严密的学科逻辑,从学生发展的内在需要出发来安排学生从事实践性的学习活动。

综合实践活动强调对学生生活领域和生活经验的综合,强调多种学习方式的综合运用,强调书本知识与生活世界的联系,强调学生的尝试、亲历、做中学等。

再次,综合实践活动是国家规定、地方指导和校本开发的国家课程。

综合实践活动,包括研究性学习、社会实践和社区服务以及义务教育阶段的信息技术教育、劳动与技术教育等内容指向,在课程性质上属于国家课程,它的课程名称、内容指向以及课时比例或学分要求等由国家确定,具有强制性,地方和学校不能改变。

但是,综合实践活动中的研究性学习、社会实践和社区服务等这一类国家课程同语文、数学、外语等其他类型的国家课程相比,又具有特殊性。

由于地区、学校和学生之间的差异性,国家对于研究性学习、社会实践和社区服务以及义务教育阶段的信息技术教育、劳技教育方面的具体内容、目标等并不作出统一规定,而是把决定权交给学校,由学校根据自身实际和教育部和地方教育行政部门的有关要求进行自主开发或选用。在这一点上,综合实践活动与校本课程并无实质性区别,在技术上是十分一致的。只是在统计和管理口径上,我们必须把综合实践活动(包括研究性学习、社会实践和社区服务和义务教育阶段的信息技术教育、劳动与技术教育)首先归为国家课程,学校在开发时可以和校本课程通盘考虑,进行合理的分工和协调,既可以分散安排,也可以集中安排。

综合实践活动是国家规定的必修课程,但是它与其他必修课程的性质还是有所不同。其他必修课程,一般都有相应的课程标准和教科书。但综合实践活动,作为必修课程,国家只出台基本的指导纲要,规定相应的课时比例或学分要求、内容指向,至于具体怎么开设,则由地方和学校根据地方和学校的实际情况来决定。这是没有统一的课程标准和教材的国家课程。

也就是说,综合实践活动是更加具有三级管理特征的国家课程。国家规定课程名称、内容指向、课程比例、开设年级以及相应的指导性意见;地方教育管理部门根据地方差异,加以指导和管理,进行统一协调和分类指导;学校根据学生的需要和学校的实际,进行校本化的开发和实施。概括起来是三个关键词,即国家规定、地方指导、校本开发。

2. 综合实践活动的课程目标

根据综合实践活动的课程性质,国家统一规定的是所有学校必须保证开设综合实践活动课程、符合规定的课时比例或学分要求以及内容指向。除此以外,国家不再作统一的规定。它不仅允许而且鼓励有差异,鼓励地方和学校根据地区和学校实际以及学生发展需要,确定参与性和经历性的课程目标。

(1) 获得实践性学习的机会

学生的学习活动形式如果仅仅只有单一的书本学习是远远不够的,还必须通过实践来学习。综合实践活动的基本目标之一,是学生能够获得实践性学习的机会。综合实践活动中的实践与成人的实践是有所不同的,它是一种实践性的学习活动,强调学生通过亲身参与、动手操作、考察、实验、探究等开展学习活动,主要包括探究性学习、社会参与性学习、体验性学习和操作性学习等活动形式。这些活动形式为丰富学生的学习方式提供了可能。

(2) 经历搜集和处理信息

信息素养是学生学习不断进步和走向生活的必备素质。学生尝试搜集和处理信息,是学生提高信息素养的重要途径,也是综合实践活动的重要目标。换句话说,综合实践活动要为学生提高信息素养提供必要的时间和空间。其中既包括发展学生运用信息技术,特别是运用计算机技术和网络技术的意识和能力,也包括引导学生通过实践性学习掌握获取信息的多种途径和方法,发展辨别、选择和反思各种信息的能力,形成健康向上的信息伦理。

(3) 尝试提出和探究问题

尝试提出和解决问题是创新的重要起点。综合实践活动要面向学生的真实生活世界,着力培养学生的问题意识和探究意识,鼓励学生根据自己的兴趣和爱好,提出和探究生活中的问题与课题。由于综合实践活动中的研究性学习强调探索性过程的价值,因此其目标的重点并不是指向对问题的解决,而是指向增强问题意识,保持独立的持续探究的兴趣。

(4) 树立实事求是的科学态度

综合实践活动强调学生在研究性学习中的体验与态度,特别是强调学生通过研究性学习获得提出问题、分析问题的方法,学会"言之有据",凭事实和研究成果说话,逐步树立尊重事实、独立思考、实事求是的科学态度。

(5) 体验服务与责任

综合实践活动主要以各种活动为开展形式,倡导学生亲历和体验,要求学生积极参与探究、实践、考察、服务等过程不仅具有手段性价值,而且具有目的性价值。一方面,要注重培养学生的动手操作和亲身实践的能力,掌握基本劳动技术和方法,增加对社会的了解和关注,参与社区服务,另一方面也要注重不断深化学生对于自然、社会和人生问题的思考和感悟。

(6) 学会合作和分享

在现行的班级授课制度下,小组活动成为综合实践活动课程的主要组织形式,合作和分享既成为开展综合实践活动的手段,也成为综合实践活动的目标。在小组合作过程中,学生有机会感受人际关系的规范,学会团队沟通的技巧,积累集体生活的经验,特别是学会倾听和尊重不同的意见,形成理解与宽容的品质。这些都有助于提高学生社会化的能力和水平。

3. 综合实践活动的内容指向

在义务教育阶段,综合实践活动有研究性学习、社区服务与社会实践等内容指向。在高中教育阶段,技术(含通用技术和信息技术)成为一个独立的学习领域,综合实践活动则有研究性学习、社会服务、社会实践三个内容指向。无论是义务教育阶段还是高中教育阶段,综合实践活动可以和校本课程以及地方课程的实施通盘考虑,进行综合性的开设,也可以相对独立地进行设置;在时间安排上,既可以集中开设也可以分散开设。但是,在课程名称、课时比例和内容指向上应该予以落实,并且有相应的归口管理,不能改变综合实践活动作为国家课程的基本性质,至于具体内容和活动形式则由地方和学校根据实际情况来决定。

(1) 研究性学习

研究性学习对于不同年级的学生应该有不同的要求,但总体上应采取研究小组的形式开展活动,其实施步骤大致上都包括五个方面,一是在教师指导下学生小组自主提出研究性课题;二是研究小组共同拟定研究计划;三是研究小组分工搜集和处理信息资料;四是小组总结和报告研究结果;五是小组之间开展交流和评价。

在确定研究性学习的内容时,要引导学生从自然、社会和学生自我生活中选择和确定研究专题,主动地获取知识、应用知识,尝试分析问题和解决问题。研究性学习可以根据学生的年龄特点和实际情况,有选择地采用文献梳理、观察报告、项目设计、科学实验、社会调查、统计分析和考察报告等多种课题研究方式,开展研究性学习活动。

(2) 社区服务与社会实践

要开展社区服务和社会实践,就必须首先关注、走进和了解社区,与社区建立相对稳定的联系。通过了解社区,引导学生发现问题和提出问题,确认社区服务和社会实践的项目或课题。具体的实施步骤包括分析学校与社区资源及需求、拟定社会实践与社区服务的实施计划、进行社区服务与社会实践的相关培训、开展社区服务与社会实践活动、指导学生进行活动评价和反思。

社区服务与社会实践活动的内容选择应尊重学生的需要,考虑学生现有的知识与经验基础,注重社区活动内容的实践性和可操作性,综合开发和利用学校与社区资源,既有利于社区发展,更要有利于学生健康、安全成长。比如,学校乃至班级各种主题性综合活动、社区民俗和行业体验活动、外出参观、考察和锻炼、社区公益活动、宣传活动以及关注弱势群体活动等,都是可供选择社区服务和社会实践活动内容。

4. 综合实践活动的评价导向

从综合实践活动的课程性质、内容指向和课程目标来看,综合实践活动的评价导向要更好地促进地方和学校创造性地开设综合实践活动课程,使综合实践活动更好地适应地方、学校和学生发展的实际。为此,要坚持一些具有导向性的评价原则:

(1) 引导学生参与和经历综合实践活动

综合实践活动的实施,要着眼于丰富全体学生的学习方式,因而"门槛"不能高,不能把它弄得很难,所以它的评价应该强调全体学生的参与和经历,强调学校对于综合实践活动机会的组织和落实。

特别是研究性学习活动,重在"学习"过程而不是"研究"结果。教师的任务是让小组的研究性学习活动进行下去,而不是必须要教师事先知道研究过程和结果才能进行指导。对于学生学习质量的评价重在关注学生有无兴趣和参与学习过程,在于学习过程的"含金量"而不是有无研究成果,并不导向研究成果的"含金量",因而要引导学生做好实施过程的资料积累,将评价和指导活动落实在学生的学习进程之中。比如,研究性学习活动的评价要引导和促进研究性学习活动的开展,包括分组、分工、协调;头脑风暴、建构问题树、讨论、图书馆活动、互联网检索、观看录像;编制问卷、访谈提纲、设计现场活动;主持或参与座谈、访谈、调研、现场活动;综述、分类、提出假设、作出判断、形成意见、表达观点、得出结论;编制图表、统计分析、应用电脑、撰写;倾听、交流、反思、分享等,都是重要的研究性学习活动形式,至于评价这些学习活动,可供选择的形式包括报告单、档案袋、布告栏、辩论会、微型展览、多媒体演示等多种形式。

(2) 引导学校从实际出发创造性地开展综合实践活动

对于学校综合实践活动的实施评价,宜粗不宜细,重在基本要求,即学校能够按照规定的内容指向和课时或学分要求进行开设,落实全体学生参与和经历的机会。至于课程学习的所谓"质量"或"含金量",则应避免将学生作品作为导向,不能强求统一和硬性比较，盲目攀比，而更应该从评价导向上鼓励从实际出发，因地因校制宜，实事求是地开展综合实践活动。否则，研究性学习乃至整个综合实践活动都可能因为走向"精英化"、"贵族化"而脱离实际，最终无法实现综合实践活动的课程定位，从而变成少数人"高消费"的"形象工程"。

综合实践活动的实施评价尤其要体现发展性的评价理念，重视建立展示、研讨、分享综合实践活动特别是研究性学习课程资源的机制，给所属学校提供持续的、有效的专业支持。同时，应积极保护课程改革先进学校，把"升学率竞争"置于严格执行国家课程政策的基础上，确保各级各类重点、星级、实验性、示范性学校真正扮演严格执行课程计划的角色，推动学校创造性地开展综合实践活动，在实施综合实践活动中实现组织、制度和文化上的创新。

5. 综合实践活动的资源整合

综合实践活动的开展作为学校课程实施的有机组成部分，通常都不会有单独的教师编制来专门承担这部分工作，换句话说，每一位教师都有可能承担其中的工作，而且这项工作总是与学校的其他工作有着各种各样的联系。因此，综合实践活动的课程实施必须进行课程资源整合，才能更好地与学校的具体实际情况相结合，从而在学校层面上实现综合实践活动所承载的课程功能和课程目标。

(1) 综合实践活动内容指向之间的资源整合

无论是义务教育阶段，还是高中教育阶段，综合实践活动的内容指向之间都可以进行整体规划，实现资源整合。在研究性学习、社会实践与社区服务等方面，都可以整体规划和整合实施，提高课程资源的开发和利用效益。

首先，进行活动主题整合。学校内部及周边的自然、社会和个人等问题，既可以成为研究性学习的课题资源，同时也可以作为社会实践和社区服务的活动主题，比如各类社区性问题的专题内容，比如历史文化、民俗传统、自然生态、环境保护、医疗卫生、收入和分配、住房、人口结构与计划生育问题、行业现状、个人健康、幸福指数等，既可以成为相应的小组社会实践和社区服务活动的内容主题，也可以同时成为形成研究性学习选题的重要渠道之一，或者与研究性学习活动中的项目调查活动等合并进行，获得一举多得的实施效果。

其次，进行活动主体整合。这包括学生活动小组和指导教师两个方面的整合。从学生活动小组来看，社区服务、社会实践活动小组与研究性学习活动小组，可以在尊重学生意愿的前提下尽可能是同一组同学，这样就可以比较好地保证小组活动的内容和人员都相对比较稳定，提高小组学习活动的质量和水平。相应地，从活动指导教师的角度来看,同一位教师就可以同时参与或指导学生社区服务和社会实践以及研究性学习活动小组的活动,从而增进指导教师对于学生小组的了解,提高指导小组学习活动的成效。

总之,只要具有课程资源整合的意识,不断进行尝试和探索,就会找到符合学校实际的途径和方法,实现综合实践活动的各个内容指向之间的资源整合。

(2) 综合实践活动与校本课程的资源整合

综合实践活动虽然在统计和管理口径上归为国家课程,而不能算作校本课程,但它具体怎么开设,在很大程度上还是由学校根据国家的指导性意见自主决定的,与校本课程在开发技术上是十分一致的,并无实质性区别。学校在实施时,可以把综合实践活动和校本课程作为一个整体,通盘考虑,合并实施,实现课程资源的有效整合。

因为多数校本课程都是学生根据自己的兴趣和需要而作出的选择,所以校本课程就很适合为综合实践活动中的研究性学习活动提供知识基础和课题来源。又由于开设校本课程的任课教师都是对这门课涉及的内容领域有一定造诣或有所专长和准备的,因而很容易成为这一领域的指导教师,这样就可以很大程度上解决研究性学习指导教师的来源问题。

此外,由于研究性学习排入正式的课程表,不同学段和年级在学时安排上都会面临一些具体问题,特别是在高中教育阶段问题可能更加突出,所以学校职能部门、指导教师和学生小组要共同规划,集思广益,合理配置各种课程资源。比如,校本课程中需要的参观、访问和调查等活动,可以与研究性学习活动、社会实践、社区服务结合起来,不宜重复安排,而应该统筹协调起来。同时,在保证综合实践活动和校本课程总的学时或学分达到国家基本要求的前提下,两者时还可以进行学时和学分整合。

(3) 综合实践活动与国家课程中其他科目或学科的资源整合

综合实践活动在课程的管理性质上属于国家课程,但是这一国家课程同国家课程中的语文、数学、英语、物理、化学等其他科目和学科相比,又具有特殊性。其他科目和学科课程可以为综合实践活动特别是研究性学习提供必要的知识和能力基础,同时在操作上也可以采取具体措施把国家课程的校本化实施与综合实践活动特别是研究性学习活动的开展协调起来,比如科目和学科课程学习中形成的带有些综合性质的问题就可以转换成研究性学习的课题,科任教师就可以成为相应的学习活动指导教师等,从而实现综合实践活动与国家课程中其他科目和学科的资源整合。

当然,由于具体学校的实际差异非常大,综合实践活动的课程资源整合在现实形态上存在多种可能性,不必生搬硬套,千篇一律,更不能统一规定,一刀切,而应该按照课程资源整合的思路,创造性地进行校本化的实施,不断地摸索和总结综合实践活动课程的实施经验,提高综合实践活动实施的质量和水平。

三、校本课程开发

（一）校本课程的政策意义

1. 校本课程在课程结构上的意义

校本课程的开设和管理首先会涉及如何理解校本课程的问题,在校本课程的实际开发和管理中存在的不少误区,往往是因为不了解校本课程的政策意义所致。因此,弄清楚设置校本课程的政策意义对于校本课程的健康运行是十分必要的。

设置校本课程的主要目的是增强课程对于地方、学校和学生的适应性,在课程的宏观结构上为尊重和满足地方、学校和学生的差异性创造条件。因此,国家课程、地方课程、校本课程三个课程板块在功能上是有很大差异的。

国家课程必须从国家的整体情况来考虑问题,因而它的规划只能是宏观的、整体的和原则性的,它不会也不可能从某个地区或某所学校的具体特殊情况来考虑问题,而地方课程所考虑的更多的是地区层面的问题。不管是国家课程还是地方课程,它们对于具体的某所学校、某类学生来讲,总是隔了一层,很难完全照顾到学生的实际发展需求,而其中相当一部分发展需求对于学生的健康成长和健全发展是有重要意义的,所以满足这一部分发展需求的任务不仅是重要的,而且只有在学校层面上才能完成。

换句话说,设置校本课程就是要从课程结构上弥补国家课程和地方课程的局限,在整个课程当中开一个口子,专门拿出一部分课时用于满足国家课程和地方课程所无法满足的那部分学生发展需要,更好地培养学生的个性特长,形成学校的办学特色,促进学生的健康成长和健全发展。这是校本课程的功能重点和优势所在,也是设置校本课程的基本政策意图。

因为校本课程的决策主体是学校,只有学校才有条件真正了解自己的学生,了解他们在学习和成长过程中,除了语文、数学、外语等国家课程的学习之外,还有哪些重要的发展需求可以通过校本课程的学习来得到满足,所以学校要不断地了解和确认这样的发展需求,并在规定的课时范围内开设相应的课程予以满足,从而更好地促进学生的健康成长和健全发展。例如,锡山高中的学生在学会交往、学会承受挫折和学会学习三个方面的需求非常突出,所以他们的校本课程主要针对这三个方面的需求来开设,以便更好地帮助学生解决和消除成长过程中的问题和困惑,使学生能够更好地健康成长和健全发展。

综上所述,校本课程在课程结构上的意义在于,弥补国家课程和地方课程的不足,满足国家课程与地方课程无法满足的那部分学生发展需求。这样,国家课程、地方课程和校本课程就共同构成了一个功能上各有侧重、各有分工的课程整体。从课时比例上来看,校本课程与国家课程相比,在整个课程计划中处于辅助性的补充地位,具有补充、调节和扩展的功能。但是,从学生发展的角度来看,这种补充、调节和扩展是必不可少的,不可替代的,而且越来越重要。对于学校来讲,校本课程不是可有可无的,而是必须开设的,只不过它具有更大的学校自主性。

2. 校本课程的学校自主权范围

校本课程的具体开设,原则上由学校自主决定,其他部门和机构不能越权干预,但这并不意味着学校可以任意作为。校本课程应该体现三级课程管理的政策特征,一方面学校的课程行为必须限定在课程政策的框架内进行,另一方面国家和地方应该提供必要的指导、服务和管理。

教育部作为国家一级的课程管理者,负责确定校本课程在整个课程计划中的地位和作用,规定校本课程的课时比例或学分,提出国家层面的开设校本课程的指导意见和监管措施。

地方教育行政部门及其授权的业务部门如教研室、教科所等单位,作为地方一级的课程管理者,对校本课程的开设担负管理、服务和指导职责。地方教育行政部门不能决定和干预学校必须开设哪一门或哪一些具体的课程作为校本课程,但要负责制定地方层面的管理细则,包括规定管辖学校开设校本课程的课时或学分,对学校的校本课程方案进行审议如提出申报时限、审议程序、人员要求、公示与复议、检查与督导、奖励与惩处等方面的权责要求,对实施过程进行监控、指导和服务,从而保证校本课程的基本方向符合国家的课程政策要求,保证校本课程:第一,不能违背国家法律、法规和教育方针、政策;第二,不能把开设校本课程变成补习国家课程;第三,不能伤害学生身心健康。地方对于校本课程的管理,重点是管大的政策方向,对学校层面的课程方案进行审议,为学校之间开展校本课程的经验交流和资源共享提供机会和平台,至于开设校本课程的具体事务,则由学校自主决定。

学校特别是校长享有在课程政策范围内决定校本课程的主要权力和责任。但是在学校内部,教师和学生要成为建设校本课程的主体,校本课程不应该只是校长或其他领导者个别人或少数人来做,而应该要让师生,特别是要让大多数教师参与校本课程建设,同时还是学生需要和喜欢的,学生要能够对校本课程进行自主选择。

从一些中小学校开设校本课程的成功经验来看,要保证校本课程的健康有序运行,理解和把握这样一些关键词是很有必要的:一是学生喜欢,二是教师开发,三是学校决定,四是业务支持,五是行政监控。

由于校本课程是指直接由学校决定的课程,所以它首先是一个管理概念,而不是一种具体的课程形态,校本课程的实施也不统一规定具体的课程形态,像学术性课程、活动性课程以及其他更加综合、灵活的课程形态,都可以根据不同学校、不同年级、不同学生群体酌情加以采用。

(二)校本课程与国家课程校本化实施的关系

为了增强课程的适应性,除了进行校本课程开发外,在课程政策上还有一个思路,即鼓励国家课程的校本化实施。学校可以根据自身的实际情况创造性地实施国家课程,其中比较可行的方式是从"教教材"向"用教材教"扩展。这也是恢复课堂教学生机和活力的重要途径。当然,国家课程的校本化实施,并不能改变国家课程本身的地位和性质,不能把国家课程的校本化实施归为开设校本课程的范畴。规定国家课程的功能、领域、门类、目标、内容、要求、课时比例等,其权力主体和责任主体首先是国家,而不是学校。有的学校把实施校本课程的课时用于补习语文、数学、外语等国家课程,认为这也是实施校本课程,这样的理解是一种误解,甚至是一种曲解,应该予以澄清和消除。

地方的主要责任在于课程管理、课程服务和课程指导。三级课程管理越来越要求地方要提供和强化管理、服务和指导职能。

事实上,从课程改革的趋势看,教育部也逐渐要在国家层面上强化管理、服务和指导的职能,特别是强化服务的职能。

从整个设计的概念框架看,目前基础教育阶段特别是义务教育阶段的课程整体由国家课程、地方课程和校本课程三个课程板块共同构成。从管理权责来看,国家确定国家课程门类和相应的标准,这个工作是总体的、核心的工作;同时按门类、标准相应地组织审议供中小学使用的教科书。地方的职责有两个,第一是保证国家课程在本地区的有效实施,同时有一部分空间可开设地方课程。到学校层面时,课程意义是最丰富的,学校除创造性地执行国家课程、地方课程外,还可以自主决定安排一部分课时开设校本课程。校本课程的开设要善于吸收活动课、选修课以及兴趣小组活动的经验,同时注意体现学校为本的基本思想。学校原有的活动课、选修课、兴趣小组活动等,只要是学校自主决定的,是学生需要的,并且符合国家课程政策,可以直接归入校本课程;如果在内容指向上属于研究性学习、信息技术教育、劳动与技术教育、社会实践和社区服务,则直接归入综合实践活动;超出综合实践活动规定课时的部分课程安排,也可以归入校本课程。校本课程的开设在课时上可以和综合实践活动以及地方课程的课时一起统筹安排和使用。

顺便指出,中小学多年实行的活动课、选修课和兴趣小组活动等课程形态,还有另外一个演变方向,即发展成为综合实践活动。所以,活动课、选修课、兴趣小组活动的经验对于学校实施综合实践活动课程是非常有价值的。

综合实践活动是国家课程校本化实施的重要内容。综合实践活动在课程的管理性质上属于国家课程,它的课程名称、内容范围以及课时比例等由国家确定,这些方面对于学校具有强制性。比如义务教育阶段的综合实践活动,它的课程名称、课时比例由国家规定,内容范围也由国家确定为研究性学习、信息技术教育、社会实践和社区服务以及劳动技术。对于国家规定的课程名称、课程比例和内容范围,学校无权改变,而且必须执行,这是综合实践活动作为国家课程的属性所决定的。但是,这一国家课程同语文、数学等其他国家课程相比,又具有特殊性。主要是由于地区、学校和学生之间的巨大差异性,国家在研究性学习、信息技术教育、社会实践和社区服务以及劳动技术方面的具体内容、目标等并不作出统一规定,而是把决定权交给学校,由学校根据学校自身及学生的实际作出决定,在这一点上,综合实践活动与校本课程并无实质性区别,在技术上是十分一致的,只是在统计和管理口径上,我们必须把研究性学习、社会实践和社区服务归为国家课程,而不能算作校本课程。但学校在开发时可以和校本课程通盘考虑。总之,综合实践活动作为国家课程,学校必须开设,而且内容范围限定在研究性学习、社会实践和社区服务等方面,但具体怎么开设则由学校自主决定。

此外,为培养学生的创新精神和实践能力,各门课程普遍增加了实践活动,学校在做学年安排时,应根据活动的性质和内容,统筹合理安排。

(三) 校本课程开设的常见困惑与解答

在校本课程开发与管理实践中存在的不少认识困惑与误区,往往是因为不了解校本课程的政策意义所致,因此对于校本课程的政策意义进行讨论和澄清是十分必要的。

困惑一:校本课程就是学校课程吗? 二者有何区别?

校本课程是指直接由学校决定的课程。至于学校课程,则有两层含义,一是指直接由学校决定的课程,这时学校课程与校本课程是同义词;二是指在学校里开设的所有课程的总称,这时不管是国家课程、地方课程,还是校本课程,都属于学校课程。学校课程究竟是什么语义,需要根据具体的语境来判断。

在课程政策与理论文献中,对于直接由学校决定的课程,有时叫"学校课程",有时叫"校本课程",有时也用其他表述。在教育部组织编写或审定的有关新课程的各种解读或导读书籍中,以及在教育理论界和中小学实践中,则都把直接由学校决定的课程叫作校本课程,把校本课程作为与国家课程、地方课程相对应的概念来使用。

困惑二:校本课程的重点就是学校自编教材吗?

校本课程的重点在于实现其在整个课程结构中的功能,而并不是学校自编教材。在校本课程的开设过程中,出现了"校本教材""语文校本教材""语文校本课程"等说法和做法,在一些地方还很流行,甚至有些教育行政和业务管理部门不仅大力提倡"校本教材""语文校本课程""语文校本教材""数学校本教材"等做法,而且把它们作为对学校的校本课程进行考核、评估乃至宣传的重点,导致校本课程的开设背离了课程政策的基本方向,在实践中造成了误解和混乱。

那么,为什么课程政策上不主张"校本教材"呢?

第一,如果开设校本课程都要编写学生人手一册的"校本教材",那么多数学校和教师没有这样的时间、精力和能力来承担这样的工作,所以不具有政策上的推广意义。

第二,即使一部分学校和教师能够编制所谓的"校本教材",但它的课程成本太高,导致"校本教材"的思路在客观上变得没有意义。

第三,由于校本课程是学生需求和兴趣导向的,在观念上要改变"课程必定有教材"的思维定式,而应该有一个更为开阔的课程资源的视野,课程方案、教学简案、活动安排、专题提纲、活页讲义等形式是比教材更为合适的校本课程的课程资源。

第四,"教材"是一个政策性很强的概念,按照教育部发布的《中小学教材编写审定管理暂行办法》的规定,"编写教材事先须经有关教材管理部门核准;完成编写的教材须经教材审定机构审定后才能在中小学使用。""教材的编写、审定实行国务院教育行政部门和省级教育行政部门两级管理。"目前所谓的"校本教材"都不具有课程政策上的合法性。

至于"语文校本课程""数学校本课程"等说法和做法,则是对"校本课程"概念的误用。即使在开设校本课程时,一些具体的课涉及语文、数学或英语等科目的某种学科特点,如"唐诗欣赏""数学建模""趣味英语"等,也不宜使用"语文校本课程""数学校本课程""英语校本课程"的概念,这些概念太过随意,容易造成思想认识上的混乱和实践操作的盲动。

困惑三:综合实践活动课程和校本课程的区别在哪里?

按照《中小学综合实践活动课程指导纲要》规定,综合实践活动在课程的管理性质上属于国家课程,它的课程名称、内容范围以及课时比例等由国家确定,这些方面对于地方和学校具有强制性。比如义务教育阶段的综合实践活动,它的课程名称、课时比例由国家规定,内容范围也由国家确定为研究性学习、社会实践和社区服务等。对于国家规定的课程名称、课时比例和内容范围,学校无权改变,而且必须执行,这是综合实践活动作为国家课程的属性所决定的。

但是,这一国家课程同语文、数学、英语等其他国家课程相比,又具有特殊性。主要是由于地区、学校和学生之间的巨大差异性,国家在研究性学习、社会实践和社区服务等方面的具体目标确定、内容选择、开设顺序、课时安排、活动方式、主次关系、年级分布等方面等并不作出统一规定,而是把决定权交给地方和学校,特别是由学校根据自身实际和教育部的有关要求进行自主开发或选用。在这一点上,综合实践活动与校本课程并无实质性区别,在技术上是十分一致的。只是在统计和管理口径上,我们必须把研究性学习、信息技术教育、社会实践和社区服务、劳动与技术教育归为国家课程,而不能算作校本课程,但学校在具体实施时可以和校本课程通盘考虑。

总之,综合实践活动作为国家课程,学校必须开设,而且内容范围限定在研究性学习、社会实践和社区服务等方面,总的课时比例必须达到《中小学综合实践活动课程指导纲要》规定要求,但具体怎么开设则由学校自主决定,并通过学校课程实施方案呈报上级教育行政部门或授权机构核准备案。

困惑四:选修课、活动课怎样发展成校本课程?

基础教育课程改革与原有课程之间存在继承与创新的问题,校本课程也是对原来活动课和选修课的继承、规范和发展。因此,校本课程的开设要善于吸收活动课、选修课以及兴趣小组活动的经验,同时注意体现学校为本的基本思想。学校原有的活动课、选修课、兴趣小组活动等,只要是学校自主决定的,是学生需要和喜欢的,并且符合国家课程政策,可以直接归入校本课程;如果在内容指向上属于研究性学习、信息技术教育、劳动与技术教育、社会实践和社区服务,则直接归入综合实践活动;超出综合实践活动规定课时的部分课程安排,也可以归入校本课程。校本课程的开设在课时上可以和综合实践活动以及地方课程的课时一起统筹安排和使用。

有些活动课和选修课,如果与校本课程开发的理念相去甚远,这就需要加以改造、规范和发展。此外,为培养学生的创新精神和实践能力,各门课程普遍增加了实践活动,学校在做学年安排时,应根据活动的性质和内容,与综合实践活动统筹合理安排。

要使中小学开设的活动课、选修课以及兴趣小组活动成为校本课程,必须正确处理下面几个方面的问题:

第一,必修课、选修课与活动课的关系。其中,必修课和选修课是一对范畴,活动课程和学科课程是一对范畴,它们的参照坐标是不同的。也就是说,活动课与必修课、选修课本身不在同一个逻辑层面上,它们之间是一种交叉关系,无法并列构成课程的整体结构。因此,不能把必修课、选修课和活动课作为学校整体课程结构的设计依据。

第二,活动课与活动课程、活动之间的关系。设置活动课的本意,是希望课程能够体现活动课程的理念,满足学生的兴趣与需要、密切与学生生活经验的联系。假如这些活动课不符合学生的兴趣、意愿,远离学生的生活世界和社会发展需要,那么这种活动课对于学生发展的意义也就大打折扣,有违设置活动课的初衷。

第三,选修课和活动课由谁来决定?无论是选修课还是活动课要成为校本课程,必须让教师和学生参与课程决策,体现学生的发展需要和兴趣爱好。

第四,选修课和活动课到底解决什么问题?对于广大中小学来说,课程设计必须确立课程的意义或价值,回答好选修课和活动课的总体目标是什么,总体目标与学校办学思想、培养目标、国家教育方针的关系是什么,为什么要开这门课而不开别的课,各门课之间的关系是什么等等之类的问题。

所有这些问题都是学校课程实践中的现实问题,需要我们超越"课"和"学科"的概念局限,进入"课程"的视野,从课程的意义上来认识和解决这些实际问题。三级课程管理政策的实行,特别是校本课程的引入,为我们清理、规范和发展原来的选修课和活动课,提供了新的平台。原来的活动课和选修课,在很大程度上为校本课程的发展奠定了必要的基础,但在一些重要问题上还需要进一步加强、补充、规范和超越,才能成为真正意义上的校本课程。

困惑五:特长课程是校本课程吗?

如果特长课程是由学校自主决定的,并且符合国家课程政策,就属于校本课程。如果所谓的特长课程,都变成了补习国家课程的活动,如"数学特长班""英语特长班"等,原则上应该属于国家课程的实施范畴,而不是校本课程的开设,因为它与校本课程的功能定位和政策意图不完全相符。其课时也应放在国家课程的课时中进行归口管理,而不应挤占校本课程的课时比例。

困惑六:地方课程与校本课程有什么区别?

设置校本课程的主要目的是在课程结构上增强对于地方、学校和学生的适应性,在课程的宏观结构上为尊重和满足地方、学校和学生的差异性创造条件。因此,校本课程与国家课程、地方课程在功能上是有很大差异的。

国家课程必须从国家的整体情况来考虑问题,它的功能重点是反映社会和时代发展对于基础教育在公民科学文化素养和精神面貌方面所提出的基本要求。地方课程突出了地方的特点、实际和要求,这是地方课程的重点和优势。

不管是国家课程还是地方课程，很难完全照顾到学生的实际发展需求，而其中相当一部分发展需求对于学生的健康成长和健全发展是有重要意义的，所以满足这一部分发展需求的任务不仅是推进素质教育的重要组成部分，而且只有在学校层面上才能完成。换句话说，设置校本课程就是要从课程结构上弥补国家课程和地方课程的局限，在整个课程当中开一个口子，专门拿出一部分课时用于满足国家课程和地方课程所无法满足的那部分学生发展需要，更好地培养学生的个性特长，形成学校的办学特色，促进学生的健康成长和健全发展。这是校本课程的功能重点和优势所在，也是设置校本课程的基本政策意图。

因为校本课程的决策主体是学校，只有学校才有条件真正了解自己的学生，了解他们在学习和成长过程中，除了语文、数学、外语等国家课程的学习之外，还有哪些重要的发展需求可以通过校本课程的学习来得到满足，所以学校要不断地了解和确认这样的发展需求，并在规定的课时范围内开设相应的课程予以满足。例如，锡山高中的学生在学会交往、学会承受挫折和学会学习三个方面的需求非常突出，所以他们当时的校本课程主要针对这三个方面的需求来开设，以便更好地帮助学生解决和消除成长过程中的问题和困惑，使学生能够更好地健康成长和健全发展。

综上所述，校本课程在课程结构上的意义在于，弥补国家课程和地方课程的不足，满足国家课程与地方课程无法满足的那部分学生发展需求。这样，国家课程、地方课程和校本课程就共同构成了一个功能上各有侧重、相互补充的课程整体。从课时比例上来看，校本课程与国家课程相比，在整个课程计划中处于辅助性的补充地位。但是，对于学生的健康成长和有个性的全面发展来说，这种补充是必不可少的，不可替代的，而且越来越重要。对于学校和教师来讲，校本课程为更好地提高教师的课程意识和能力，形成和发展学校的办学特色提供了课程结构上的要求和保障。

困惑七：学科课程的延伸是不是校本课程？

由于校本课程是指直接由学校决定的课程，所以它首先是一个管理概念，而不是一种具体的课程形态，校本课程的实施也不统一规定具体的课程形态，因此像学科课程、活动课程以及其他更加综合、灵活的课程形态，都可以根据不同学校、不同年级、不同学生群体的需求与特点酌情加以采用。

为增强课程的适应性，除开设校本课程外，课程政策上还鼓励国家课程的校本化实施，即学校可以根据自身的实际情况创造性地实施国家课程。当然，学校不能改变国家课程本身的地位和性质，国家课程对于学校来讲具有强制性，不能把国家课程的校本化实施归为开设校本课程的范畴。例如，按照义务教育课程设置实验方案的要求，英语是国家规定的必修课程,属于国家课程的范畴,小学开设英语课程的起始年级由各省(自治区、直辖市)教育行政部门决定,一般为三年级。有学校根据自己学校的条件,把开设英语课程的起始年级确定为一年级,认为一、二年级开设的英语课程就是校本课程。这种说法是不恰当的。英语作为国家课程的基本性质和地位对于学校具有强制性,学校无权改变,学校的做法是对英语这门国家课程进行的校本化实施,但学校不能把国家课程的校本化实施等同于校本课程,而且这种校本化实施必须通过学校课程实施方案呈报教育行政主管部门,得到批准后才能进行。

从功能定位来看,校本课程的课时不是拿来补习如语、数、外、理、化、生这些国家课程的,它不是学科导向的,而是学生兴趣和需求导向的。它是主要用于满足国家课程所难以满足的那部分学生发展需求的,因此首先要考虑具体学生的兴趣和需求,结合学校的优势和特点来开设。校本课程一定要是学生感兴趣的内容,这是一个重要的标志。这个兴趣是个人的兴趣,是现在的需求。有些课,比如面向部分"尖子生"、面向考试的课,是国家规定的必修学科的延伸,学生也很感兴趣,这时也很难说它就是国家课程,这样的课算是打了个擦边球,它可以是校本课程的一种选项。但从学校层面来说,校本课程不能全是这样的课,这不完全符合校本课程的政策意图。

困惑八:校本课程开得越多越好吗?

根据教育部新颁布的《义务教育课程设置实验方案》和《普通高中课程方案(实验)》规定,在义务教育阶段,地方课程和校本课程加在一起所占的课时比例是10%—12%,即使这些课时全部用于校本课程的开设,对于每位学生来讲,一周也只有3个左右的课时来参加校本课程的学习;在高中教育阶段,三年里每位学生参加校本课程的学习要获得不低于6个学分,即每位学生平均每周用于校本课程的学习时间大约是1个课时。这样看来,校本课程在课时比例上是很有限的。

如果考虑到学生对校本课程的选择性问题,校本课程会在一定程度上增加学校的工作量,因此校本课程的选择性也是有限的,需要考虑开课的成本,尽管各个学校会有一些差异,但在具体的校本课程的开课班额和总课时数上都是很有限的。

所以,校本课程的开设,从课程政策的意义来看,既要考虑学生的兴趣和需要,保证基本的课时和选择性,同时也要考虑学校的实际可能,并不是开得越多越好。

困惑九:农村学校开设校本课程的条件比城市学校差吗?

从总体上看,中小学学校开设校本课程的条件,如果就经费开支、网络和信息技术支持等方面来说,农村的条件要比城市差,但如果就社会资源和自然资源的丰富程度来讲,农村不会比城市差,甚至可能比城市强,所以笼统而抽象地谈论农村学校与城市学校开设校本课程的条件孰优孰劣,意义不大,关键要看学校和教师开发和利用课程资源的意识和能力。

值得注意的是,开设校本课程的本意就是要鼓励学校和教师从当地的实际情况出发,因地制宜地开发和选用适合本校特点的课程,从而与国家课程、地方课程构成一个各有侧重、相互补充的课程整体,更好地满足学生的兴趣爱好和实际发展需要,更好地促进学生的健康成长和健全发展。那种不顾学校实际、盲目攀比其他学校和地区的条件来开设校本课程的做法,本身就是与校本课程的价值取向背道而驰的。

第 14 讲

教师发展与教学研究的校本取向

基础教育课程改革的深入展开,迫切需要建立和健全校本教学研究制度。校本教学研究的理论基点是,学校是真正发生教育的地方,教学研究只有基于学校真实的教学问题才有直接的意义。校本教学研究制度,对于创造性地实施新课程,全面落实课程改革目标,切实提高教学质量,促进教师的专业发展,提高学校课程建设能力和办学水平,具有重要的理论和实践意义。

因此,我们必须在建立校本教学研究的制度框架基础方面形成一些基本的认识。进一步讲,校本教学研究旗帜鲜明地强调和践行校本教学研究的基本理念[1],突出教师发展和教学研究机制的校本取向。

一、确立校本教学研究的基本理念

(一)学校应该是教学研究的基地

校本教学研究强调学校是教学研究的基地,意味着教学研究的重心要置于具体的学校教学情境中,教学研究的问题是从学校教学实践中归纳和汇集的,而不是预设和推演的,要在学校真实的教学情境中发现问题、分析问题和解决问题。

许多教学问题,如果脱离了具体的教学情境去抽象地谈论,是容易做到的,但意义却不大。比如,在实施新课程的过程中,三级课程管理政策对学校提出了新的要求,学

---

[1] 吴刚平.校本教学研究的意义和理念[J].人民教育.2003(5):28—30.

校不仅要创造性地执行国家课程和地方课程,还有权利和责任开发适合本校特点的校本课程,这就会出现与以往任何时候都很不相同的教学情境,再加上各个学校的情况差异很大,对于具体的学校而言,解决所谓"面上"的教学问题显得并不那么"真实"了,总有一种隔离感,并不能对学校的教学实践产生直接的影响。像校本课程如何开发,综合实践活动如何开展,大班额背景下如何体现学习的自主性、合作性和探究性之类的问题,只有置于学校的具体教学情境中才可能找到恰当的解决办法。如果教师持续地关注某个或某些有意义的教学"问题",想方设法("设计")在教学"行动"中解决问题,并且不断地回头"反思"解决问题的效果,那么教师的教学工作就同时具备了教学研究的性质,教学质量和水平的不断提高就有了坚实的基础。

强调教学研究的基地是学校,意味着教学研究的工作方式将发生很大变化。一方面,学校内部的教学研究要立足于学校自身的真实教学问题,做到"学校为本",这种方式要在政策措施上加以鼓励和保护。另一方面,校外教学研究机构不仅要采用自上而下的工作方式,还要更多地采用自下而上的工作方式,倾听和反映学生、老师和校长的教学要求和教学问题,学习和鼓励他们的首创精神和实践智慧。教学研究除了研究教材、教参和教法之外,还要十分重视研究学生、研究课堂、研究学校、研究课程。如果只是传达指示和分派任务,即使天天在学校,也不能说是教学研究的基地在学校了。

(二)教师应该是教学研究的主体

校本教学研究强调教师是教学研究的主体,认为教学研究不能只是少数专职研究人员的专利,还应该是所有教师的权利和责任。只有当越来越多的一线教师以研究的态度来对待自己的教学实践和从事教学工作、并且在这个过程不断提高解决实际教学问题的能力的时候,学校教学质量的普遍提高才有真正可能。

以教师为主体所从事的教学研究不同于以倡导"思想观念"和"理论流派"为己任的象牙塔式的研究,更多地应该是"问题解决"式的行动研究,是自觉和主动地致力于探索和解决自身教学实际中的教学问题,从而达到改进教学实践和提高教学质量的目的。

强调教师是教学研究的主体,就应该对中小学在教学研究上的一些误区加以澄清。例如,在一些学校,教学研究项目仅由学校里个别科研能人乃至校外专家代劳,或者教育科研项目越做越大,甚至动辄就要形成某某理论,不仅让广大教师对教学研究望而却步,也否定了教师从事教学研究的权力和责任,而且这样的研究游离于教师自身的教育教学实践之外,脱离教师的经验范围,对提高学校的教学质量起不到应有的支持作用。这些现象的存在和蔓延,甚至形成恶性循环,使教学研究越来越远离学校的教学实践,这与我们在校本教学研究机制方面的制度建设跟不上是有密切关系的。加强校本教学研究,校外教学研究机构的一个重要任务就是帮助学校和教师在教学实践中发展和提高教学研究的意识和能力。教师成为教学研究的主体是整个教育创新的活力所在。

(三) 促进师生共同发展应该是教学研究的直接目的

校本教学研究,无论作为一种教学研究活动,还是作为一种教学研究机制,其直接的目的都是为了改善学校实践,提高教学质量,促进教师和学生共同发展。其中的核心是教师的专业发展和学生的身心健全发展,这是体现学校办学水平的主要内容。丢掉了这个直接目的,校本教学研究的灵魂也就丢掉了,"学校为本"就会变成一句空话。

考察教学研究的直接目的是否指向改善学校实践、提高教学质量、促进教师和学生共同发展,一个重要的标志就是看它是否植根于教师和学生的日常教学活动,是否与学校日常教学行为的改善联结起来。而且,评判的最终主体应该是学校的校长、教师和学生,而不应该是学校之外的其他主体。这一点,需要有制度上的保障,也就是说,当学校认为教学研究没有直接指向教师和学生的共同发展时,他们应该在制度上能够很顺畅地表达他们自己的感受和要求。这并不是否定校外评价的重要性,而是要在制度上确认校内评价的应有地位和作用。校本教学研究的成果,包括它的目的指向,应该由学校师生自己确认,这一点在制度上应该获得更多的鼓励和肯定。教学研究中存在的一些为研究而研究、为"装门面"而研究的现象,是与校本教学研究的基本理念背道而驰的。

二、突出教师发展和教学研究机制的校本取向

(一) 建立"自下而上"与"自上而下"相结合的教学研究机制

校本教学研究作为教学研究机制系统的一个重要组成部分,它的基本特征是"学校为本",即直接围绕学校自身所遇到的真实教学问题而开展教学研究活动。反过来说,如果教学研究不能直接围绕学校所遇到的真实教学问题而展开,那么它就不能称为校本教学研究。要建立校本教学研究制度,就必须克服现行教学研究机制系统的缺陷,对现行教学研究机制系统加以调整和改进。[①]

校本教学研究作为一种教学研究活动,在学校教育实践中并不陌生,但作为一种教学研究机制,它的意义并未受到人们的普遍重视,尤其是从整个基础教育系统来看,校本教学研究还缺乏制度上的规范。正因为如此,即使是在学校一级开展的教学研究活动也在相当程度上逐渐偏离"学校为本",研究的很多问题往往不是学校自身遇到的真

---

① 朱慕菊.改进和加强教学研究工作深入推进新课程实验[J].人民教育.2003(5):24—25.

实教学问题,反而是校外机构或单位所要求或布置的与学校自身的真实教学无关或不直接相关的问题,偏向了"校外为本"。

那么,为什么教学研究的重心会远离学校,远离学校的真实教学问题呢?要更好地理解这一现象,理解校本教学研究的现实意义,就必须先对教学研究的机制类型做一个说明。

大致说来,教学研究的机制类型有三种。一是通过自上而下的方式,采取上级行政推动的策略,开展教学研究工作,促进教学水平和教学质量的提高,可以称作自上而下的教研机制;二是通过自下而上的方式,采取基层学校创新的策略,开展教学研究工作,促进教学水平和教学质量的提高,可以称作自下而上的教研机制;三是通过自我更新的方式,依靠从事教学研究的教师个人和机构个体的自我觉醒来适应变化的教学情境,探索教学改进的途径,可以称作自我更新的教研机制。其中,无论是自上而下还是自下而上的教研机制,要有效地发挥作用,都必须以自我更新为基础。但自我更新依靠的是教师个人和机构个体的自觉,并不具有直接的制度上的意义,所以教学研究制度建设的重心在于自上而下和自下而上的两种机制类型。

自上而下的教研机制在启动统一的大规模教学变革时是非常有效的,它的优势是解决带有普遍性的"面上"的教学问题,但随着教学改革进程的深入展开,这种教研机制在解决学校自身遇到的、日常的、具体的、"点上"的教学问题时却存在明显不足。客观上,它需要自下而上的教研机制来补充,自下而上的教研机制在内在性质上更适合于解决学校自身所遇到的日常的具体教学问题。校本教学研究,从教学研究制度层面上来讲,就属于典型的自下而上的教研机制。

现行教学研究机制系统是以各级教研室为主干建立起来的,经过几十年的发展,有了比较严密的组织和制度体系,成为我国基础教育事业发展的重要组成部分和业务支撑力量。但不可否认,这种教学研究机制系统是在计划经济体制模式下建立起来的,它所适应的是具有超稳定特征的统一计划体制,在很大程度上讲是一种单一的自上而下的教研机制,缺少自下而上的教研机制的补充、促进和制约。这种单一的自上而下的教研机制,在制度意义上存在着明显的局限性,在机制上是不健全的,不能很好地适应这个时代的教育发展要求。一方面,学校一级的教学研究缺少基本的制度规范,得不到应有的重视,学校校长、教师和学生的教学要求不能得到有效的表达;另一方面,校外教学研究机构(包括各级教研室和其他研究机构)的研究工作常常脱离具体学校的实际教学问题,在客观上淡化学校一级的教学研究或者导致学校一级的教学研究出现脱离自身实际的倾向,即使校外教学研究机构愿意解决具体的学校实际教学问题,也只能依靠他们的自觉,而无论属于上述哪种情况都缺少机制上的保证和制度上的规范。

校外教研机构由于其研究主体在学校之外,在研究和解决学校的具体实际教学问题方面客观上存在着很大局限,很容易形成事实上的"官僚主义",其研究成果即使很有价值也不能直接转化为学校实际的教学行为和策略,学校教师还需要经过一个消化和吸收的过程,才能逐步地运用到实际的教学之中,而且这种转化也需要广大一线教师有教学研究的意识和能力。校外机构的教学研究在客观上的局限性凸显了校本教学研究的现实意义。所以,当前强化校本教学研究,并不是把现行教研制度推倒重来,而是对现行教研制度加以调整和改进,使之从单一的自上而下的教研机制向自上而下与自下而上双向结合、优势互补、相互制约与促进的教研机制扩展和丰富,使基础教育的教学研究工作既能反映时代进步和社会发展的要求,又能符合学校的具体实际,能够更加有效地反映学校校长、教师和学生的教学要求,解决他们的困惑和问题,提高学校的教学质量。

强化校本教学研究主要有两个方面的任务指向,一是加强制度建设,使校本教学研究合法化和合理化,促进学校一级的教学研究工作,提高学校自身教学研究的质量和水平;二是从机制上引导和促进校外教学研究机构改变教学研究脱离学校实际的状况,突破单一的自上而下开展教学研究的工作方式,把自上而下与自下而上两条通道联结起来,重视研究和解决具体学校所遇到的实际教学问题,促进学校一级的教学研究能力不断提高。

需要强调的是,校本教学研究的功能也是有限度的,它并不能解决学校的所有教学问题。强化校本教学研究的目的是对现行教学研究机制系统进行调整和改进,从而使自上而下与自下而上两种教学研究机制能够更好地优势互补、相得益彰。

(二)加强和改进学校校长和教师的教学研究

校本教学研究主张学校的校长和教师直接面对自身真实的教学问题而展开的思考、探索和改进等活动是非常重要的教学研究活动,应该使曾经不被看重和看好的教学研究恢复它应有的地位,使之合法化、合理化和制度化。这种"学校为本"的基本特征,可以改变中小学教师在教学实践中仅仅处于执行和服从的被动地位,为尊重、调动和保护中小学校长和教师教学创新的积极性开辟道路。中小学教师可以理直气壮地"开展自己的教学研究"、"解决自己的教学问题"、"发表自己的研究成果"、"改善自己的教学实践"。

素质教育的全面推进,特别是基础教育课程改革实验的深入展开,一方面对校本教学研究发出了强烈的呼唤,要求强化校本教学研究,加快校本教学研究的制度化建设进程。另一方面,一些中小学在校本教学研究方面创造和积累的宝贵经验,展示出校本教学研究的广阔前景。基础教育的改革和发展需要校本教学研究提供持续的专业支持,中小学校长和教师可以大有作为。因此,校本教学研究作为一种教学研究机制,在制度建设上一定要有前瞻性和紧迫感。

在学校,校长是建立校本教学研究制度的第一责任人,应该成为校本教学研究的身体力行者,应该懂教学和管理,有专业意识和专业水平,有专业精神和专业威望。校长要真正确立科研兴校的办学理念,建立校本教学研究的导向机制、激励机制和保障机制。学校要整合教科室、教学处、学科教研组和备课组的力量,建立直接服务于提高教学质量和教师发展水平的开放的教研网络。通过开放的教研网络,经常和校外的同事、专业研究人员保持沟通和联系,主动寻求专业研究人员的支持和帮助,使每位教师的困惑能够及时地得到回应,问题能够及时解决,经验能够及时交流,努力把学校变成真正的学习型组织。

教师要形成学习和反思的习惯,向实践学习,向书本学习,向同事学习,向专家学习。只有不断学习,才有能力反思,才能不断进步。一个不学习的教师即使有良好的愿望,也没有能力全面提高自己的专业水平,所以学习和反思是教师专业发展的必由之路。同时,教师要增强研究的意识,以研究者的眼光审视、分析和解决自己在教学实践中遇到的真实问题,克服被动性和盲目性,把日常教学工作和教学研究融为一体,形成一种新的教师专业生活方式。

要强调教师之间的专业切磋、协商、交流和合作,分享经验,互相学习,彼此支持,共同成长。要防止和克服教师各自为战和孤立无助的现象,倡导科学精神,营造求真务实、科学严谨的教研气氛,提高教学研究的质量和水平。

(三) 引导和促进校外教学研究的重心转向中小学的教学实际问题

将教学研究工作的重心转移到学校,形成与新课程相适应的校本教学研究制度,是当前学校发展和教师成长的现实要求与紧迫任务,也是深化教学改革的方向和重点。校本教学研究不仅有利于调动和保护中小学教学创新的积极性,而且有利于鼓励和调动各方面的教学研究力量支持中小学的教学研究,校外教学研究机构可以在为中小学提供更加直接的专业支持与服务的过程中寻找到教研机制创新的生长点和突破口。

各级教育行政部门应该高度重视校本教学研究的制度建设,把它作为对中小学和校外教学研究部门进行考核评价的重要内容。特别是,要抓好教学研究机构和教学研究队伍建设,充分发挥教研机构的研究、指导和服务职能。目前需要着重抓好的工作有:第一,深化教研机构改革,整合教研力量,形成开放的教研员流动机制,建设一支能够服务和指导中小学课程改革的专兼职相结合的教研队伍。第二,充分发挥教研员在课程改革中的作用,尊重教研工作的独立性和专业特点,保证教研员把主要精力和时间用于教研工作。第三,重视教研员的进修和培养,提高教研队伍的专业素质和水平。第四,保证教研工作所需要的经费投入,建立教学和教研成果的奖励制度,鼓励教研员在教研方面做出成绩。

教研室和教科所等教学研究机构应该以新课程为导向,改变过于强调学科本位的倾向,加强各门学科之间的沟通、整合,从学生发展、教师成长和学校发展的需要出发,紧紧围绕地方和学校课程实施的问题,把握重点,有目的、有计划、有组织地开展专题研究,不断提高研究的质量和水平,避免把教学研究简单化为仅仅只是统一教学进度、教学要求和组织复习考试等。教研员是专业的教学研究人员,应该特别重视研究学校在课程改革实践中所碰到的具体实际问题,推动课程改革的深化发展。要强化"学校为本"的意识,使有组织的区域性教研活动能够植根并服务于自下而上的校本教学研究工作,指导学校更新教育观念,改进教育实践,提高教学质量和办学水平。要尊重教师的创造性劳动,热情鼓励和积极发现教师在课程改革中形成的经验和智慧,和教师一起进行总结和提炼,相互学习,平等对话,共同提高。

大学特别是师范院校应该在建立校本教学研究制度方面发挥重要作用,成为课程改革中教学研究的重要力量。大学的基础教育课程研究中心要深入开展基础教育课程改革研究工作,发挥学术研究和理论创新的优势,积极主动地参与中小学课程改革实践,提供有效的专业支持。大学研究人员要深入课程改革实践,善于向有丰富实践经验的教研员和教师学习,与广大教研员和中小学教师一道研究和解决教学实际问题,并在这个过程中共同提高和发展。大学要重视基础教育课程研究中心的建设,改善研究人员的工作环境和条件,不断提高研究队伍的研究能力和研究水平。

与基础教育课程与教学等相关的其他各种专业研究机构,也应该致力于研究和解决中小学的教学实际问题,一方面为建立校本教学研究制度作出贡献,同时也开拓自身的发展空间。建立校本教学研究制度,既强调以制度化的方式保障教师对教学的自主决策、反思和改进的权力,同时又强调在机制上以学校为中心和主体,引导校外教学研究力量积极有效地参与研究和解决学校的教学实际问题,进行理论概括和提炼,总结经验,探索规律。这是一个立体化的教学研究网络,需要广大中小学教师和专业研究人员之间进行良好的分工与合作,进行坚持不懈的努力。

（四）强化教师参与教研活动的问题意识

校本教研的意义是不言而喻的，因为在基础教育课程改革启动之际，校本教研就被作为推进课程改革的重要工作提上了议事日程，并且在不少学校取得了相当大的进展。但是，从大多数中小学的实际情况来看，都能认识到校本教研的重要性，也真诚地希望推进校本教研，虽然总体上建立了相应的教研机制，但在很多情况下却是难以为继，沦为统一教学进度、分配教学工作的行政事务性日常安排。教研活动基本上没有了研究的意味和实质，多数老师也就不再热心参与教研活动，甚至开始怀疑教研活动的价值，用逃避和得过且过等行动来抵制教研活动了。

那么，为什么原本意义重大的教研活动在一些学校会变成如此鸡肋般的存在呢？其中的瓶颈到底在哪里？

每个人对此给出的答案可能都不相同，但其中一个回答一定是最为普遍和最具要害性的，那就是参与教研活动的教师没有准备真正有价值的教学问题，尤其是缺少教学问题意识。

如果抽象地定义问题意识，那是指主体对于教学问题的敏感性和自觉性程度，即一个人对于教学问题越敏感、越自觉，他/她就越有问题意识。但如何做到对于教学问题越来越敏感和自觉呢？这就需要多方面的学习、实践和总结。

比如，说到问题意识，首先就要弄清楚到底什么是问题。在日常生活用语当中，问题至少有四种含义，一是需要回答的事项，有明确的答案，只提供信息。比如有人爱问问题：你叫什么名字？在做什么工作？一个月工资多少？诸如此类的问题，都属于需要回答的事项。二是意外或不好的事情。比如说，这个人的做法有问题；今天的氛围有问题；诸如此类的问题，基本含义是说有不一样或意外的情况，或不大好的情况。三是事物的关键和重要之处、要害等。比如说，问题是上课不能打瞌睡；问题是谁先提出这一建议。诸如此类的问题，就是指事情的重要之点、关键之点。四是需要反复分析和探讨才能逐渐弄清楚的困难、矛盾和疑惑等。比如说，孩子们吃穿不愁怎么就是不想读书呢？人们生活水平越来越高而幸福指数却越来越低了呢？诸如此类的问题，都不是一两句话能解释得清楚的，需要反复分析和讨论才能有所明白，才能部分得到理解和解释，从而找到某种解决办法。

与日常生活用语中的问题相比，校本教研活动中教师问题意识的问题概念具有更强的专业属性，日常用语中的问题只有第四种含义才是与之比较接近的。而校本教研中教师的问题意识，其问题的概念是指教育教学现状与教育教学的需要、可能和目标相比而存在的困难、矛盾和差距及其背后的原因，以及与原因相匹配的对策。

按照这样的定义,教师需要研究的教育教学问题至少包括现象问题、原因问题、对策问题三大类问题,如表 14-1 所示。

表 14-1 问题类别简表

层面	分类	意义	作用
现象	意料之中特别满意	其中的任何一类现象,都蕴含着值得研究的问题	从现象入手进入教学研究过程,回答是什么的问题
	意料之中特别不满意		
	意料之外特别满意		
	意料之外特别不满意		
原因	可消除、可推广	值得研究	探求现象背后的原因,透过现象看本质,回答为什么的问题
	不可消除、不可推广	研究价值不大	
策略	原因正配策略	值得研究	寻找解决问题的路径、办法和措施,回答怎么办的问题
	原因误配策略	研究价值不大	

一类是现象问题。教育教学中存在各种纷繁复杂的现象,但哪些教育教学现象值得教师关注和研究呢?关于现象问题,可以进一步分解为两个维度和四种组合,两个维度是指满意度和预期度,四种组合是指把满意度和预期度分别推向两端后进行组合形成的现象类别,即意料之中特别满意的现象,意料之中特别不满意的现象,意料之外特别满意的现象,意料之外特别不满意的现象,这都是值得研究的现象,任选一种开展研究,都可能带来有价值的研究发现和研究成果。

二类是原因问题。我们常说要透过现象看本质,意思是说,现象问题只是表面问题,更有研究价值的问题是现象背后的原因问题。那么,教育教学现象背后的原因往往也是多种多样纷繁复杂的,究竟如何有效开展研究呢?对原因进行分类,就可以让原因问题变成结构良好的问题。也就是说,满意的现象,要寻找可推广的原因,才有价值。不可推广的原因,即使找到了,意义也不大。不满意的现象,要寻找可消除的原因。不可消除的原因即使找到了,意义也不大。

三类是策略问题。策略也要分类,一种是对策,即正确的策略,就是与原因相匹配的策略。对,是正确的意思,而不是应对,也不是对付,更不是对着干的意思。另一种是错策,即与原因误配,甚至是无视原因的策略。教育教学中很多经验式的措施,往往效率低下,就是因为缺少研究成果支持而导致的错误策略。

在校本教研中,现象、原因和策略这三类问题分别发挥不同的作用,但却构成教研问题的整体序列。教师和教研活动在不同发展阶段和不同研究水平状态下,所选择研究问题的重心是不一样的。但总体而言,教师研究教育教学问题总是遵循从关注现象到揭示原因再到寻找对策的一个连续探索过程。在教育教学实践当中,多数老师对现象问题都比较熟悉,但对原因问题却比较陌生,甚至不是很关心为什么的问题,而更关心的是怎么办的策略问题。其实,原因问题才是核心问题,是最具基础性和长远性意义的根本问题。

对于教师而言,解决教育教学问题主要有两种方式,一种是经验式解决,即凭借个人经验和惯用策略,一次性或重复性地解决问题。另一种是研究式解决,即通过分析、讨论、设计、行动、观察、反思等循环往复的过程探寻现象背后的原因及其对策,以提高教育教学质量。当然,经验式解决与研究式解决是相对而言的,而且在一定条件下是可以相互转化的。

教学研究要提高成效,就必须始终以解决问题为核心,基本机制模型是带着问题来—带着方案走—带着新的问题来—带着新的方案走,如此循环往复,螺旋上升。

后　记

在《当代课程与教学问题十四讲》一书出版之际，我终于长长地舒了一口气，如释重负。此中滋味，想必有过类似经历的人，都能体会。

2016年，华东师大教育学高峰学科建设计划专著招标项目启动。起初，我对投标申报有一点心动，觉得有责任为教育学高峰学科建设做点事情。但是，一想到手头的事情着实不少，就又有一点担心，时间太紧了。如果投标不中，面子里子都没有，或者，投标虽中，有了面子，到时完不成任务，拖了学科建设的后腿，反而把暂时拥有的一点面子搞得更没有面子，最终也是面子里子都没有。

就在我只有心动没有行动的空当，投标申报截止日期过去了，申报书用不着写了。我暗自庆幸，时间真是消除焦虑的一把宝剑。

可不承想，事情会有意外。在申报截止日期已经过去三四天的时候，时任课程与教学系的系主任胡惠闵教授找到我，说她见到教育学部主任袁振国老师，袁老师专门问她，你和吴刚平怎么没有申报专著招标项目？胡老师其实跟我一样，既想申报，又因为事情多精力有限而纠结，也是过了截止时间，就没报。所以，她就回答说，我们俩是商量过的，本来都是想报的，因为事情多，时间又紧，有点来不及，错过了截止日期，没法申报了。

胡老师的意思是，我们态度是积极的，是愿意申报的，只是因为客观上的原因才导致最后没有申报。哪知道，袁老师说，这样，再宽限你们一周时间，赶紧申报，参加评审。这下可好，领导把话都说到这份上了，我们没有退路，赶紧申报才是唯一出路。

我申报的专著项目是《当代课程与教学问题的概念建构》，通过了评审，获准立项。我的基本设想是，梳理我国当代课程与教学改革所面临的新情况和新问题，通过概念建构，为这些新情况和新问题的思考和解决，提供某种具有参考价值的解释框架和解决方案，从而为课程与教学论学科建设添砖加瓦。

我个人的研究工作,经常是计划赶不上变化。这本书的写作过程,时断时续,中间穿插了好多都很重要而紧迫的事情,也都跟高峰计划一样,被领导们监督和催促。反正是债多不愁,哪一块的领导催得狠一点,我就赶紧把哪一块的工作向前推进一下。而且,按下葫芦浮起瓢,新的任务似乎层出不穷,好不容易交掉一个任务,又马不停蹄地迎来一个又一个更新的任务。

好在这本书现在终于出版,虽是姗姗来迟,但对高峰学科建设项目,对关心我的领导和同事,对我自己,总算是有个交待。

本书考虑到,概念建构可能过于学术,不够通俗易懂,所以把书名改为《当代课程与教学问题十四讲》。但著作初心不变,因为课程与教学问题的概念建构本身的意义和价值是不言而喻的,特别是国家级教学成果奖制度实施以来,越来越多的一线教育工作者特别需要对教育教学改革成果进行概念化的提炼和总结,同时更需要通过概念建构去引领和推动课程与教学领域的改革创新实践,从而更好地担负起为党育人、为国育才的教育使命。

本书主要围绕课程、教学、评价、教研四个领域,选取比较突出和典型的新情况和新问题,建构相应的核心概念和关联概念群,形成分析相关问题的解释框架和解决方案。

其中,概念建构涉及各种不同情况。有些是人们耳熟能详的旧有概念,有些是课程改革倡导的新兴概念,还有一些是缺少对应的概念,姑且称之为空缺概念。这些不同情况的概念建构需求存在明显的差异。

旧有概念需要进行概念重建。比如,教育经验、学科知识、学习目标、课程内容、讲授教学等,它们都不是新概念,但需要进行概念重建或再概念化。以课程内容为例,旧有概念主要固着在狭义的学科知识这种对象性内容上。通过概念重建,纳入学会学习的过程和方法等过程性内容,以及核心知识、关键能力、必备品格和正确价值观等整合而成的结果性内容,把课程内容的概念从单一的对象性内容扩展为对象性内容、过程性内容、结果性内容叠加融合的复合性内容整体,让课程内容与核心素养建立更加密切的联系,从而为课程内容的结构化改革开辟出培育核心素养的空间和路径,赋予课程内容这个旧有概念以新的时代内涵,促进课程内容焕发出新的育人活力。

新兴概念需要进行概念深化。比如,核心素养、课程领导、课程资源、跨学科主题学习、评价即学习、校本教研、三级管理等,它们是课程改革倡导的新兴概念,但需要进一步深化、细化,才能更好地转化为更加丰富多彩的课程与教学新实践。以课程资源为例,它蕴含了课程与教学改革的新思维,但需要根据学校课堂教学的实际,把教学内容的来源和教学活动的条件纳入课程资源的视野,这样,怎么开发和利用课程资源才有具体明确的操作方向,才能更好地落地。由此,课程资源可以细分为素材性资源和条件性资源两大类。素材性资源可以进一步细分为政策文本等物化形态的素材性资源,以及师生互动形成的教育影响等生命化形态的素材性资源。条件性资源可以进一步细分为教育场地设施等物质条件性资源以及教育氛围时机等时空条件性资源。它们组成关于课程资源的核心概念和关联概念群,共同引领和支撑学校课堂教学层面的课程资源开发和利用活动。

空缺概念需要进行概念填补。比如,课程意识与教学意识、课堂教学行为指令与内容指令等,它们所指称的事实和现象,人们是熟悉的,但并未给予足够的重视,导致对于其中的问题束手无策,甚至熟视无睹,妨碍教育教学的质量和水平提升。这种情况,就需要尝试性地进行概念填补,提出和论证相应的新概念,为澄清其中的问题和探索解决问题的办法提供学理基础。以教学指令为例,人们常常把它与教学讲授行为相混淆,而不是作为一个独立的概念加以运用。殊不知,教师直接讲学科,讲教材,讲内容,讲习题,这些都只是教师直接在对学生以外的"物"的教学因素进行作用,而教学指令恰恰是教师直接对学生这个"人"的教学因素进行作用,进而推动学生直接与那些"物"的教学因素进行作用。同时,教学指令可以进一步细分为行为指令与内容指令。从行为指令和内容指令两个方面来分析教师的教学指令,对于教师全面准确恰当地运用教学指令,探索、总结和提炼教学指令的实践经验,以及反思和改进教学指令存在的问题都具有重要的现实意义,为素养导向的育人方式改革开辟重要的教师专业发展方向和路径。

当代课程与教学问题的概念建构,是一个宏大的课题,需要众多学者和一线教师持续不断的努力和付出。而我个人的概念建构研究,只是汇入这股强大思潮中的一颗小水滴。

在这本小水滴似的著作面世之际,我要衷心感谢华东师大教育学高峰学科建设计划对于本书的资助,衷心感谢华东师大出版社教育心理分社彭呈军社长和编辑团队为本书出版付出的专业而辛勤的劳动。

我希望,这颗小水滴能够折射出课程与教学研究的思想光芒,能够给读者带来某种启示,能够得到读者的理解、争鸣、批评和指正。

吴刚平
于华东师范大学课程与教学研究所
2023 年 2 月 16 日